ちくま新書

渋沢栄一

——日本のインフラを創った民間経済の巨人

木村昌人
Kimura Masato

1516

渋沢栄一

——日本のインフラを創った民間経済の巨人

【目次】

プロローグ　007

第一章　義憤と挫折を超えて　015
アヘン戦争前後の東アジア情勢／渋沢栄一の生誕地／渋沢の教育環境／藍玉の販売と千代との結婚／攘夷決行の中止／一橋家への仕官／パリで学んだ合本主義／慶喜との再会と新政府への出仕

第二章　日本社会の基盤を整備する　067
改正掛と富岡製糸場／第一国立銀行の設立／金融の公開性と透明性／銀行の普及と拓善会／東京養育院・東京会議所・商法講習所／岩崎弥太郎との関係――独占か合本か／経済界の創出

第三章　合本主義とは何か　121
東京の整備／東京商法会議所・東京商工会の活動／企業勃興と地方振興／日本人造肥料と高峰譲吉／熟議と説得の株主総会／幻の大蔵大臣／台湾と朝鮮へのまなざし／飛鳥山と「民間」外交／渋

沢同族会の誕生／合本主義を定義する

第四章　ヨーロッパ重視から米国重視へ　173

二十世紀を迎えて／はじめての米国とヨーロッパ再訪／朝鮮半島をめぐる日露関係／米国での日本人経済界の誕生／移民問題と日米実業団の相互訪問／渡米実業団の成果／実業家の地位向上

第五章　世界と日本の新たな姿を模索して　223

第一次世界大戦の衝撃／日米中三国協調への模索／中国訪問（一九一四年）と日米関係委員会／理化学研究所と日本結核予防協会／「論語と算盤」の誕生／仲裁者としての手腕／二松学舎への支援／後継者渋沢敬三

第六章　人生晩晴を貴ぶ　271

ワシントン軍縮会議に参加して／東アジアをめぐる日英米の確執／関東大震災への「民」の対応／徳のある社会を目指して／排日移民法の衝撃／国際交流、難民・災害支援とノーベル平和賞候補

／終焉を迎えて／渋沢栄一の評価
エピローグ 329
あとがき 341
主要参考文献 347
渋沢栄一年譜 i

写真は特に断わらない限り渋沢史料館による

プロローグ

新一万円札の肖像に選ばれた渋沢栄一とは、どのような人物であったのか。渋沢の評価は時代とともに変化してきたが、一九三一年十一月十一日に渋沢が死去した際、左記の勅使の御沙汰書が、最も彼の人生の意を尽くしているであろう。

高ク志シテ朝ニ立チ、遠ク慮リテ野ニ下リ、経済ニハ規画最モ先ンシ、社会ニハ施設極メテ多ク、教化ノ振興ニ資シ、国際ノ親善ニ努ム、畢生公ニ奉シ、一貫誠ヲ推ス、洵ニ経済界ノ泰斗ニシテ、朝野ノ重望ヲ負ヒ、実ニ社会人ノ儀型ニシテ内外ノ具僭ニ膺レリ、（後略）

（一九三一年年十一月十六日付『官報』第一四六五号）

江戸時代末期に生まれた渋沢栄一（一八四〇―一九三一）は、明治、大正、昭和の激動期を生き抜き、公益の増大を図るため、論語と算盤（道徳経済合一説）に基づき、五百近くの企業の設立や経営に関係した「近代日本資本主義の父」とも称される実業家である。それだけではなく、渋沢には財界のオピニオンリーダー、日米・日中関係改善に尽力した国民外交家、さらには社会福祉、教育などの分野で救済事業や寄付を通じて支援した社会企業家、慈善事業家（パトロン、フィランソロピスト）などさまざまな代名詞がつけられている。彼はこれほど多くの分野で活動し、近代日本の経済社会の基盤整備を行った人物であった。したがって渋沢の人生については著書『論語と算盤』や自伝の『雨夜譚《あまよがたり》』に加えて、数多くの啓蒙書、小説、評伝、研究書が刊行されている。

渋沢栄一に関する書物や雑誌記事が頻繁に目につくようになったのは、二〇〇八年のいわゆるリーマンショック以降のことである。一九九〇年代にバブル経済がはじけた時にも渋沢が注目されたが、それをはるかに上回ったのはなぜであろうか。

まず、リーマン・ブラザーズの経営破綻に端を発する米国金融界の混乱と世界同時不況により、強欲な「金融資本主義」が厳しく批判されたためである。世界中の研究者が、市場原理主義に基づくグローバル資本主義の暴走を止めるために、経済倫理の重要性に注目し始めた。アダム・スミスの自由放任論や「見えざる手」の前提となる道徳に関する彼の著作『道徳情操論』が再認識され、渋沢栄一の説く道徳と経済の一致にも耳を傾けるようになった。

第二の理由は、中国の急速な台頭により、世界中が中国の動向に左右されるようになったことである。中国では、「国家資本主義」体制の下、高度成長に伴う貧富の格差や官民癒着、大

米国新聞記者招待茶話会（中央、渋沢栄一）

気汚染など社会に大きなひずみが次々に生じている。中国の政治家、企業家、研究者も、問題解決のために経済道徳の必要性を認識し始めた。その中で、伝統的な儒教思想に回帰する企業家や研究者は、儒教の道徳に基づいて新興国日本の経済発展を導いた模範的事例を渋沢栄一に見出した。渋沢の『論語と算盤』を中国語に翻訳すると同時に、解説書や啓蒙書を刊行し、渋沢の思想や行動を学ぶようになってきた。

日本人もこうした世界の流れに敏感に反応し、『論語と算盤』への関心は高まり、原典ばかりでなく啓蒙書が数多く刊行され、ベストセラーにもなっている。このように渋沢栄一の名前はつとに知られ、内外で注目を浴びているにもかかわらず、彼の全体像は意外なほど一般には知られていない。

通説では、渋沢は「論語と算盤」つまり道徳と経済という、一見相容れない価値を両立させる道徳経済合一説という思想的基盤に立ち、公益を追求した人物ということになっている。一九九〇年代から三十年間にさまざまな分野で渋沢栄一研究が進み、近年では渋沢に対して、十八世紀フランスのサン＝シモン主義の影響を受け、「論語と算盤」という思想的な基盤に立脚した「合本《がっぽん》主義」者という見方が生まれ、さらに渋沢の論語理解の分析や合本主義の国際共同研究が進展し、議論を補強した。

これらは渋沢の思想や行動を包括的にとらえる試みで、説得力はあるが、なおいくつかの疑問が残されている。例えば、明治時代の渋沢は四民平等の原則のもと、広く人材を集め、万機公論に決するという「五カ条の誓文」の精神に則り、猛烈なスピードで日本社会を改革していった。江戸時代に北関東の富農に生まれ、二十代後半まで日本社会で育った渋沢が、欧米の民主主義や資本主義を日本に導入する際に、その制度の背景にある異文化との間で葛藤する中で、彼の思想がどのように形成されていったのか。論語を中心とする儒教思想だけでは説明できないのではないだろうか。

また渋沢は、算盤という経済的な合理性を重視し、五百近くの企業とそれを上回る六百近いフィランソロピー（慈善、奉仕）分野の団体や個人の活動に関与し、日本の経済と社会を発展させ、豊かにすることに大きな貢献を果たした。こうした活動を進めるための手法として用いた合本主義を、どのように全国に普及させたのであろうか。そのために解決しなければならなかった異文化交渉には、どのような困難を伴ったのであろうか。これらの本源的な疑問を明らかにしなければならない。

そこで本書では、三つの試みを行う。まず渋沢栄一の思想や行動をより明らかにするため、論語と算盤に加えて、「民主化」という概念を取り入れる。「民主化」の主な要素は、自主、平等、参画、熟議、公論からなる。東アジアの歴史と伝統の中には、「民主化」の対極として考えられる官尊民卑と重農抑商の思想が存在していた。官尊民卑とは、統治する側の「官」が社会の大きな流れを作り、「民」はそれに従っていれば良い生活が送れるという発想であった。いわゆる「知らしむべからず依らしむべし」である。

重農抑商とは、農業社会を理想とし、商業活動や生産活動を卑しいものと見下し、商工業者の社会的地位を低くする考え方である。日本では徳川時代に士農工商の身分制度の中で、農民は武士に次ぐ身分であったが、商人は一番下に位置付けられた。それでも中国には儒商（儒教的企業家）という言葉があり、日本でも大坂の懐徳堂や泊園書院などでは、儒教を学ぶ商人が存在していた。しかし朝鮮では、儒商の伝統はなく、学者は「義」を追うものであり、「利益」を求めてはならなかった。それほど利益を追求する商人の地位は低かった。

こうした商業に対する見方を変え、商人の社会的地位を向上させようと考えた渋沢は、論語を読み込み、「義」と「利」の合一を唱え、「民」を重視する視点を発見し、商工業によって社会が豊かになることこそ道徳の実行に不可欠であるといった読み方を示した。

しかし論語の読み替えだけでは東アジア社会に根強い官尊民卑や重農抑商の気風を改めることは難しかった。そこでヨーロッパから導入された自由、平等、独立、博愛などの民主主義の基盤から、渋沢は、階級に関係なく平等に、自主的な生き方により、社会事業に自由に参画できるとした。また物事はできるだけ論議を尽くして決定し、その目指すところは、公益を追求することを理想として取り入れ、日本の経済発展を促進したのであった。

渋沢の方法は、欧米の民主主義をそのまま取り入れることではない。そこで本書では、「民主化」とカギ括弧をつけることにする。また、この「民主化」はあくまでも立憲君主制（天皇制）のもとで進められた。

渋沢の国際関係にかかわる事業全体を見渡すと、「国民」という言葉を常に使用しているものの、やはり政府や外務省の「官」とは一線を画し、あくまでも「民」主導で「官」に協力するという立場を貫いている。したがってここでも、「民間」外交とカギ括弧をつけて記述する。

二つ目の試みは、渋沢の人生を編年体で俯瞰することである。いままでの渋沢の評伝や研究書は、経済、経営、思想、民間（国民）外交、福祉、教育などの分野別に彼の人生を語るものが多かったが、これも渋沢の全体像を見えにくくしていた。渋沢の真骨頂は、公益を増大することを大きな目標に掲げて、あらゆる事象に関心を持ち、同時並行的に粘り強く実行したことである。そこで本書では、六つの章に分けて、彼の九十一年の人生を編年体で俯瞰したい。

三つ目の試みは、同時代の国内外の人物との比較の視点を導入し、世界史の中で渋沢栄一を位置づけ、そこから二十一世紀に渋沢から何を学ぶかを考えることである。

人物研究を深みのあるものにするためには、いつも同じ土俵で議論するのではなく、舞台装置を変えてみる必要があろう。能や歌舞伎を、パリのオペラ座やニューヨークのブロードウェイ、中国の京劇の舞台などで上演すると、新たな発見や思いがけない評価が生まれるようなものである。つまり渋沢栄一という人物を、近現代日本史から東アジア近現代史、さらには世界史という広い舞台に乗せて、彼の思想や行動を改めて分析する。

エピローグでは、いま渋沢栄一から学ぶべきことを考えてゆく。二十一世紀に入り、西洋（アングロ・サクソン）中心の統治（ガバナンス）や経営の限界、中国［東アジア］の台頭、地球環境問題、大規模自然災害などグローバルな課題に対して、民主主義や資本主義はその処方箋を提示できない状況にある。さらに新型コロナ・ウィルスの世界的な蔓延は、グローバル社会のあり方を根底から揺さぶっている。渋沢栄一の思想や行動を踏まえて、将来のグローバル社会の中での日本のあり方と「民」の果たす役割について示唆したい。

第一章
義憤と挫折を超えて

1867年、幕府使節団の一員として見学したパリ万国博覧会

アヘン戦争により一変した東アジア情勢とペリー来航以降の日本社会の混乱のなか、渋沢は北関東の中農の家に生まれた。その地で少年時代を送った渋沢栄一は、家業（畑作、養蚕、藍の葉の買い入れ、藍玉製造販売など）の傍ら、従兄の尾高惇忠《あつただ》の漢学塾に通い、中国の古典を学ぶ。時々江戸へ出かけ、海保漁村塾、千葉英次郎道場に学び、人的ネットワークを広げた。

岡部藩陣屋代官の傲慢な態度に反発した渋沢は、官尊民卑の打破を心に誓う。尾高の妹千代と結婚したが、攘夷思想にかぶれた渋沢は、高崎城襲撃、横浜異人館焼討ちを企てるも、仲間と激論の末、その無謀さを理解し中止した。父市郎右衛門と話し合いの末勘当され、従弟の渋沢喜作とともに京都へ出奔。一橋家用人平岡円四郎との出会いから、一橋家に仕官、篤太夫と改名し、武士になる。

備中の一橋領内で歩兵募集に成功、同地の漢学者阪谷朗盧《さかたにろうろ》と知り合う。一橋家の財政充実案を建言、採択される。慶喜が十五代将軍に就任、渋沢は不本意ながら幕臣になった。一八六七年徳川昭武《あきたけ》に従い、パリ万博使節団の一員としてフランスへ渡航し、ヨーロッパ各国を視察。パリでサン＝シモン主義を体得する。慶喜、大政奉還。昭武一行とともに帰国後、渋沢は静岡で蟄居中の慶喜に面会。静岡藩勘定組頭として商法会所設立。大隈重信の勧誘により、明治新政府に仕官した。

†アヘン戦争前後の東アジア情勢

渋沢が生まれた時代、日本を取り囲む東アジアの情勢はどうなっていたのであろうか。十九世紀を迎えた東アジアは、嵐の前の不気味な静けさを保っていた。十七世紀以来、ヨーロッパの勢力が世界中に広がり、南アジアや東南アジアは次々と植民地にされていったが、東アジアではなかなか植民地化は進まなかった。それは漢人の作った明を倒し中国を支配した満州人の清が、強大な軍事力と中国史上最大面積の領土を有し、東アジア・東南アジア諸国を冊封体制に組み込んでいたからであった。一六六一年に明の遺臣鄭成功がオランダの東インド会社を駆逐し、一六八三年には清が鄭氏政権を倒し、台湾を統治することになった。

十七世紀には海禁政策により外国貿易を規制していた清国が、十八世紀に入ると広東での貿易を認めた。江戸幕府は、清国よりも厳しいいわゆる鎖国政策をとっていたが、長崎、対馬、琉球、蝦夷地の四つの窓口は世界に開かれていて、幕府や薩摩、対馬などは海外の大きな動向は把握していた。十八世紀後半から十九世紀になると日本近海にも外国船が現れ、幕府も各地の海防を重視するようになった。

この東アジアの国際秩序が崩れる契機になったのが、渋沢が生まれた一八四〇年に勃発したアヘン戦争であった。英国は、清国との貿易赤字解消のためにインドで栽培したアヘンを清国へ輸出した。これにより貿易赤字は解消され、英国からの銀の流出は止まったが、清国は、中国人の健康を守るためにアヘンの輸入禁止に踏み切った。欽差大臣に任命され、広東へ赴任した林則除は、アヘンの取締まりを厳しくし、密輸入された大量のアヘンを押収、海中に投棄した。

これに対して「自由貿易の維持」と「中国市場の門戸開放」を要求する英国商人に押された英国政府は軍艦を派遣し、清国との間に戦争が起こった。英国の圧勝で、清の軍隊の弱体ぶりが明らかになり、一八四二年の英国と締結した南京条約で、清国は上海、厦門《アモイ》などの開港、香港の割譲と不平等条約を受け入れた。さらに清国は、英国とフランスとのアロー戦争（一八五六―六〇）に完敗し、国内市場を完全に開放させられた。

東アジアの安全保障環境の激変は、日本に大きな衝撃を与えた。では渋沢栄一が生まれた天保年間から明治維新期までの日本社会は、どのような状態であったのだろうか。江戸後期の日本社会への評価は、ひと昔前までは芳しいものではなかった。二百六十年に及ぶ平和を維持したものの、鎖国により海外との交流を閉ざされた静態的な社会と思われていた。海外との接触は厳しく取り締まられ、海外渡航は禁じられ、難破して外国から帰国した漁民は厳しい取り調べを受けた。この結果海外からの刺激が限られ、経済発展や技術革新も少なく、西欧世界に後れを取ってしまった。

また、徳川幕府は儒教（朱子学）を統治の思想として、士農工商という厳しい身分制度の下、国内の人的な流動性が少なく、「切り捨て御免」などという武士の勝手がまかり通った。理不尽で窮屈な封建社会とか暗い停滞社会というイメージが強かった。

このような江戸時代の評価の低さは、明治政府が政権交代を正当化するために創り出したものだった。徳富蘇峰は士族を封建社会の遺物としてその価値を認めず、積極的に西洋化を進めた明治維新を高く評価し、社会の進歩を信じていた。また福沢諭吉は江戸時代の統治思想であった儒学に見られる古い人間観・道徳観・政治観を更新し、西洋近代をモデルとする新しい思想の確立を提唱した。人類は無限に向上し続けると信じ、文明の進歩を語ることこそ文明開化につながるという考えであった。

しかしそもそも江戸時代初期から、公儀が支配権力を正当化するイデオロギーとして儒学、特に朱子学を普及させたというのは誤った理解であった（渡辺浩『近世日本と宋学』増補新装版、東京大学出版会）。むしろ民間の儒者が朱子学を広め、それに対する伊藤仁斎や荻生徂徠のような朱子学を批判する儒学思想も、知的階級に大きな影響を与えた。

「寛政異学の禁」とよばれた老中松平定信による朱子学以外の儒教を公に教えることを禁じた政策は、この流れに拍車をかけた。十八世紀後半から幕府は昌平坂学問所で、各藩は藩校を設立し朱子学を教えたため、全国の知識人がものを考え論じる際の共通の前提が生まれた。

明治期になっても江戸時代を評価し明治との連続性を重視する知識人も多かった。ルソーの影響を受けた中江兆民は、スペンサーのような社会進化の法則を金科玉条として、過去と現在を結び付けてしまうことに疑問を投げかけた。「ややもすれば葬り去られてしまう過去の思想にも、今後の「進歩」の手がかりになる要素があるかもしれない。本当の「進歩」とは、過ぎ去った時代との対話を通じて、停止と再開を繰り返しながら向上していくものではないか」（刈部直『「維新革命」への道 「文明」を求めた十九世紀日本』新潮社）と兆民は批判した。

木曽を舞台とし、江戸から明治への移り変わりを描いた歴史小説『夜明け前』を執筆した島崎藤村も、十九世紀日本という視点から、江戸時代と明治の連続性を強調し、江戸時代の再評価を示唆した。近年では、江戸時代の再評価が進み、日本の近代を準備した時代ととらえる見方が広がってきた。事実経済社会は決して停滞していたわけではなかった。具体的な数字をあげて、江戸時代を振り返ってみよう。

一六〇三年に徳川家康が征夷大将軍になり江戸に幕府をスタートさせた時から一八六八年に明治政府が成立するまでの期間に、人口は少なく見積もっても二倍以上に増え、全国で行われた新田開発により、耕地面積は約一・六倍に拡大した。土地生産性の上昇に伴い、農業生産高が増大した結果、農民には余剰時間に棉栽培・製糸・織物などの副業や町での仕事を行うことができるようになった。平均寿命も江戸時代を通じて、二十歳ほど伸びて、十九世紀には四十代近くにまでに達し、明治中期とほとんど変わらなくなった。江戸時代は決して停滞社会ではなかったのである。

明治維新百五十周年にあたる二〇一八年には、明治時代について再考察が行われ、江戸時代との連続性の側面がいっそう強調されると同時に、世界史の中での明治維新の評価について議論されるようになった。その結果、江戸後期には士農工商という身分制度や人の移動も弛緩し、農工商はほぼ横一列であったことが指摘された。農家が栽培したコメ以外のものは、領内を出て、比較的自由に販売され、利益を上げることができるようになっていた。また士と農工商との上下関係ですら、この時期になると養子縁組、士分株の購入、武家の用人や奉公人への雇用を機に町人も武士になることができ、緩んできた。

次に教育は武士だけでなく、私塾や寺子屋を通じて、農工商にも広く普及した。識字率もおそらく世界で最も高い水準に達していた。すでに近代社会を予見するような動きが社会の隅々で見られ、「渋沢のような身分制度を超えた次世代を担うマージナルな人材が輩出する」ようになっていた（宮本又郎編『渋沢栄一――日本近代の扉を開いた財界のリーダー』ＰＨＰ研究所）。

†渋沢栄一の生誕地

渋沢栄一が生まれたのは現在の埼玉県深谷市だが、江戸時代にはどのような地域だったのであろうか。武蔵国の一部で、中山道沿いに川越、忍、岩槻、岡部の四つの小藩が存在し、江戸城防衛の拠点になっていた。渋沢家が暮らしていた血洗島《ちあらいじま》付近は、岡部藩の領地であった。

岡部藩のルーツは、徳川家康の家臣であった安部《あんべ》家二代安部《あんべ》信勝《のぶかつ》が、一五九〇年家康の関東入りに伴い、三河から武州岡部に移ったときにさかのぼる。三代安部信勝が家康の姪、多胡姫を妻としたなどの理由から、約二万石という小藩ながら譜代大名として、明治元年（一八六八）になって十四代安部信発《のぶおき》が三河国半原へ移封されるまで約二百八十年間、一度も転封されずに同地を治めた。したがって領民との関係も深かったが、在府大名のため、藩主は常に江戸麹町の上屋敷に住み、領内の統治は家老など重臣たちに任された。

渋沢栄一の生まれた血洗島村は、一八一〇年に江戸幕府が編纂した『新編武蔵風土記稿』によれば、天正年間（一五七三―一五九二）に開かれ、当初は渋沢家を含め五軒しかなかったという。この地域の北方には利根川が流れ、よく氾濫したため、河道の変遷も激しく、人々は小高い場所に住むようになった。血洗島もその一つであった。

血洗島を流れる利根川の支流、清水川には船荷の積替所となった中瀬河岸があった。江戸からの荷物はここで小さな船に積み替えられ、また上流からの積み荷はここで大きな舟に積み替えられ、江戸へと運ばれたわけである。中瀬河岸では、多くの旅人が乗り降りするので廻船問屋旅籠などが立ち並び、にぎわっていた。中瀬河岸は江戸から、また水戸から、上州を経て越後へつながる陸路と河川をつなぐ交通の要衝でもあった。中山道深谷宿から分岐する脇往還北越街道とつながるここには、渡船場も設置されていた。したがって渋沢栄一の生家は、江戸から二十里の地で、旅人の往来や物資の流通が盛んな地域にあったため、政治、経済、文化など世の中の新しい情報を入手しやすかった。

利根川と小山川によって形成された沖積扇状地での産業は、農業が主体だが、頻繁に起こる利根川の氾濫の影響で、水田はわずかで、ほとんどが桑園と畑であった。米作よりも小麦栽培が中心で、養蚕、藍玉の栽培が盛んで、有名な養蚕農家としては田島家があった。島村（現在の深谷市境）の初代田島弥兵衛とその子田島弥平は蚕の卵（蚕種）の実験を重ね、優れた種繭養蚕の理論を完成させて『養蚕新論』として出版し、養蚕を学びに全国からこの地に人が来るようになった。

渋沢の生家

二〇一四年に「富岡製糸場と絹産業遺産群」の一部として、世界文化遺産に指定された田島弥兵衛旧宅では、水戸から儒学者を招き、村人を集めて儒学の講義も行われていた。尾高惇忠や渋沢もこの集まりに参加したといわれている。

渋沢栄一は一八四〇年、武蔵国血洗島村（現・埼玉県深谷市）

の裕福な中農の長男として生まれた。渋沢家は、血洗島村が開村された時からの家とされ、天保年間には十数軒のなかで渋沢栄一の生家は「中の家《なかんち》」といわれ、渋沢一族の宗家であった。栄一の母えいが、親戚の渋沢宗助家、「東の家《ひがしんち》」から元助《もとすけ》を婿養子に迎え、「中の家」を継がせ、市郎右衛門美雅《よしまさ》を名乗らせた。

一旦は武家を志した元助は、武芸や学問を習得したが、その後武士になる道を選ばず、傾きかけた宗家の婿養子となり、才覚を以て宗家の財政を再建した。藍玉の販売などにより宗家を再建し、東の家に次ぐ裕福な家にさせた美雅の手腕は岡部藩にも認められ、安部摂津守の御用達となり、名主見習いとなって、名字帯刀を許されるほどであった。

栄一によると、市郎右衛門美雅は、方正厳直で、一歩を人に借すことも嫌な持前で、どんなに些細なことでも気を抜かずに取り組んだ。四書五経ぐらいは充分に読めて、詩を詠み俳諧をたしなむ風流気もあり、慈善の徳に富んでいて、親切に人の世話をしたという（『雨夜譚』岩波文庫）。

母えいは、慈悲深く近所の困窮者の面倒をよく見た。えいは、人にものを施すことが好きで、残り物などを取っておいては困窮者に与えることが多く、父市郎右衛門にいつも小言を言われた。栄一が後年社会福祉に深くかかわるようになったのは、えいの資質を受け継ぎ、その行動に感化された面が多々あったのかもしれない。

江戸時代初期、血洗島地域で水田を所有していない小さな農家である「中の家」が、美雅の才覚と努力によって「東の家」に次ぐ豊かな農家にのし上がったのは、藍作や藍玉の製造販売に依る所が大きい。販路は、信州、上州、秩父方面の紺屋（染物屋）で、これを手掛けていたのは、渋沢家のほかに尾高家があった。このように天保年間には、従来の農業にこだわらず、新しい分野のビジネスを手掛けるという企業家精神を持っていた家が台頭し、血洗島地域の農村経済の構造に変化をもたらした。

渋沢一族には、商売だけでなく剣術を学び、かつ豊かな教養を備えた文武両道の人物が輩出した。一七七八年生まれの、二代目宗助の弟渋沢仁山は、医学、儒学をよく学び、塾を始めた。後年渋沢が撰文した碑を建てた桃井可堂は、仁山に師事し、水戸の武田耕雲斎や藤田東湖などと交友関係を持った。

渋沢栄一は、幼少の頃から父市郎右衛門に中国の古典の手ほどきを受けると同時に、家業を通じて商売の感覚を身につけた。つまり彼の一生の基盤である論語と算盤を学んだだけでなく、企業家精神も受け継いだといってよかろう。

†渋沢の教育環境

渋沢の青少年期の家庭環境や受けた教育を相対的に評価するために、ほぼ同時代の天保年間

図１　渋沢家系図

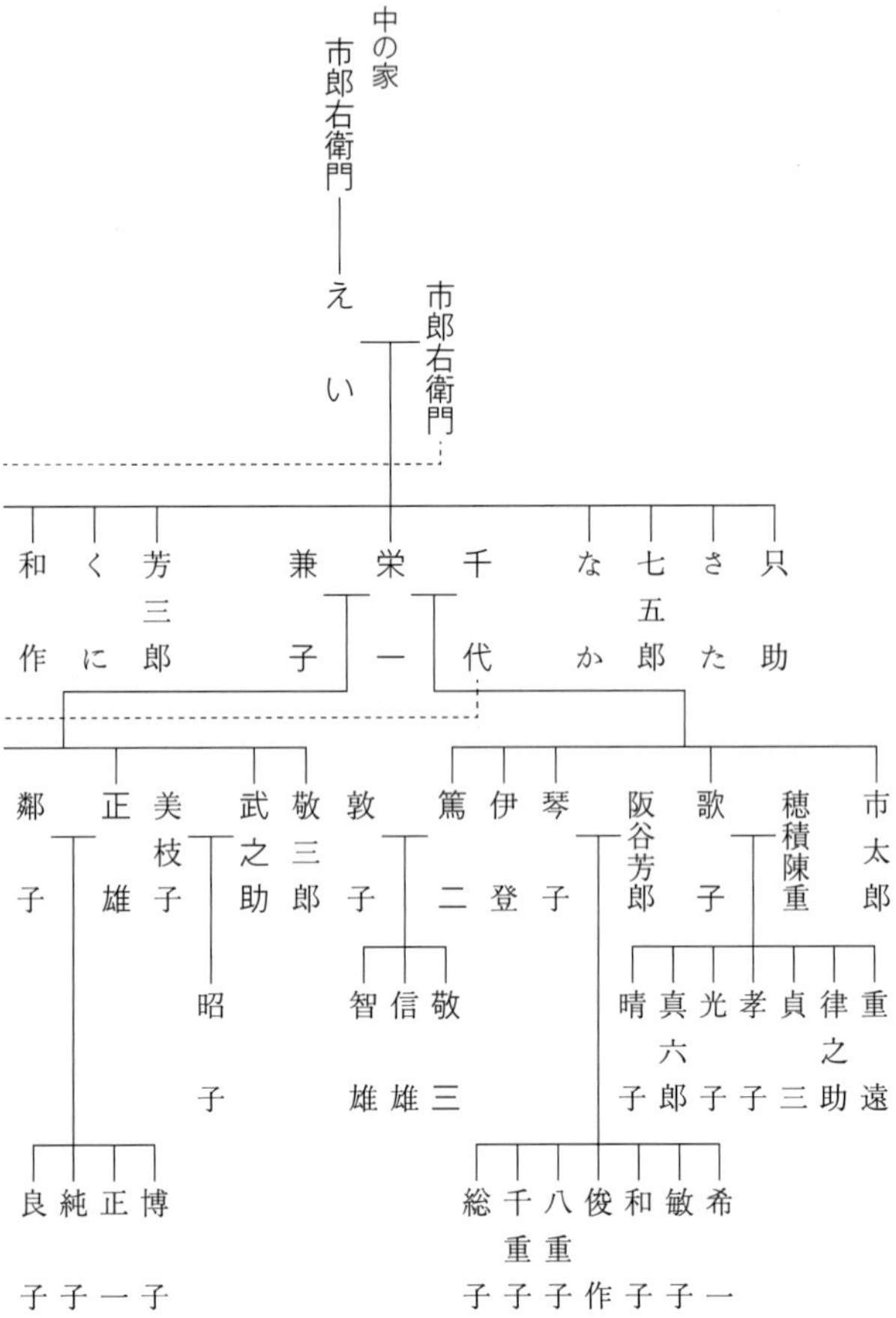

中の家
市郎右衛門
えい
市郎右衛門
和作
くに
芳三郎
兼子
栄一
千代
なか
七五郎
さた
只助
鄰子
正雄
美枝子
武之助
敬三郎
敦子
篤二
伊登
琴子
阪谷芳郎
歌子
穂積陳重
市太郎
昭子
智雄
信雄
敬三
晴子
真六郎
光子
孝子
貞三
律之助
重遠
良子
純子
正一
博子
総子
千重子
八重子
俊作
和子
敏子
希一

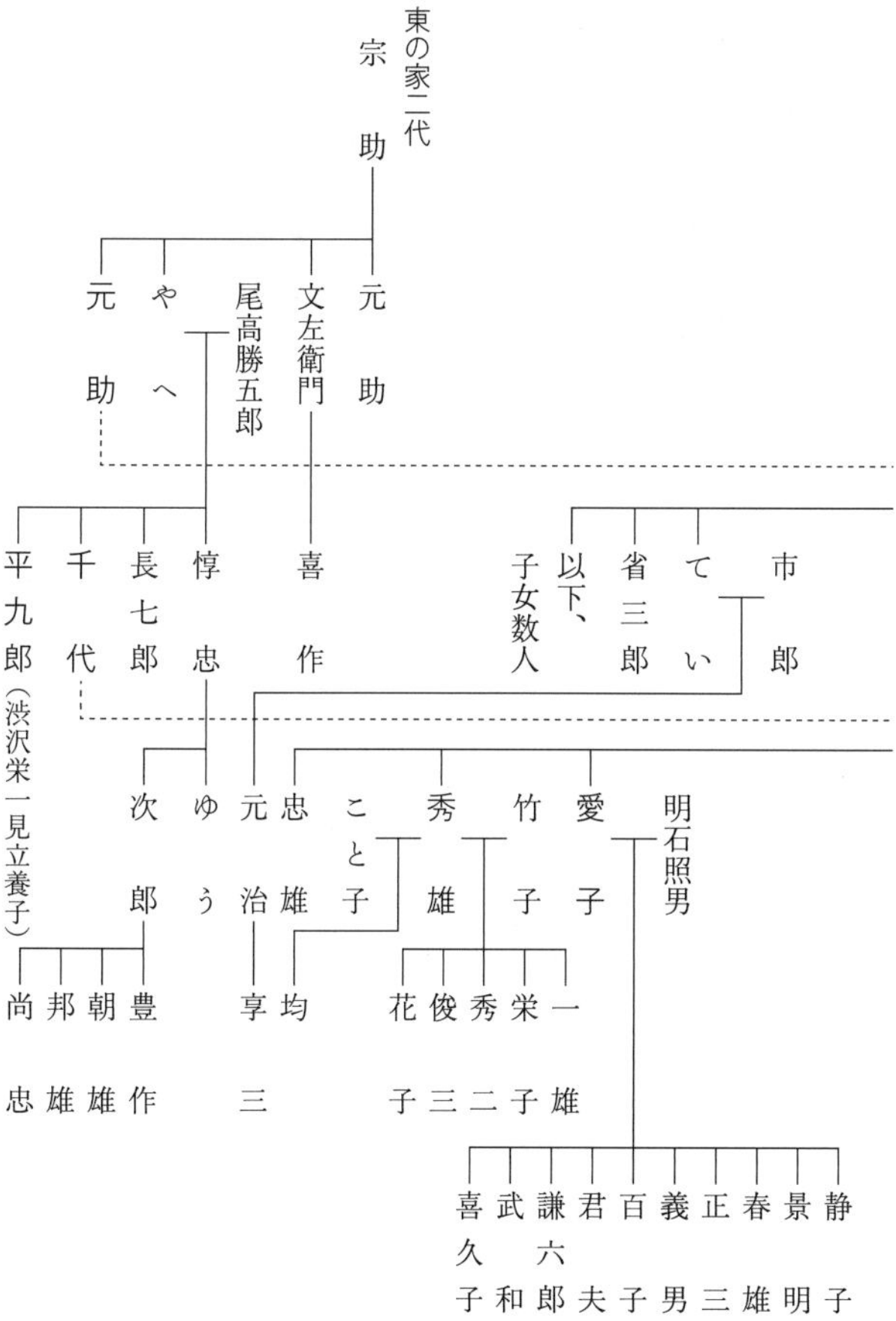

出典：「渋沢史料館常設展示のご案内」

（一八三〇―一八四四）に生まれ、明治以降、渋沢と深い関係を持ち、各方面で活躍した内外の人物がどのような教育を受けたかを、次に概観しよう。

一八三〇年　尾高惇忠、三島中洲
一八三二年　古河市兵衛
一八三三年　木戸孝允
一八三四年　福沢諭吉、岩崎弥太郎
一八三五年　井上馨、五代友厚、アンドリュー・カーネギー
一八三七年　大倉喜八郎
一八三八年　大隈重信、ジョン・ワナメーカー、ジェームズ・ジェローム・ヒル、安田善次郎
一八三九年　森村市左衛門、ジョン・ロックフェラー、ジャムシェトジー・タタ
一八四〇年　渋沢栄一
一八四一年　伊藤博文

まず、井上馨、五代友厚、大隈重信のように、禄高の多い武士の家に生まれ、あまり経済的な苦労をしなかったグループと、渋沢や大倉喜八郎などは武士ではないが、裕福な家に生まれたグループ、最後に三島中洲、福沢諭吉、岩崎弥太郎、安田善次郎、森村市左衛門、伊藤博文

など禄高の少ない下級武士や倒産などにより貧しい家庭環境の中で、必死に這い上がってきたグループに分けられる。カーネギーもロックフェラーもこのグループに入る。

れっきとした武士の家に生まれた木戸孝允、井上馨、大隈重信、五代友厚らは、藩校で当時の学問の中心であった朱子学で教育を受けているが、渋沢とほぼ同時代に下級武士の家に生まれた福沢、岩崎、安田、大倉なども私塾や寺子屋などで儒学を学んでいる。そのうえで開国期から洋学（蘭学、英学）や商業について学び、視野を広げていたことがわかる。また井上や大隈を除く彼らに共通するのは、二十代までは江戸時代の複雑な政治・経済・社会体制の中で商取引を身に着けていたことであった。一方、米国の鉄道王ヒルは義務教育で算数と英語は学んだが、世界有数の富豪となったカーネギーやロックフェラーは、商業教育の基礎は習っているものの学問的な雰囲気の中では育っていなかった。

それでは、渋沢はどのような教育を受けたのであろうか。六歳から父に中国古典の素読の手ほどきを受けたが、七、八歳の頃から近所に住む尾高惇忠（一八三〇—一九〇一）の家に通い、論語を中心とした中国の古典だけでなく、『日本外史』など日本史に関する書物も学ぶことになった。砲術家高島秋帆が、一八四六年に岡部陣屋に幽囚された頃であった。尾高家は渋沢の家から歩いてゆける距離にあり、養蚕や藍玉の製造販売で裕福な農家であった。惇忠は水戸の藤田東湖など水戸学、特に陽明学の影響を強く受けていたが、硬直した考えの持ち主ではなかった。十七歳ごろから、近くの子供を家に集めて塾を開いていた。

その尾高惇忠の教育法により、渋沢は自分なりの考えや興味で書物に接することができるようになった。尾高の教育はユニークであった。普通の漢学者と異なり、尾高は生徒の素質を引き出すのが上手だった。彼は、読書は読みやすいものから入るのがよい。四書五経などの難しい書物の内容を自分のものとして活用するには、相当の年輩になり世間の物事を理解できるようにならないと駄目だから、若いうちは面白いと思うものから読めばよい。ただ漫然と読むのではなく、心にとめて読むようにすれば、知らず知らずの間に読書力がついて、『日本外史』のようなものでも読めるようになる。また『史記』その他の漢籍もおいおい面白くなるから、とにかく読むのがよいと語っていた。

とくに頼山陽の『日本外史』は渋沢の生き方に大きな影響を与え、彼の歴史観を形成したといえる。つまり「若き日の渋沢にとって、『外史』に触発され、晩年になってもある種理想化された武士のエートスというべきものであった」(濱野靖一郎「「悲憤慷慨」の人、渋沢栄一――「頼山陽」と武士のエートス」、町泉寿郎編『渋沢栄一は漢学とどう関わったか――「論語と算盤」が出会う東アジアの近代』ミネルヴァ書房)。

さらに尾高は、読書とは必ずしも机の上でかしこまって読むだけでない。工作の合間でも寝ていながらでも、または道を歩きながらでも構わない。とにかく自分の気の向いた時に読むのが一番良いという考えであった。こうしたのんびりした、しかし自身の関心や興味を引き出し、力をつけるという自力主義教育は渋沢の知識欲を助長し、彼の向学心を大いに刺激した。また書物を絶対視するのではなく、じっくりと自分で考える力を養ったことは、渋沢の『論語』の理解にみられるように、彼の思想に奥行きと柔軟性を持たせたといえよう。

渋沢の読書欲が並々ならぬものになると、当初長男の勉学への意欲を高く評価していた両親も、余りにも彼が勉学に打ち込みすぎて、将来農業を継ぐのに支障をきたすのでないかと危惧しだした。やがて両親の心配は現実のものとなった。渋沢が十二歳になった正月に、年始の廻礼にも書物を懐に忍ばせて、途中読みながら歩き、本に気を取られて溝に落ち、晴れ着を泥だらけにしてしまった。この時は、普段は慈悲深い母にも散々叱られた。

母えいは、渋沢が幼い頃、寒い時に遊びに出ると、自ら羽織を持って追いかけるのを、近所の人がその様子を見て、また「中の家」のおかみさんが追いかけていると笑ったという。先に述べたように、情愛深い農村婦人を思い浮かばせるえいから叱責されたことは、渋沢にも相当こたえたようであった。

†藍玉の販売と千代との結婚

長男でありながら、読書好きが嵩じて家業を怠っている、と父から叱責を受けた栄一は家業にも精を出すことになる。市郎右衛門が力を入れたのは藍玉の製造と販売であった。血洗島の地域では「東の家」を助け、村全体が豊かになるために農民に藍の葉の栽培を勧め、よい藍玉を製造し、それを信州にまで手広く販売した。

この父の商才は渋沢に受け継がれたようだ。渋沢は少年ながら商売に対するアイデアを出し、従弟の喜作らと一緒に考案した藍玉番付表により品質を調べた。また藍玉製造者を招待し、一番品質の良い藍玉を作成した人を上座に座らせ、以下番付に従って席順を決め、馳走し、農家の藍葉栽培に対する意欲を高めさせた。

この話で注目すべき点は、渋沢が参加者に説明し、番付を上げるための競争心を起こさせ、競争のルールを作り、参加者に説明し理解させ、自分自身は喜作と一緒に行司という審判の立場に座り、競争には加わらなかったことだ。後年渋沢はあらゆる分野で、組織造りを行うと同時に、その組織の運営をチェックする立場になることが多かったが、その萌芽がすでにみられる。さらに渋沢は、父市郎右衛門と一緒に、時々秩父や信州へ藍玉販売に出かけた。家業を手伝うことで北関東の経済社会の実情を学び、人的なネットワークを徐々に築いていった。

渋沢は合理的な考え方をした。ここで少年時代のエピソードを紹介したい。彼は迷信を嫌った。彼の姉が病気の際、親戚からこの病気は家にたたりがあるからだといわれ、祈禱を勧められた。姉が父に連れられて転地療養をしている間に、家に三人の修験者が来て祈禱を行った。

彼らの言動に疑問を持った渋沢は、次から次へと辛らつな質問をして修験者たちを困らせ、集まった人々もとうとう修験者のいい加減さに気づき、祈禱は中止になったという（渋沢栄一述、長幸男校注『雨夜譚』岩波文庫〔以下『雨夜譚』と略〕）。道理に合わないことに対しては、神様のお告げというだけでは信用しなかった。

こうした土地に伝わる神罰冥罰などを信じないという点では、福沢諭吉も同様な体験を記録している。福沢は、叔父の家の稲荷の社《やしろ》の中にある石を取り出し、代わりの石を入れて、人々が初午の時に幟を立て御神酒をあげて騒いでいるのを見て、ひとり嬉しがり、神様が怖いとか仏様がありがたいなどとは思わなかった。まじないや信仰は一切信じないで、大阪から来たお稲荷様を使う女性が来た時に、自分が御幣を持つから、稲荷様がとっつくようにと申し出たところ、その女性が、福沢ではだめだというのを聞き、だれでもよいといったではないかと反論し、困らせたというエピソード（福沢諭吉『福翁自伝』岩波文庫）と重なる。

いつも道理に従い合理性を追求するという姿勢は、渋沢の一生を貫くものであり、神道、キリスト教や仏教など諸宗教に対して関心を持ち、寄付をしたこともあったが、信者になることはなかった。他方、血洗島の諏訪神社の祭礼では、獅子舞を従弟たちと一緒に踊ったりして、親近感は持っていたし、後年寄付もした。

渋沢が故郷で伸び伸びと少年時代を過ごしていた時、日本中を震撼させる事件が起きた。

「泰平の眠りを覚ます上喜撰（蒸気船）たった四杯で夜も眠れず」という狂歌のように、ペリーが率いる黒船が浦賀に来航し、江戸が大騒ぎになったのは一八五三年六月のことであった。同じ時期にロシアのプチャーチン率いる「北からの黒船」も来航し、開国を要求した。後に「中国の渋沢栄一」と呼ばれ、渋沢と比較される張謇《ちょうけん》もこの年に中国江蘇省南通近くの農村に生まれた。

渋沢は、この年江戸に行く機会を得た。翌年にも江戸を再訪。さらに一八五五年には、尾高惇忠の弟長七郎が江戸の海保漁村塾に入塾し、ペリー来航以来の社会の急速な変化を目の当りにしながら、勤王の志士に成長していった。海保漁村（一七九八―一八六六）は江戸時代を通じても屈指の儒学者であったが、庶民の子弟に学問を教え続けた。彼の門弟からは渋沢のほか、小村寿太郎らとともに官費で米国へ留学し、後に政治家となる鳩山和夫（一八五六―一九一一）らが輩出した。渋沢はまた千葉英次郎道場に通い、剣術を学んだ。

こうして郷里で尾高惇忠について学びながら、渋沢は江戸にも出て、海保塾や千葉道場に顔を出し、漢学や剣術を学びながら交友関係を広げていった。幕末には昌平坂学問所や藩校を拠点とした知的なネットワークが幕府や藩の垣根を越えて形成され、それが明治以降の公議輿論の政治につながっていくが、渋沢もその周辺のネットワークにつながっていたといえる。

このように見てくると、渋沢は、同時代生まれの武士のように藩校に通うことは出来なかったが、渋沢家と尾高家は農民とはいえ、大隈が通ったような藩校による朱子学に凝り固まった堅い学問ではなく、また下級武士の家に生まれた福沢や岩崎と比べると、裕福な農家に生まれ、家業を手伝いながら幅広い教養を身に着けることができたという、恵まれた教育環境で育ったと言うことができよう。松下村塾で学んだ井上や伊藤と同じく、儒学の持つ経世済民意識、つまり人は国家社会のために貢献しなければならないという「公」の意識を学んだのであった。

さらに渋沢の場合は血洗島という交通の要衝に住んでいたため、江戸や水戸からの学者との交流を通じて、政治経済の最新の動きを察知するとともに、広い教養と知識を得ることができたのである。こうした柔軟な思想こそ、後年渋沢があらゆることに関心を持ち、自身の行動を記録として残すという歴史認識のあり方の萌芽となったといえよう。

千代夫人

渋沢の青年時代のエピソードで忘れてはならないのは、岡部藩の陣屋代官である役人の言動に反発したことだ。渋沢が十六歳のころ、岡部藩より血洗島周辺に御用金賦課が言いつけられ、父市郎右衛門らが陣屋へ出頭を命じられた。所用のあった父に代わり、渋沢が名代として陣屋へ出頭した。陣屋で役人から説明を受けた渋沢は、こんな理不尽な話はないと思い、代官に対して、御用金の件は承ったが、一応父に伝えて、改めて返答に参ると述べた。これを聞いた代官は、名代としてきたのだから、ここで承りましたと返答すればよいのだと迫った。

この代官の横柄で人を見下すような態度に渋沢は憤った。この役人のように知恵も分別もないのに、ただ武士であるからという理由だけで農民を軽蔑するのは納得できない。何としてでも農民を罷めたいと痛感したという。この義憤は、官尊民卑の打破を掲げて、「民」の力を強化しようとするきっかけになった。

渋沢に血洗島で腰を落ち着けて家業に精を出させるために、両親は身を固めさせた。十八歳の時に、尾高勝五郎の三女、尾高惇忠の妹千代と結婚した。しかしペリー来航以降の日本社会の動乱期に、故郷で家業に励むだけではとても渋沢は満足できなかった。

†攘夷決行の中止

渋沢が、後に合本主義を理解するときに役立ったと思われるのが徹底した議論であった。民主主義社会では賛成か反対かを決める前に双方の主張を述べあい、相手に自分の主張を認めさせるための議論を行う。その熟議を重視することを熟議民主主義という。熟議とは一般に、他者の異論に対して理由をあげて応答するコミュニケーションのことを意味するが、民主主義社会では集合的な拘束力を持つ意思決定に向けて、それを正当化しうる理由を探るコミュニケーションを意味する（田中愛治編『熟議の効用、熟議の効果――政治哲学を実証する』勁草書房）。

じっくり話し合った結果、物事を決めていくという方法は、西洋の民主主義社会だけではなく、日本でも行われていた。渋沢の青年期には、少人数の仲間内とはいえ、熟議民主主義といえるような、大きな決断を下す前に徹底した議論を行っている。その例を二つ挙げたい。

最初は、渋沢が攘夷決行を父市郎右衛門に打ち明けた時である。従兄の尾高惇忠から後期水戸学の影響を強く受け、江戸で勤王の志士との交流から尊王攘夷思想に染まっていった渋沢は、ペリー来航後の日本社会の動揺と徳川幕府の混乱ぶりを見て、従弟の渋沢喜作（一八三八―一九一二）や尾高の塾生らと図り、討幕運動の一環として、高崎城乗っ取りと横浜の外国人居留地を襲う計画を立てた。渋沢喜作は武蔵の国の豪農渋沢文左衛門の長男で、渋沢栄一とともに尊攘運動に加わった。

しかし周囲には佐幕派が多かった。岡部藩主安部《あんべ》信寳《のぶたか》は一八六二年、公武合体のため中山道を通って江戸に下向した、皇女和宮の道中固めを行っている。譜代大名の岡部藩の諸領内の血洗島村や下計村の農民たちの中に、尊皇攘夷の思想を抱くものはそれほど多くはなかったといわれる。
この計画を実行すれば実家に迷惑がかかると考えた渋沢は、攘夷決行の前に、父市郎右衛門に勘当される覚悟で、父を囲み、尾高惇忠、従弟の喜作とともに宴を開き、長時間互いの意見を主張し議論した。渋沢は、現下の内外情勢を鑑みると安心はできないし、国民の本分としてこの国難を見過ごすことはできないとの考えを述べ、自ら行動することを父に話した。

「民主化」という観点から興味深いのは、渋沢が、もはやこの時勢になった以上は百姓町人または武家の差別はなく、血洗島村の渋沢家一軒の存亡に頓着される事ではない。特に自分自身の進退についてはなおさらである、と言い切っている点である（坂本慎一『渋沢栄一の経世済民思想』日本経済評論社）。

さらに注目すべき点は、渋沢が討幕運動を進める理由として、幕末の甚だしい階級制度がこの国を危うくするものであるから、どうしてもこれを打破してデモクラシーを行わなければならないので、討幕説を唱えた（『伝記資料』第三十三巻）と語っていることである。渋沢は士農工商という身分制度を超えた機会均等という平等性を訴えたのに対して、市郎右衛門は、渋沢の熱情には理解を示しながらも、農民として生まれた限りは農民の分を守るべきと諭した。

尾高や喜作も議論に加わり緊迫する時局や攘夷決行の意義を主張したが、市郎右衛門と最後まで折り合うことはできなかった。しかし一晩を徹しての話し合いで、市郎右衛門も納得して渋沢を勘当し、彼の身は自由になった。話し合いの内容が内容だけに、市郎右衛門と渋沢や尾高らが漢文で筆談したこともあったのではないかとも想像できる。

次の熟議の事例は、渋沢がこの攘夷決行を断念した時だ。尾高惇忠らは決行の準備のため、武器弾薬などを調達したが、京都から戻った尾高長七郎が決行反対を唱えたため、尾高惇忠の屋敷の二階で、惇忠、長七郎、喜作、中村三平と渋沢の五人で、計画を実行するか中止するかの最後の話し合いを行った。

議論は延々と続いたが、長七郎の最新情報は説得力があった。京都に潜伏していた長七郎によれば、十津川の郷士に天誅組が加わって起きた「十津川の乱」は幕府の役人にすぐに鎮圧され、攘夷派の長州が朝敵にされ京都から掃蕩された。代わりに会津、薩摩の公武合体派が勢力を取り戻したという。

長七郎はこうした情勢を踏まえ、渋沢らの決起の無謀さを指摘し、決行に猛反対した。しかし惇忠や渋沢らはなかなか納得せず、議論は三昼夜も続いた。結局長七郎の説得が功を奏し、計画は中止となった（『雨夜譚』）。長時間にわたる議論の後に、渋沢は喜作とともに故郷を出奔した。渋沢にとっては最初の大きな挫折を味わったわけだが、この攘夷決行中止の決断は間違ってはいなかった。さらに、その決断が長時間にわたる熟議を経て決められたものであったことが興味深い。

これら二つの事例は、大正デモクラシー時代が始まった一九一三年に刊行された『雨夜譚』の記述であることを割り引いても、二回にわたる徹夜の熟議を経て、参加者が全員納得して決断したという決め方は、後に渋沢が株主総会の運営で、株主との議論を重視した方法の萌芽を感じさせる。幕末から明治にかけては、尊王攘夷か、佐幕開国かをめぐり、各地で激論が闘わされ、意見の対立はしばしば死闘にまで至った。この影響を受けたのであろうが、渋沢はあくまでも徹底した議論や説得を繰り返し、参加者全員の合意または承諾を重視し、刀を抜くようなことはなかった。

†一橋家への仕官

故郷から追われた渋沢栄一と従弟の喜作は一時江戸に滞在し、一橋家へ仕官した。その経緯は必ずしもつまびらかでないが、幕府の役人に追われている二人にしてみれば、一橋家用人平岡円四郎（一八二二―一八六四）に誘われ、御三卿の一橋家の家臣になれば、幕吏の追及から逃れることができるので、背に腹は代えられないというのが真相かもしれない。渋沢は篤太夫と改名し、御三卿の一藩の経営の実務に携わることになる。

平岡円四郎は旗本の家に生まれたが、藤田東湖、川路聖謨らの推挙により一橋家に仕え、十三代将軍継嗣問題では慶喜を推し、橋本左内らと奔走した。井伊直弼ら紀州派に敗れたのちは一橋家を離れたが、慶喜の将軍貢献職復帰後は再び一橋家に出仕した。慶喜にその才能を買われ、京都では家老職にまで出世し、慶喜を支えたが、渋沢が仕官して間もなく攘夷派により京都で暗殺された。平岡がいなければ一橋家への仕官は不可能であったので、渋沢は幸運に恵まれたといえよう。

一橋家は御三家に次ぐ御三卿の格式を持つ家で、将軍の継承順位は御三家の次に位置していた。ただ、十万石の領地は武蔵、下野、甲斐、和泉、播磨、備中の八カ国二十二郡に分散し、家臣の数も少なかった。京都の治安が悪くなる中で、朝廷より一橋慶喜が禁裏御守衛を命じられ、その務めを果たすため有為な人材を求めていた。

一橋慶喜《ひとつばしよしのぶ》(一八三七―一九一三)は、水戸藩主徳川斉昭の七男として水戸藩江戸屋敷で生れた。幼小の頃から英明の誉れ高く、将来の将軍候補と目された。一橋家の養子となり、十三代将軍家定の後継問題で、松平春嶽、島津斉彬、伊達宗城《だてむねなり》、山内容堂ら幕末の四賢侯が中心になり、十四代将軍に推されたが、井伊直弼が推す紀州の徳川家茂に敗れ、蟄居した。しかし井伊大老暗殺後、将軍後見職に就き、続いて禁裏御守衛総督となり、京都の治安維持に努めた。このころ渋沢は慶喜の右腕、平岡円四郎に見出され、一橋家に仕官したのであった。

一橋家家臣として京都を中心に活動した渋沢にとって、西郷隆盛、桂小五郎(木戸孝允)など幕末維新期に活躍する各藩藩士と知己を得ながら藩の経営にかかわり、江戸時代の政治・経済・社会の複雑な仕組みを学んだことは、後のヨーロッパの経済社会の仕組みを理解するうえで大きな役割を果たした。と同時に、理由は定かではないが、渋沢自身は政治の世界には向いていないと悟った。

渋沢は、平岡に命じられ関東での藩士募集や他藩との交渉役などもこなしたが、渋沢が真価を発揮したのは、領内の経営に関する諸実務であった。彼は、慶喜に直接提言し、軍備を増強するために領内の農村から歩兵を募集し、領内で木綿や硝石などの商品作物の生産を奨励したほか、藩札の発行と流通経路の開拓により一橋家の財政を豊かにした。

一橋家の飛び地がある備中の歩兵募集に出かけた渋沢は、村人の態度が協力的でないのは、自分が信頼されていないからだと気づいた。そこで文武両道に秀でていることを証明するために、同地の道場へ行き、道場主を打ち負かした。次に渋沢は、同地で尊敬されていた漢学者阪《さか》谷朗廬《たにろうろ》（一八二二—一八八一）に会うため漢詩を一篇作成し、酒を持参して、備中井原の山陽道に面した場所にある私塾興譲館を訪ねた。

阪谷朗廬は大坂で大塩平八郎に師事し、江戸では昌谷精渓や古賀侗庵に学んだ後、備中井原に私塾興譲館を開いた。山田方谷、三島中洲ら備中の儒学者や漢学者と交流した。同塾は、現在は私立興譲館高校として続いている。阪谷は維新後、明治政府に出仕したが、病気により辞任した。著作に『朗廬全集』がある。

二人は時局について論じ、阪谷は開港論を唱え、渋沢は攘夷論の立場から阪谷を批判した。興譲館では阪谷の主だった弟子たちとも懇談した。夜は一席を設けて杯を重ねながら、渋沢と阪谷はすっかり意気投合し、開国と鎖国のメリットとデメリットを論じ合い、深更に及んだ。後に渋沢は開国論に転ずるが、この議論が何らかの影響を与えたとも考えられる。ちなみに備中には、幕末に老中となる板倉勝静《かつきよ》の下で藩政改革を行った儒学者山田方谷《やまだほうこく》（一八〇五―一八七七）を中心とする、儒学者のネットワークが出来上がっていた。

山田方谷は幕末の儒家・陽明学者で、財政危機に陥っていた備中松山高梁藩を、藩政改革により短期間に見事に再建させた。戊辰戦争の時には藩内の対立を収拾し、官軍に恭順の意を表し、松山城を明け渡した。山田の門下生には、後に二松学舎を創設し、渋沢の論語解釈を「論語と算盤」と評した三島中洲がいた。

阪谷朗廬はこうした漢学者と知的交流を進めていた。後年、朗廬の四男芳郎は大蔵省に入省後、渋沢の二女琴子と結婚した。芳郎は東京市長や大蔵大臣を歴任し、財政や中国問題の渋沢のブレーンとなった。

阪谷父子だけでなく、岡山からは渋沢の様々な活動で協力者になる人物が輩出している。実業の分野では、大日本麦酒（一九〇六―一九四八）を設立し、ビール王と呼ばれた馬越恭平、日清汽船を設立し、日中間の貿易振興と人材育成に尽力しながら、渋沢の対中実業交流を支えた白岩龍平がいる。

また福祉事業分野でも、渋沢の下で東京養育院を実質的に経営した安達憲忠、キリスト教徒で慈善事業に活躍し、倉敷紡績社長の大原孫三郎がフィランソロピー活動に目覚めるきっかけを作った石井十次や救世軍の山室軍平などを輩出した。備前・備中を中心とする岡山の知的ネットワークに加わることができたのは、渋沢にとって生涯を通じての大きな資産になる。他方、岡山の人々にとっても、渋沢とのつながりができたことは、彼を通じてより大きな舞台での活躍が可能になったことは看過できない。

渋沢が一橋家で手掛けた事業を理解しやすくするために当時の貨幣制度を簡単に説明しよう。近世日本の貨幣制度は、三貨制度とよばれ、現在に比べるとはるかに複雑であった。徳川幕府が貨幣の鋳造権を独占し、三種類の正貨（金貨、銀貨、銭貨）を鋳造し、それぞれの貨幣の計算単位は、金建てが両—分—朱で四進法であった。銀建ては貫—匁—分で、銭建ては貫—文で、共に十進法であった。

江戸では金建て、大坂では銀建てで、銭貨は両方で用いられていた。江戸と大坂の貨幣の違いから三井や鴻池などの両替商が活躍した。藩札は全国約二百八十藩の約八割以上にあたる二百三十藩で発行された。発行主体は様々で、金、銀、銭の三つの計算単位が併用されたため、発行額面の種類は無数に上った。鋳造貨幣の贋金を防止するために発行されることが多かった。

しかし他藩の紙幣が流入することが多く、各藩は他藩の藩札を領内でどのように扱うかに頭を悩ませた。

原則的には他藩の藩札の流入は防止すべきであったが、発行主体が有力藩の場合は、商人がその信用力を活用するのを見て、商業上の取引の場である会所での金融政策を進める藩もあった。例えば渋沢が仕えていた一橋家がそれにあたる。

御勘定組頭として、渋沢は藩札の流通について、長州、肥後、肥前の藩札以外はほとんど他領では通用しなかったと語っている（『伝記資料』第一巻）。渋沢は播州一橋領内で、木綿の産出が多く、資産家が集まり、交通の便もよかった印南郡今市《いまいち》村に藩札引換の会所を設立し、藩札である産物手形を発行した。この会所の主な仕事は、木綿を抵当に入れ、木綿買入商に産物手形を前貸しする為替貸付だった。

会所が木綿を集荷し大坂へ移出すると、荷主は前借した分を正金で払い込み木綿を受け取り、自らが売りさばくか、または会所が売却した代金から産物手形で前貸しした分と手数料を差し引いた金額を荷主に払い戻すことになった。

姫路藩の国産会所によく似ていた今市会所は、領内の木綿買入商に対して銀札を発行し資金を融通した。この会所を資金的に支えたのは今市村庄屋の資産家堀彦左衛門ら資産家であった。彼らが元金として会所に供した豊かな資金で、一八六七年には貸付額が合計六千三百八十六両にも達した。出資者にも年利六％の利子収入があった（小林延人『明治維新期の貨幣経済』東京大学出版会）。

この事例から、飛び地の多い一橋家の領地では、大規模な会所政策を行うことはできなかったが、会所がそれなりに機能していたことがわかる。この政策を実質的に支えていたのは、堀家のような地方資産家であった。渋沢は、地方資産家の協力なしには藩経営は回っていかないことを理解した。

渋沢は今市会所の経営が軌道に乗った時期に播州を離れ、一橋慶喜が十五代将軍に就任したため京都へ戻ることになった。郷里で学んだ商売とは違う一橋家の財政について深くかかわり、江戸期の経済中心であった関西地域の金融の仕組みを学んだ。

徳川時代から明治時代に生きた渋沢の中には、近世と近代の連続性を見出せるのである。江戸時代の武士や私塾で広く学んだ論語を中心とする中国古典や日本史の思想や知識を持ち、家業の藍玉の販売を通じて金融の知識や商業センスを身に着けた渋沢には、ヨーロッパの進んだ文明や経済の知識を十分理解するだけの素地があった。山本七平が指摘するように、よく奇跡や偶然といわれる渋沢の行動や事績は、けっして偶然ではなく、渋沢の中に芽生えていた近代という種から生まれた当然の帰結であったのかもしれない。

一橋家の側用人を介して慶喜に直接意見具申できるという風通しのよさは、自由な議論や平等性を好む渋沢にとって好ましい環境であったが、長くは続かなかった。一八六六年七月将軍家茂が急死し、翌八月には慶喜が徳川宗家を相続した。渋沢は不本意ながら幕臣になり、陸軍奉行支配調役となった。これはお目見以下の身分で、一橋家で熱心に取り組んでいた財政の仕事から離れざるを得なくなり、うつうつとした気分になった。同年十一月頃には、浪人になると覚悟を決めたほどであった（『雨夜譚』）。まさにその時、幕府目付の原市之進に呼ばれ、仏国行きを打診された。非常に喜んだ渋沢は、瞬時に推挙を受け入れた。渋沢の業務遂行能力を認めていた徳川慶喜が、弟徳川昭武の世話役として渋沢を抜擢したのであった。

フランス行きにあたり、渋沢は自分にもしものことが起きた場合を考え、千代夫人の弟、尾高平九郎《へいくろう》（一八四七—一八六八）を見立養子として幕府に届けを出した。その後、正式に養子として認められた平九郎は、幕臣として江戸へ出る。しかし一八六八年、戊辰戦争に参加し、越生《おごせ》（現・埼玉県入間郡）で自刃した。

†パリで学んだ合本主義

開国後、自由に海外に出られるようになると、幕府や各藩は、数多くの家臣を海外に派遣した。一八六〇年に最初の使節団を送ってから明治に至るまでの足掛け八年間に、幕府は欧米に七回、別途上海に四回と、合計十一回も海外に使節団や視察団を送り、国際情勢を探るとともに欧米の先進技術や新しい学問を学ばせた。さらに幕府と各藩は海外派遣留学生として優秀な人材を派遣した。留学生の多くは帰国後、幕末から明治期に多方面で活躍し、日本の近代化に多大の貢献を果たしたが、渋沢もその一人となる。

一八六七年、将軍徳川慶喜の異母弟・徳川昭武が、フランスで開催のパリ万国博覧会に派遣された。渡仏の目的は江戸幕府を代表してパリ万博に出席し、その後に欧州各国を訪問することによって、幕府の存在を国際的にアピールすることであった。幕末日本をめぐる欧米列強の国際関係が背景にあった。

ヨーロッパ列強に先駆けて日本を開国させた米国は、南北戦争（一八六一―一八六五）とその後の国内再建のため、またロシアは、クリミア戦争（一八五三―一八五六）の敗戦によって日本への関与を弱めざるを得なかった。代わって英仏の日本をめぐる対立関係がクローズアップされ、フランスの幕府支持、英国の薩長支持という形で顕在化した。日本に於けるフランスの代表者はレオン・ロッシュで、英国のそれはハリー・パークスであった。ナポレオン三世は東洋にまで触手を伸ばす野心を抱いていたが、ロッシュはその政策の代理者として幕府に接近した。

その結果、幕府はフランス陸軍から教官を招聘しフランス式教練を採用し、幕兵を鍛えた。またフランス資本により横須賀造船所が建設された。一八六六年の第二回長州征討の際、幕府の小栗上野介がフランスから軍艦三隻、軍資金六百万両を借りて薩長を叩き、幕府に刃向かう者を討伐するという計画を抱いていたという話も、フランスと幕府の蜜月関係を物語るものといえよう。フランスが幕府に接近する一方で、英国と薩長との関係も緊密になった。幕府と薩長の対立は、英仏代理戦争の様相を呈してきたのであった。

こうした時に、パリで万国博覧会が開催されることになり、幕府は使節団派遣に伴い、各藩にも出品を勧誘した。ところが、薩摩藩は幕府と関係なく出品することになり、日本国内の政争がパリにおいても再現されることになってしまった。英国留学の経験のあった五代友厚は薩摩藩の万博参加の下準備を命じられた。

幕府使節団派遣のもう一つの目的は、昭武を将来の指導者に育成するためにパリへ長期留学させることであった。徳川昭武は一八五三年、水戸藩主徳川斉昭の十八男として江戸駒込の水戸藩中屋敷で生まれた。生まれて間もなく水戸へ移り、養育された。禁門の変、天狗党の乱など幕末の動乱に巻き込まれ、幼いながらも一軍の将として参戦した。

ちなみに、十四代将軍徳川家茂の死去に伴い、一八六六年に昭武は清水徳川家を相続した。ナポレオン三世の皇太子と年齢が近いことや、自身が西洋の文物制度に強い関心を持つ慶喜は、親族にヨーロッパ留学の経験を持つ人物がほしいと強く望んだことから昭武が選ばれた。昭武の訪仏に対しては水戸家の強い反対があったが、慶喜はそれを押し切った。

一八六七年一月十一日、フランス郵船アルヘー号（千五百トン）に乗船した昭武一行は、横浜を出港した。昭武に随行したのは、外国奉行の向山一履、傅役《ふやく》の山高信離、栗本鋤雲、田辺太一、杉浦譲、また昭武警護役の水戸藩士七名や伝習生、さらに商人として万博に参加した清水卯三郎なども含めると、総勢三十三名となった。

フランスへ向かう途中、一行は上海、香港に寄港した。上海で渋沢は、居留地内のガス灯や電線がすでにひかれていた西洋風の街並みに驚いた。他方、旧市街に入ると不衛生な街並みとなり、困窮者があふれていた。日本が西欧列強の植民地にされることの恐怖を体感した。同様の体験は英国の植民地であったインドでも経験し、英国への負のイメージを形成したといえる。

これに対して、寄港した上海や香港で米国領事タウゼント・ハリスの中国や日本に対する態度や業績を知り、アヘン戦争やその後の英国の対中政策とは異なり、米国を「正義人道」の国として把握するようになった。航海中、もう一つ渋沢を驚かせたことがあった。それはスエズ運河の建設が、国家ではなく民間の株式会社により成されたことを知り、「民」の力でこれだけの大事業ができることを知った。

パリ行きを天祐とまで喜んだ渋沢は、航海中から様々なことに挑戦した。当時の多くの日本人は海外渡航中、洋食になじめず、日本食を渇望したが、渋沢はパンにバターを塗り、コーヒーを飲むのを好むという健啖家でもあった。

パリ滞在中から帰国するまで、几帳面に日記をつけた。今日、『航西日記《こうせい》』、『巴里御在館日記』、『御巡国日録』として残存し、当時のパリの状況を知る貴重な資料になっている。ただし杉浦譲との共著のため、どこまでが渋沢自身の手によるものかは判然としていないのが惜しまれる。

渋沢は「御勘定格陸軍附調役」、いわゆる昭武の秘書役として随行し、約一年半の渡欧中、庶務・経理などの実務を担当した。この間、渋沢は万国博覧会の会場やフランスを始め欧州各国の先進技術、社会・経済に関する組織、制度に触れ、それらを実際に体験できた。

髷を切った渋沢

昭武一行がマルセイユに上陸し、リヨンからパリへ到着したのは一九六七年三月七日であった。パリに到着した渋沢は、さっそく髷を切り、洋装になって、西洋の文物を吸収し始めた。彼は妻の千代によく手紙を出したが、千代はなかなか返事を出さなかった。ところが、すぐに洋装の写真を送ったときには、千代から返書があった。文面には、髷を切った栄一の姿を見て、なんとあさましき姿になられたのかと慨嘆していた。渋沢は妻の嘆きにもかかわらず、目の前に展開する西洋社会の豊かさの基盤を探索し始めた。

当時はナポレオン三世統治の最盛期であり、フランス社会は活気にあふれていた。万国博覧会は各国が国力を競う場であったが、広大な敷地に出品者が約六万人、約七カ月の開催期間中に千五百万人が訪問したというとてつもない規模のイベントとなった。

渋沢は、ナポレオン三世に代表される各国の国王や貴族の生活にはあまり関心を示さなかった。それでは何に興味を持ったのであろうか。まず、昭武一行がベルギー国王レオポルド二世に謁見し、昭武がベルギーの製鉄所を見学した話をした時の、国王の話には瞠目した。この時、昭武がベルギーで製鉄所を見学したことを話すと、国王は「ベルギーでは鉄を多く生産している。国が盛んになるためには鉄を沢山使うようになり、日本も鉄を買うようにしなければならない」と昭武に語ったという。謁見に参列した渋沢は、この様子を見て、西欧の君主が直接商売のことについて言及したことに奇異な思いをしたという。

国を豊かにするためには、国王自らが自国の輸出品の売り込みをしたのである。そこから、商工業が国富を増大させるためにいかに重要かということも理解したのであった。渋沢は主に、近代科学文明に裏付けられた蒸気機関を用いた機械や最新の軍備、先端技術による工芸品などに関心を抱いた。

科学技術の進歩に魅せられた渋沢がパリ滞在中、用務の間を縫って見学したのは、パリの豊かな生活をもたらしている諸々の仕組みであった。鉄道、馬車、電灯や上下水道など一般庶民の生活インフラも熱心に見学している。おそらく下水道の中まで見に行ったのは、当時の日本人では渋沢だけであったかもしれない。

つぎに、「官」と「民」との関係が日本と大きく違うことに気づいた。それは、幕府から依頼されて名誉総領事を務め、昭武の世話役を務めた銀行家のフリュリ・エラールと、フランス到着後にナポレオン三世が昭武の世話役として付けた陸軍大佐ヴィレットとのやり取りから感じ取った。日本で言えば「武士」階級の軍人であるヴィレットと、「商人」の銀行家エラールが対等の立場であることに、徳川時代の士農工商の身分制度が存在し、「官尊民卑」の風潮が強い日本との大きな違いを感じた。

銀行家であるフリュリ・エラールが、軍人と並んで政治家に助言するのを見て、日本の商人もこうならなければならないと感じた。このように人民が身分制度に関係なく平等に経済活動を行うことができ、その経済活動の競争を通じて、ヨーロッパ社会の豊かさを支えていることに気づいたのである。

三つ目は、フランスで紙幣・株券・公債の仕組みについて実際に体験したことである。渋沢は昭武の留学費用を捻出するため、ヴィレットの薦めで、政府公債と鉄道社債を実際に購入した。この時のことを、渋沢は「此時に成る程公債と云ふものは経済上便利なものであるとの感想を強くしました」とも語っている。

こうした機会から、技術導入については単に機械や設備といったハード面だけでなく、銀行制度や、商業会議所に代表される経済界におけるソフト面を重視した。つまり西洋における「合本主義」の制度、思想を実体験で学んだのであった。

とりわけ金融には注目した。『雨夜譚』によると、経済界を観察すると、二、三の要件が日本と大いに違うことを認識したとして、まず紙幣の流通をあげている。フランスでは、紙幣はいつでも希望すれば正金に引き換えることができる。その正金は制度によりどれだけの純分を含むべきかを規定している。これは江戸時代の幕府のやり方とは大きな違いがあった。元禄、元文、天保年間と、次第に貨幣を改鋳してその純分を減少しながら、同じ呼称を用いて世間を欺瞞するようなことはないと、その点を評価している。

金・銀小判と銅銭しかない江戸時代の貨幣制度に比べると、兌換紙幣の存在は渋沢の目を引いた。渋沢はここで、「経済界の事務中にて金融の仕組みとか、公債証書の取扱とか、バンクの経営とか、商工業の組織とかいうものの細密なる様子は分かりませぬけれども、既に概況を眼にも見、耳にも聞いて、なるほど国家の富強というものはかくの如く物質上の事物が進歩発展しなければいけないものだというだけは分かった」と語っている（「維新以後における経済界の発達」、『雨夜譚』）。

近世日本の金融業の中心的存在は、両替商、金貸し、質屋などで、経営者の無限責任や対人信用に基づく信用取引を行っていた。江戸時代の三貨制度のなかでは、遠隔地の商取引の決済を円滑に行うために、両替商は不可欠な存在となり、三井、鴻池といった、大名にも貸し付けを行うほどの両替商が現れた。東アジアで海禁政策をとっていた中国では、伝統的金融業である銭荘（銭号、銀号）が銀銅貨の両替業務を行っていた。経営面では共同出資者の無限責任制で、預金集めや資金運用については、対人信用にもとづくことが多かった。

十八世紀後半から中国の銭荘は、国内の遠隔地取引や対ヨーロッパ、ロシア貿易など対外貿易の拡大に伴い、預金、貸付業務、兌換紙幣を含めた信用手段の発行業務など金融仲介機能まで備えていた。日本では、いわゆる鎖国体制の中で、民間の金融業者は外国為替の取り扱いは行っていなかったが、長崎出島、琉球、対馬、蝦夷地などの四つの窓口を通じて、海外との経済交流や北前船による国内での遠隔地取引が盛んになるにつれ、規模は小さいながら類似した複雑な金融業を行っていた。

前近代日本の金融のもう一つの流れは、鎌倉時代から続く無尽（講）、或いは頼母子講である。講の流れは、二つに大別される。一つは民間の金融組織である。これは「頼母子講」「無尽講」「恵比寿講」などで、ブリタニカ国際大百科事典の小項目版によれば、講中が掛け金を一定期間に出し合い、入札または抽籤で毎回そのなかの一人が交代で所定の金額を受け取り、全員に渡し終えた時点で講は解散する。もう一つは、人々が信仰のために組織したもので、「成田講」「伊勢講」「富士講」「大山講」など神社仏閣を中心としたものである。

無尽の歴史は金貸しや質屋とならんで古く、文献上では一三八七年の『香取文書』にあり、頼母子講は一二七五年の『高野山文書』に現れるのが初めである。無尽や頼母子講は、質屋や金貸しとは異なり、村落共同体を基盤にして、仏教の社会秩序の中で生まれた相互扶助組織で、高い利子を支払う必要はなかった。江戸時代になり、平和な時代が続くと無尽や講はさらに発達した。発想や仕組みは、キリスト教の社会秩序の上に成り立ったヨーロッパの信用組合制度と類似している(池田辰三『稿本無尽の実際と学説』大鐙閣)。

したがって商業に従事していた人間であれば、渋沢だけでなく、五代友厚、益田孝ら幕末から明治にかけて欧米を訪問した日本人は、欧米の金融制度を比較的よく理解できたものと思われる。とくに渋沢は、幼少の頃から、父市郎右衛門から家業の藍玉販売や養蚕業の手ほどきを受け、さらに一橋家で財務・総務の仕事を行うことにより、為替、貸付、資産運用などを実際に行い、相当な金融知識を持っていたと推量できる。徳川幕府の使節団の一員として徳川昭武一行に加わり、パリ万国博覧会に参加した後、英国、ベルギー、ドイツなどを歴訪した渋沢は、バンク（銀行）がヨーロッパ経済社会を豊かにしている（協力）合本法のカギを握っていることを理解したのであった。

渋沢が学んだのは、産業資本家が経済活動を通じて国富を増大させるというサン＝シモン主義であった（鹿島茂『渋沢栄一』算盤編、文藝春秋）。サン＝シモン主義とは、フランスの社会主義思想家サン＝シモン（一七六〇―一八二五）が唱えた経済社会理論である。かつて日本では、サン＝シモンは十九世紀以降の資本主義経済の中で、空想的社会主義を唱えたという見方が多かった。しかし現在では、サン＝シモンの思想はより大きな影響を第二帝政時代のフランスに影響を与えたと考えられている。

サン＝シモンによれば、社会は貴族・ブルジョア・産業者の三つの階級からなっている。貴族とブルジョアは、富を生み出す産業に従事していない寄生的階級であるが、産業者は、商工業に従事する人々すべてが含まれ、社会の様々な成員の物質的要求または好みを満足させる物的手段を生産し、消費できる存在である。国家社会を豊かにする経済の仕組みの中で最も重要なのが、金融（銀行）、交通手段（鉄道）、公債の三要素であると述べた（サン＝シモン『産業者の教理問答』森博訳、岩波文庫）。

帰国後の渋沢の活動はまさしくサン＝シモンの主張と重なる。サン＝シモンと渋沢との関係は、以前より原輝史や鹿島茂により論じられてきたが、渋沢自身がサン＝シモンに言及することがないため、必ずしも解明されてきたわけではない。

パトリック・フリデンソン（フランス社会科学高等学院教授）によれば、渋沢が民間企業を高く評価しながらも、経済と社会を完全に民営化すべきと唱えなかったことの中に、サン＝シモン主義の影響を計る鍵がある。最近のフランスでのサン＝シモン研究により、サン＝シモンは、サン＝シモン主義のみならず、社会学、社会主義、無政府主義経営論の祖として再評価された。一部の弟子たちは、労働と技能を中心とする富の再分配を新たな道徳とみなす、サン＝シモン最後の著作 *The New Christianity* に影響を受けた。

渋沢がフランスで見聞したものは、銀行家フリュリ・エラールの金融や財政についての教えをはじめ、サン＝シモンの弟子がサン＝シモン主義を実践に移すことによって生まれた、二次的なサン＝シモン主義であったのではないかと分析している。

いずれにしても、渋沢がフランスを中心としてヨーロッパ体験から学んだことは、少年時代から手伝った家業や、一橋家での財政再建など江戸時代の経済システムとの文化交渉の中で学び取っていったものと思われる。

パリ時代でもう一つ注目しなければならないのは、渋沢が昭武一行の栗本鋤雲、杉浦譲、田辺太一らと親しく交わったことである。実務に忙しい渋沢にとって、フランス人の顧問の説明だけでは理解できないことを、彼らから学んだ知識や情報を交換し、理解につなげたことも多かったと思われる。帰国後もこの人脈は渋沢にとって大きな資産となった。

政治の世界に強い関心を抱いていた渋沢が、ヨーロッパの政治思想や政治制度に全く関心がなかったとは思えない。こうした点についてはいままであまり指摘されていないが、実はデモクラシーという言葉は使用していなくとも、渋沢が民主主義に感銘を受けたことは様々な点から推量できる。

まず、人民が身分の上下なく平等に政治や経済に参加し、その知識に基づいて意見を述べることができることに感銘を受けている。日本では士農工商という身分制度があり、商人が国の政治経済に関して論ずることはほとんどなかった。ところがヨーロッパでは、金融業者が、軍人と対等に、国王に対して経済政策のアドバイスをしている。商工業者の地位と官吏もしくは軍人との関係が日本とは全く相違していることは驚きであり、これを学ばなければ真の商工業はできないと確信を持った。そのためにはヨーロッパ社会のように、実業家の地位が高くなければならないと考えたわけである。

「官尊民卑」の打破は渋沢が生涯を通じての目標の一つであった。見識のない役人の横暴をなんとかして打ち負かすためには、「民」自らが主導権を握らなければならないと考え始めた。「官尊民卑の打破」を掲げたといっても、渋沢はあくまでも「民」主導で社会改革を行うことを説いたのであり、いたずらに「官」と対立したわけではない。つまり互いに協力し、公益を増進するためには「民」が自立し、官と伍するだけの知力、財力、人的なネットワークを有しなければならなかった。それを実現させるためには、物事の決定に自主的に参画できる平等性が確保されていなければならない、と渋沢は考えたのであろう。

フランスの平等社会の実現には、民がだれでも、自らが実業家として平等に自由な経済活動を行い、個人や社会が豊かになれる民主的な社会が前提となっていることに気づいた渋沢は、それを実現させるために合本主義が有効と理解した。この点について、渋沢は後年、フランスで感じた民主的な空気に少なからず動かされたと語った(『伝記資料』別巻第五)。

†慶喜との再会と新政府への出仕

一八六八年、明治新政府からの帰国命令により、昭武の留学は中断せざるを得ず、渋沢も充分な視察や調査をすることはできなかった。実質一年半という期間で、また随員という立場である渋沢が、実際に欧州で学んだものは限定的なものであると思われ、過大評価は避けなければならないが、幕末の渡欧体験が渋沢にとっては衝撃的なものであり、後の人生に与えた影響はやはり決定的なものであった。

一八六八年一月に、渋沢は昭武とともに横浜に到着した。二年弱のパリ滞在中に、慶喜が大政奉還し、続いて王政復古、鳥羽伏見の戦いの帰趨、江戸城無血開城、慶喜の水戸への隠居など国内情勢の大局は、渋沢喜作からの手紙などで知っていたものの、詳細はわからず、隔靴搔痒の感で過ごしていた。

新政府軍と旧幕臣との戦いは続いていた。渋沢とともに尊攘運動に加わり、後に一橋家に仕えた喜作は、戊辰戦争期には彰義隊を組織、函館の五稜郭に立てこもる榎本武揚軍に参加していた。渋沢は、旧幕臣として武器を取って新政府に刃向かうつもりはなかったが、なぜ鳥羽伏見での敗戦直後に兵を置いて大坂城を抜け出し、江戸へ戻ったのか、東海道を進軍する新政府軍を幕府の海軍を以てなぜ攻撃しなかったのかなど、慶喜に尋ねたいことは数多くあった。

パリから戻った渋沢は、静岡の宝台院に蟄居中の徳川慶喜に会った後、静岡で生活することになった。帰国後の選択肢としては、いくつかの道が考えられた。徳川昭武に従い、水戸藩へ行くことも考えられたが、慶喜の反対にあい、渋沢は静岡藩にとどまった。

静岡藩は江戸末期にできた駿府藩から、一八六九年に名称を変えたものであった。維新後、徳川家の宗主となった家達(田安亀之助)のもと、大久保一翁《いちおう》(忠寛《ただひろ》、一八一七—一八八八)、勝海舟、山岡鉄舟らが中心となったが、多くの幕臣を抱え、財政難に陥っていた。このため渋沢らが財政再建を試みるが、彼らが新政府に引き抜かれ、再建半ばの一八七一年、廃藩置県により静岡県となった。

渋沢の将来に大きな影響を及ぼしたのは、中老として静岡藩を実質的に支配していた大久保忠寛であった。旗本の家に生まれた忠寛は老中阿部正弘に見出され、目付、海防掛に抜擢された。優れた意見書を次々に出すとともに、勝海舟を阿部正弘に推挙して登用させるなど活躍したが、安政の大獄に批判的であったため、井伊大老により京都町奉行を罷免された。

桜田門外の変のあと復帰し、外国奉行、大目付などの要職を歴任した。松平春嶽と交友し、長州征伐には反対し、徳川慶喜に大政奉還を勧めるとともに、雄藩を中心とした議会政治や公武合体を推進した。鳥羽伏見の戦いに幕府軍が敗れたのちは、勝海舟、山岡鉄舟らとともに江戸城の無血開城に尽力した。明治になり、蟄居した慶喜と主に静岡に移り、静岡藩の中老を務めたのち、明治政府に仕え、第五代東京府知事となる。また議会政治樹立に協力した。渋沢が五十年以上院長を務める東京養育院にかかわるきっかけとなったのは、大久保の依頼によるものだ。

渋沢は静岡藩の財政難を助けるため、静岡藩勘定組頭として、商法会所《かいしょ》を設立し、商社と銀行を合わせた業務を行った（『雨夜譚』）。設立に当たり渋沢は、これを「協力合本法」による民間経済人の初めての取り組みと自負していた。渋沢は勘定組頭の下で頭取となり、実質的に事業を取り仕切った。業務内容は、商品抵当の貸し付け、定期性の当座預金の管理、米穀、肥料などの買い付けと販売などであった。

事業資金は、新政府が静岡藩へ貸し付けた石高拝借金《こくだかはいしゃくきん》であった。渋沢はこれを政事に使ってしまえば、すぐになくなってしまうので、商法会所の資本金として使い、殖産興業を進め、その利益金から政府に返金していくことができると考えたのである。パリで合本組織による事業を学んできたことがここに生かされたのである。静岡藩には旧幕臣を中心に人口が流入していたので、食料、金融に対する需要は増加し、予想通り収益が得られた。

しかし商法会所が藩の資本で商業を行うのは、明治政府の趣旨に抵触する。このため商法会所は、米穀の安定供給を業務に加えた。続いて紙幣と正金の差額による商売が禁止された。また名称を変更して、常平倉《じょうへいそう》とした。常平とは、価格を安定させるという意味であるが、実際には取り扱う肥料の貸し付けや米穀価格の上がり下がりを見越しての取引を行っていた。今市会所から商法会所への流れは、近世の日本の金融の考え方が明治以降にも続いていったことを証明している（テツオ・ナジタ『相互扶助の経済――無尽講・報徳の民衆思想史』五十嵐暁郎監訳、福井昌子訳、みすず書房）。

一八六九年には、千代と長女歌子、尾高惇忠、芝崎確次郎らを深谷から静岡に呼び寄せた。芝崎確次郎は武蔵の国秩父郡大野村の生れで、尾高惇忠、渋沢喜作らと彰義隊や振武軍に加わった。第一国立銀行の設立と同時に入行し、東京貯蓄銀行に移り、一九一七年に同行を退職し、渋沢家の秘書役として会計を担当した。渋沢が最も信頼を置いていた秘書役の一人であった。

しかし商法会所は長く続かなかった。御用商人の中には、渋沢の意図に反し、私腹を肥やす行為をはたらく者が出たりして、トラブルも生じた。その後、一八七二年五月に業務を静岡県に引き渡し、商法会所は廃止され、業務はその後三井組にゆだねられた。

この時期に各地に作られた商法会所の多くは失敗するものが多かった。その中で静岡商法会所も構成員は旧武士や商人で、他の会所と変わらなかったが、三井の三野村《みのむら》利左衛門の協力を取り付け、不換紙幣の太政官札を銀貨などの正金に換金し、商品売買に用いて価値を確定していった。このため短期間で一定の成果を上げることができた。渋沢がヨーロッパで学んだ合本主義を実際に試験するよい機会となったのである。

静岡での生活が軌道に乗り始めたときに、新政府から渋沢に出仕せよとの呼び出しがかかった。なぜ旧幕臣の渋沢が招請されたのであろうか。

それは政府の人材不足を補うためであった。五稜郭での戦いも終わり、倒幕に成功した明治政府であったが、維新を成功させるためには多くの課題を抱えていた。「広く知識を海外に求め、万機公論に決す」という五カ条の誓文の精神に則って、「富国強兵」、「殖産興業」を目標に掲げ、独立を維持しながら、日本を近代化するために様々な改革を進めることは至難の業であった。江戸幕府は崩壊したが、新政府の規模は小さく、財政難の中、薩長土肥を中心とする人材だけでは足りず、長年統治に携わり、海外体験を持つ旧幕臣に頼ることになった。

渋沢の才能や手腕を高く買い、新政府への仕官をさせるよう大隈重信に勧めたのは、伊達宗城（一八一八―一八九二）と郷純造《ごうじゅんぞう》（一八二五―一九一〇）であった。松平慶永（春嶽）、山内豊信（容堂）、島津斉彬と並んで幕末の四賢侯のひとり伊達宗城は、パリでの渋沢の仕事ぶりを注目し、初代大蔵卿として渋沢に期待を寄せていた。

渋沢が政府時代からその後の民間での活動を行うに当たって大きな力を発揮したのが、旧幕府時代の人脈であった。伊達宗城は幕末の宇和島藩主（伊達家八代）で、藩政改革を進め、富国強兵・殖産興業を実践。明治政府の民部卿、大蔵卿などを歴任したが、渋沢を高く評価し、大隈重信に推薦したといわれる。

昭武一行に加わり、一八七一年に渋沢と共著で『航西日記』を出版した杉浦譲（一八三五―一八七七）は甲府藩士の家に生まれ、幕末は幕府の外交官として活躍した。静岡藩から新政府の改正掛に入り、前島密とともに郵便制度の導入を手掛けた。東京日日新聞や富岡製糸場にも関わり、四民平等を唱え、解放令や地租改正に積極的であった。渋沢の「民主化」の試みにも影響を与えたと思われる。

郷純造は、美濃国黒野の豪農の三男として生まれた。大垣藩用人に武家奉公したのち、各地を転々とするが、対外交渉、貿易問題などの実務を身に着けた。御家人株を買い幕臣になったが、江戸城開城後は新政府軍に従軍した。維新後、大蔵省に勤務し、渋沢栄一、前島密、杉浦愛蔵など旧幕臣を明治政府に推薦仕官させた功績は大きい。のちに大蔵次官を経て、貴族院議員、男爵となった。

渋沢は静岡での生活も軌道に乗っていたので、新政府出仕を断るつもりで東京へ行った。面談したのは、大蔵大輔大隈重信であった。大隈は出仕を渋る渋沢に対し、説得を繰り返した。大隈は、新政府は新しい近代国家の建設のために有意な人材を求めている。仏国で学んだ知識を静岡のためにだけでなく、「八百万《やおよろず》の神達の一柱」として尽力してほしいと懇願した。さらに慶喜もそれを望んでいると聞かされた渋沢は断り切れなかった。

当時大蔵省の要職は、大蔵卿が伊達宗城、大蔵大輔が大隈、大蔵小輔が伊藤博文、大蔵大丞井上馨という錚々《そうそう》たる人物が固めていたなかに、租税正として抜擢され働くことは渋沢にとっても名誉なことだった。大隈が渋沢を強く勧誘したのは、当時薩長土肥の出身者が新政府の中枢を握るなかで、佐賀出身の大隈には、薩長以外の仲間を増やしたいという思惑があったのではないかと考えられる(島田昌和『渋沢栄一』岩波書店)。

こうして渋沢は、一八六九年十一月、新政府の民部省租税正に任ぜられた。幕末から明治に至る激動の時代を何とか乗り切り、新時代の日本社会を創造することになった。

第二章
日本社会の基盤を整備する

渋沢栄一が株主総代になった製紙会社の王子製紙場（現・JR王子駅北口付近）

民部省租税正・渋沢は、新進気鋭のメンバーからなる改正掛の取りまとめ役として、大胆かつ迅速な経済社会の基盤整備案を企画立案し、貨幣改革、度量衡の統一、太陽暦の採用、郵便制度などの導入を実施した。国立銀行条例を発布、第一国立銀行を創設。井上馨とともに官職を辞して民間経済人となった渋沢は、バンク（銀行）を経済の「民主化」と合本主義の要と考え、富岡製糸場、抄紙会社（王子製紙）での経験を活かしながら次々と企業を立ち上げる。渋沢は銀行業界である拓善会（のちの東京銀行集会所）を設立し、銀行を全国へ普及させた。銀行と並んで、「民主化」を推進する両輪としたのは、チェンバー・オブ・コマース（商業会議所）であった。

渋沢は福地桜痴とともに東京に公議会を設立し、首都東京の再建を「民」主体で行おうとし、東京商法会議所を通じて、公論形成、情報発信を図り、経済界の地位向上を目指した。実業教育（商法講習所—東京高等商業学校）、社会福祉（東京養育院）、女子教育奨励会などフィランソロピーの活動も同時に開始した。現実主義で実務に長じた渋沢は、論語の教えと「民主化」とのはざまで苦悩しながらも、算盤の合理性と採算性を崩さず、合本主義の精神を貫き、様々な改革への抵抗を克服しつつ近代日本の経済社会の基盤を整備していった。

†改正掛と富岡製糸場

新政府の一員となった渋沢は篤太夫から栄一と改名し、新しい国つくりに参画することになった。当時の政府はどのような課題を抱えていたのであろうか。何よりも日本が西洋列強の植民地にされず独立を保ちながら、いかに近代国家を形成するかであった。そのために「五カ条の誓文」の精神に則り、富国強兵・殖産興業をスローガンに掲げた。士農工商の身分制度を撤廃し広く人材を登用、世界の知識や技術を取り入れ、万機公論に決しながら国つくりを進めていた。しかしその前途は厳しかった。

歴史の転換期に構造的な制度改革を行う際、文化摩擦は避けられない。新政府の要職の大半は、薩長土肥出身者が占め、伊予宇和島藩主の伊達宗城や旧幕臣の勝海舟、榎本武揚、大久保一翁といった開明派の実力者も加わっていた。開国後約十五年間に、薩長を中心とする諸藩は若い優秀な人材を海外へ留学させ、欧米の知識や技術を学ばせたが、まだまだ少数であり、改革を執行する官僚は、討幕派だけでは足りず、旧幕府関係者も数多く官吏に採用された。渋沢もその一人であった。

しかし実務を担当する官僚の多くは、江戸時代の幕藩体制の中で教育を受けた有能な役人であった。したがって実務能力はあるが、欧米の制度に基づく改革には反対する保守的な人間が圧倒的に多かった。二百六十年続いた江戸時代の制度や慣習に代わる制度を創出するために、渋沢も保守派との間で無数の文化摩擦を引き起こすことになる。

一八七〇年代を通じて、渋沢の立場は官吏から民間人に変化したが、一貫して三つの事に取り組んだ。まず富国強兵、殖産興業という目標を達成するための、経済社会の基盤整備を行うことであった。次に制度改革を推進しながらも、政府自身の組織作りと、廃藩置県後の中央と地方の新しい関係の制度設計に関わった。特にお膝元の東京の近代化に取り組んだ。第三には、新しい制度の下で社会を実質的に豊かにする事業体をフランスで学び、帰国後、静岡で商法会所として試みた合本組織として育成し、合本主義の普及に尽力した。

新政府に出仕した渋沢は、役人の仕事ぶりが縦割りで、改革派と保守派が入り乱れているので、これでは各人の目指す方向が統一されず、非効率で改革は進まないと見抜き、大隈に優秀な人材を集め、改革本部を創ることを提案した。この意見はさっそく採用され、一八六九年十一月に、大隈と伊藤に直結した民部、大蔵両省にまたがる調査・諮問機関として改正掛が設置された。

新政府の組織を簡単に説明しておこう。王政復古の大号令で、古代律令制を模した太政官は、一八六八年に公布された政体書に基づいて設置された最高行政機関で、立法・行政・司法の三機能を備えていた。翌年の官制改革で、図2のように民部省、大蔵省など六省を管轄し、一八

図２　明治政府太政官組織図（『法規分類大全第一編』官職門をもとに作成）

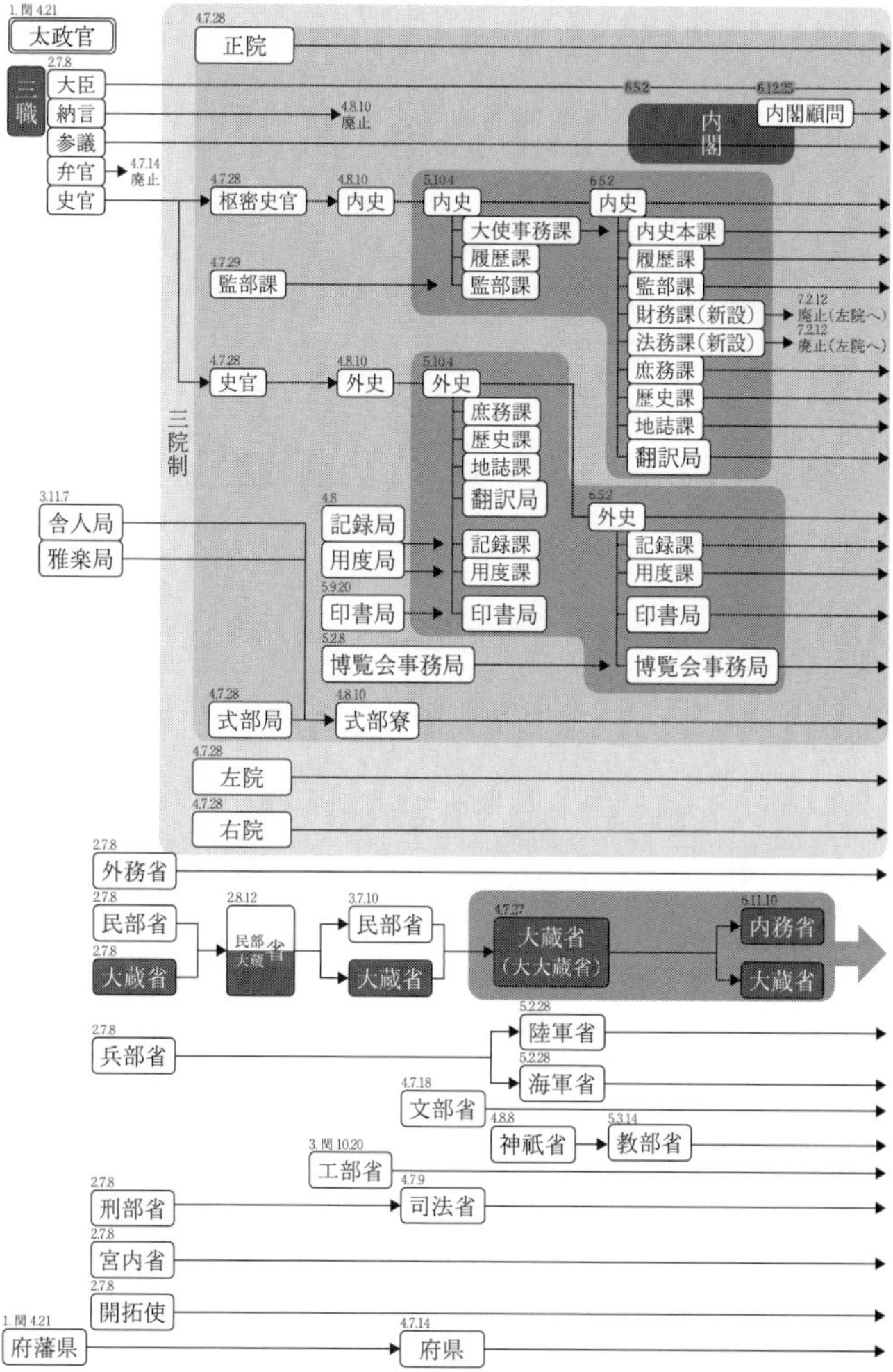

（出典：小幡圭祐『井上馨と明治国家建設――「大大蔵省」の成立と展開』吉川弘文館、2019 年）

八五年に内閣制度が発足するまで続いた。

渋沢は改正掛の設置と同時に、民部省租税正、改正掛長を兼務し、太政官政府への立案を一手に執り行うことになる。井上馨とは、正確な日時は定かではないが改正掛長となってすぐに知りあい、井上の懐刀として行動を共にするようになる。渋沢は、大隈、井上と杉浦譲、前島密、赤松則良、島田三郎ら新進気鋭のメンバーからなる改正掛の取りまとめ役として、企画・立案・実行した。度量衡の統一、租税制度の改正、太陽暦の採用、銀行制度、貨幣金融制度、郵便制度、鉄道敷設、官庁建築など近代化に必要と考えられるあらゆる制度の導入を手掛けた。

連日、侃侃諤諤《かんかんがくがく》の議論を行い、それを渋沢が素案としてまとめ建白する。それについてさらに討議を加え、決済を経て実行に移された。徳川時代であればとても国の政治に関与できるような身分ではなかった二十代から三十代の俊英が集まり、新しい国づくりに向けて仕事をした。新政府内は彼らの熱気であふれていた。

議論を行うのは官庁内ばかりではなかった。大隈が一八六九年の結婚後居住した築地の「梁山泊」と呼ばれる私邸もその一つとなった。旗本の元屋敷で、新政府が接収、大隈に下げ渡したもので、五千坪近い敷地を持つ大邸宅であった。ここへ伊藤博文、井上馨、前島密、渋沢栄一、中井弘、五代友厚などが訪問し、時には夜を徹して議論が沸騰した。大久保利通や薩摩系と対立していた少数派の佐賀藩出身の大隈にとっては、木戸孝允に近いグループとともに、この梁山泊グループと自由闊達に新しい国家社会の未来像を議論できたことは、まさしく「国家の幸福」だったし（伊藤之雄『大隈重信』上、中公新書）、渋沢もその中に入り、学ぶことができた。

彼らの目指したものはなにか。それは急進的な改革により、日本を中央集権的な国家にすることであった。大小の内乱が起きたものの過激な改革と経済社会の整備を「民主的」に実施しようと試みた。

渋沢にとっては、パリ滞在中に学んだ国富を増進するために産業を振興させるのに最も重要な役割を果たす金融、鉄道、公債の三本柱に加えて、欧米の思想、技術、制度を日本社会に適合するように移植し、日本社会の改革に取り組んだのである。城山三郎が「建白魔」と呼んだ彼の働きは高く評価され、一八七〇年九月末に次官に相当する大蔵少丞、翌年には枢密権大史に転任した。

新政府が中央集権を図るのに障害となったのは、全国に残る藩の存在であった。次々と制度改革が実行されたが、なかでも天皇に各藩の領地や領民を返上する版籍奉還と、藩そのものを廃止し県を設置する廃藩置県の実行は、新政府の幹部にとって大きな決断であった。

ところが各藩主の抵抗は思いのほか小さかった。なぜだろうか。その背景には各藩の財政事情が関係していた。どの藩も幕末には多額の借金を抱えていたため、藩主としては赤字経営を放棄できるという点で賛成しやすかった。また各藩士の中には日本が西欧諸国と伍していくためには、中央集権国家となることが不可欠だと賛成するものも多かった。

廃藩置県は、旧秩序を崩壊させ、士農工商の身分制度の撤廃を推し進めただけでなく、各地方の生活共同体をも崩していった。藩という国境を無くし、金融制度改革により金、銀、銅、藩札が入り乱れていた複雑な貨幣制度から、円という統一通貨による国内市場に転換させ、日本全体の経済発展の場を造りだした。しかし人々は自由な経済活動のもたらす不安定よりも生活の安定を求めた。こうした民衆の要求に答え、新しい中央と地方の関係を作り出さなければならない。

渋沢の上司、井上馨は欧米諸国を視察した経験から、日本を豊かにするためには、民政の柱に、財政の健全化と勧農政策の遂行を据えた。勧農政策を実施するにあたり、重視したのは民営主義であった。政府はあくまでも民営事業を妨害しないで、保護や援助を実行する、いわば「保証」という立場をとった。しかし現実には民営会社に官営事業を請け負わすことは困難であり、民営会社が事業を続けるかどうかは各府県にゆだねられた。

井上の辞職後、大蔵省を率いることとなった大隈は、むしろ交通・運輸などのインフラ整備を重視したため、勧農政策は大久保の下で生まれた内務省が引き継ぐことになった（小幡圭祐『井上馨と明治国家建設――「大大蔵省」の成立と展開』吉川弘文館）。井上のもとで制度設計を行った渋沢は、中央と地方の関係や農業の重要性を学んだ。後の国立銀行の地方への普及や、北海道や東北における農場経営を支援する視座の芽生えが感じられる。

明治政府が行った工業機械と設備の導入などハード面だけでなく、太陽暦の採用や度量衡の統一、郵便制度などさまざまなソフト面での技術移転を成功させるためには、移転先の政治、経済、社会、文化にうまく溶け込むかどうかが鍵を握っている。そのうえ企業の場合には採算ベースに乗るかどうかが最も重要であった。明治初期の技術移転の目玉といえる富岡製糸場に渋沢が関わったときのことを考えてみよう。

養蚕業は古くから農家にとって米作以外の収入源であった。皇室も養蚕には深くかかわっていた。十九世紀から二十世紀半ばまでの日本の最大の輸出品は、生糸であった。慢性的な貿易赤字の中で、生糸貿易は貴重な外貨収入源であった。明治政府が悩んだのは、外国商人に買いたたかれ価格を下げるために、生糸が粗製乱造され、フランスやイタリアに比べて品質の面で著しく劣っていたことであった。これを放置すれば海外からの信用をなくす。このため政府みずから模範となる製糸場を立てることにし、大蔵少輔の伊藤博文と租税正の渋沢が担当となった。

一八七二年、フランス人技師ポール・ブリューナ(一八四〇―一九〇八)を雇い、養蚕業の盛んな群馬県に設立した。ブリューナは、蚕糸業が盛んなフランスドローム県ブール・ド・ペアージュで生れ、リヨンの絹問屋に勤務した。当時リヨンはフランスにおける絹織物の中心地であった。彼はその後、同地の生糸商社リリアンタール商会に移り、一八六九年同社の横浜支店に派遣された。

日本が製糸工場の建設を検討するようになると、ブリューナは一八七〇年から候補地の視察のため、良質の繭糸の生産地に近い関東北部や長野を廻り、富岡を建設地として選んだ。その理由は交通の便が良く、広大な工場用地が確保でき、動力源の石炭と水が豊富であること、建材の石材が入手しやすいことなどであった。渋沢が論語の手ほどきを受けた恩師の尾高惇忠が、勧農局から富岡製糸場長になり、製糸場の建設、女工の募集、技術移転などを行った。尾高の下で実務を担当したのが、尾高家に仕えていた韮崎直次郎であった。資材調達を任された韮崎は、富岡付近の畑から煉瓦に適した粘土を発見し、製糸場建設に必要な煉瓦を製造した。

当時としては世界でも有数の大規模工場になった富岡製糸場は、全国から数百人の女工を募集した。当初はなかなか女工が集まらなかったが、尾高の娘ゆうまでも女工に加わり、やっと操業に必要な人数が確保された。彼女たちは泊まり込みで繰糸の方法を学び、女工のリーダーとして各地の製糸工場に繰糸方法を伝授する役割を果たした。

その後、一八九三年に三井家に払い下げられ、内務省の速水《はやみ》堅曹《けんそう》（一八三九―一九一三）が所長に就任して民営化に至るまで操業を支えた。速水堅曹は川越藩士の家に生れた製糸技術者で、一八七〇年前橋に日本初の器械製糸工場を設立した。後に横浜同伸会社の初代社長となった。

しかし渋沢が後年反省しているように、富岡製糸場の営業成績は決して芳しくなかった。官による経営であったので採算性を無視して何とか事業を継続することは出来たが、真の意味で製糸の近代化に貢献したのは、富岡製糸場により触発された民間人の働きによるものであった。

一九〇二年、横浜の原合名会社に経営権が移管された。同社社長の生糸業者原富太郎は、横浜に三溪園を建設したことで有名である。その後一九三九年、片倉製糸紡績に所有され、一九八七年まで操業を続けた。富岡製糸場の場合には、収益を上げるまでに時間はかかったが、長期的に見れば技術移転の成功例といえる。

国営企業がなかなか採算ベースに乗らないことを学んだ渋沢は、銀行、鉄道、海運といった基盤事業は出来るだけ民営でなければならないと考えるようになった。

†第一国立銀行の設立

富国強兵、殖産興業をスローガンに掲げ、西欧列強に追いつこうとしていた日本にとって何よりも必要な工業化を進めるに当たり、いくつもの障害があった。そのなかで渋沢は、次の三点を指摘している。

（一）高金利――西欧の貸出し金利は高くても年利五、六％、低い場合には三、四％だが、日本では低くても年利七、八％、高い場合には年利十二、十三％に達する。

（二）資本不足――合本会社を設立して大金を集めようとしても、日本全体が資本不足に陥っている。例えば二十万円の会社を二十人で創立するために、平均一人一万円出資するとなると、最低三年間たたないと、利益を出すことは難しいが、これだけの長期投資に応じる資本はなかなか集まらない。

（三）人材不足――機械工業を起こすための学理と経験を応用できる人材がいない。人材育成には時間がかかる。

しかし渋沢はこれらの障害は克服可能であると述べる。つまり、事業自体が社会のニーズに合致していれば、なんとか高金利に耐えることにより、長期的にはかならず利益を出すことができる。資本不足も冗費を省き倹約に努め、株主数を増やしてゆけば解決するし、人材も商法講習所など教育機関を設立し、専門的かつ実務的な教育を施せば、数年のうちに必要な人材は育つという理由で、工業化の障害は取り除けると語った（『伝記資料』別巻第五）。事実、渋沢は合本主義の方法を用いて、次々とこれらの障害を解決していった。

渋沢が合本主義の中心的存在として設立と普及に尽力したのが、銀行制度であり、具体的には第一国立銀行の設立であった。

明治に入り、まず一八六九年に通商会社と共に創設された為替会社は、とりあえずの銀行としての役割（預金、貸出、為替、金銀売買、両替など）を果たすと同時に、紙幣の発行権を有していた。三井、小野、島田、鴻池などの徳川時代から続く両替商が中心となり営業した。明治政府の強力な指導と手厚い保護をうけたが、短期間で業績が悪化し失敗した。ほとんどの為替会社は一八七二年頃から赤字を計上し、第二国立銀行に転換した横浜為替会社を除いて、翌一八七三年にはすべて解散した。

為替会社が失敗した理由としては、政府の行政組織が整備されるにつれて、（一）一八七一年七月政府の保護が弱まったこと、（二）一八七〇年から七一年にかけて紙幣発行の準備率規制が強められたこと、（三）一八七二年に制定された国立銀行条例で、紙幣発行の特権を失ったことなどが直接的な原因であった。

由利公正《ゆりきみまさ》（一八二九―一九〇九）は福井藩士から明治期、政治家・実業家として活躍した。幕末の福井藩主松平春嶽の下、「公議公論」「公議政体論」は橋本左内、横井小楠らに引き継がれたが、由利はこれを明治政府で主張し、五カ条の誓文のなかの「万機公論に決し、私に論ずるなかれ」を起草した。

福井藩の財政再建を成功させた由利は、その経験から新政府の歳入不足を補うため不換紙幣である金札を発行し、あわせて商法会所を通じて殖産興業資金を調達しようと試みた。しかしこの方法では勧業資金は十分に調達できず、従来の経済制度を廃止したため経済は混乱した。この通貨金融政策の失敗により一八六九年二月に由利は辞任し、その跡を継いで大隈が会計官を実質的に指導する立場になった。同年七月の組織替えに伴い、大隈は大蔵大輔となり、翌一八七〇年七月には参議に就任した。大隈の下で通商司政策を企画実施したのは、伊藤博文と井上馨で、渋沢の主張が通る体制になった。

渋沢は、為替会社や通商会社の経営がうまく行かなかったのは、従来の商人が新しい制度をよく理解していなかったことに加え、江戸時代の身分社会の旧弊から、官尊民卑の風潮が根強く残っているためだと気がついた。そこで、商人の意識改革と合本主義への理解を促すために、一八七一年、会社を立ち上げるにはどのような手順で行うかについて、その方法と規則などを解説した『立会略則《りゅうかいりゃくそく》』を大蔵省から出版した。その冒頭で渋沢は、政府が権力を笠に着て、為替会社や通商会社の経営に干渉することを強く戒めたうえで、会社組織の設立方法などをわかりやすく説明した。

第一国立銀行の設立の過程についてはすでに経済、経営、金融史の分野で数多くの研究があるので、ごく簡単にその経緯を紹介するにとどめる。

渋沢の『雨夜譚』などによると、最初の銀行を設立するに際して、政府部内では、英国式にするか、それとも米国式がよいかで激論が闘わされた。英国式銀行制度の採用を唱えたのは、英国に留学した吉田清成や後に松方デフレ政策で有名になった松方正義であった。彼らは、イングランド銀行をモデルとした「ゴールドバンク」（金券銀行）構想を抱いていた。これに対して伊藤博文や井上馨は米国視察を経て、米国のナショナルバンク・アクト（国法銀行法）をもとにした国立銀行設立と金本位制を主張した。

両者の共通点は、金本位制、民間銀行（株式会社制度による）、公開性を持っていることであった。相違点は新銀行券の発行方式で、吉田の案は、すでに発行されている貨幣は金、銀などの正貨としか替えることができない正貨兌換制度だが、伊藤の案は、正貨だけでなく政府紙幣を含む通貨兌換制度であった。最終的には伊藤の案が中心になって米国のナショナルバンク・アクトを国立銀行条例と訳し、伊藤の意見に近い国立銀行条例を制定した。戊辰戦争以来各地で発行された紙幣を回収しながら、殖産興業のために必要な通貨（国立銀行券）の流通促進を優先した制度となった。この間渋沢は実務の中心となって、国立銀行条例の制定や吉田、伊藤両案の取りまとめに奔走した。

一方で銀行制度を立ち上げる前に、江戸時代の複雑で混乱した貨幣制度を整理することが肝要であった。米国へ貨幣制度を調査に出かけた伊藤博文からの報告を受け、渋沢は銀行制度の整備を進めるために、政府内での議論を開始した。と同時に、紙幣の発行や新聞洋紙製造業と機械製糸業の設立の議論も始めた。白紙のキャンパスの上に次々に新しい事業が同時並行的に描かれていったのである。

米国のナショナルバンク・アクトを翻訳した国立銀行条例が制定されるなかで、当初三井は江戸時代からの為替業務の経験を活かして三井組だけで銀行を作る予定であったが、『立会略則』で合本組織の実現を求める渋沢の主張により、第一国立銀行構想は、小野組やほかの資本家も加わった形に変更された。国立銀行条例に基づく銀行はあくまでも民間企業であるため、合本主義を貫き、一大資本家に独占されることを避けた。そこで三井が一手に引き受けようとしたのを断り、新興の小野組ほか多くの出資者を募った結果、七十一人の株主が集まった。そのなかには大口の株主ばかりでなく、一株の株主も含まれていた。資本金は三井組と小野組がそれぞれ百万円ずつ出資し、一般から四十四万円を募り、二百四十四万円でスタートした。第一国立銀行の頭取も双方の候補者から選んだ。

銀行の実務を日本人に教えるため、すでに十年以上前から来日していたスコットランドのアバディン出身の英国人銀行家アレクザンダー・アラン・シャンド(一八四四―一九三〇)を大蔵省に採用した。一八七二年にシャンドは、大蔵省紙幣頭附属書記官としてイングランド銀行の複式簿記を、渋沢はじめ松方正義、高橋是清など、これからの貨幣金融制度や銀行経営を担う人材に教えた。いわゆる御雇い外国人であった。シャンドの著した銀行簿記に関する本は、一八七三年に『銀行簿記精法』として日本語で出版され、広く読まれた。渋沢はシャンドの提唱した複式簿記の導入と検査体制の確立を目ざして、同銀行の運営を行うと同時に、多くの銀行や事業会社を設立しようと試みた。

ところが翌年一月、小野組が破産し、第一国立銀行から小野組に貸し付けられていた百三十八万円余りが回収不能となり、早々に危機に直面した。渋沢は小野組に巨額の債権を有する古河市兵衛に債権取り立ての延期を依頼するなどして、小野組が保有する同銀行株八十四万円やその他資産を回収し、損害を最小限にとどめた。

†金融の公開性と透明性

渋沢が銀行経営でこだわったのは、銀行の公開性と透明性を確保することであった。

「そもそも銀行は大きな川のようなものだ。役に立つことは限りない。しかしまだ銀行に集まってこないうちの金は、溝にたまっている水や、ぽたぽた垂れているシズクと変わりがない。時には豪商豪農の倉の中にかくれていたり、日雇い人夫やお婆さんの懐にひそんでいたりする。それでは人の役に立ち、国を富ませる働きは現わさない。水に流れる力があっても、土手や岡にさまたげられていては、少しも進むことはできない。ところが銀行を立てて上手にその流れ道を開くと、倉や懐にあったかねがより集まり、大変多額の資金となるから、そのおかげで貿易も繁盛するし、物産も増えるし、工業も発達するし、学問も進歩するし、道路も改良されるし、すべて国の状態が生まれ変わったようになる」

（渋沢秀雄『渋沢栄一』龍門社）

この銀行についての広告文に明記されているように、広く散在している金を集め、それを必要なところへ適切に流入させる役目を果たす銀行は、その資本金や営業内容を公開することが、銀行に対する信用を勝ち得ることにつながると考えていた。渋沢は西洋滞在中に、英国、フランス、米国の銀行や銀行制度は、中国や日本と異なり、合本組織であり、有限責任で、資本金や預金や貸金の内容を株主総会で公開し、意志決定過程を明らかにする透明性を持っていることを学んだ。

公開性や透明性は、日本に限らず金融資産は非公開にするという東アジア社会の伝統的な考えとは相いれず、近世から金融業にかかわっている三井や鴻池などの資本家にはなかなか受け入れられなかった。例えば、頼母子講や無尽では、講中が預けた資金や基金を外部に対しては非公開にしていた。しかし大資本家が資本金の多くを出資することになると、独占につながると同時に、公開性や透明性の確保が難しくなる。これが渋沢の最も恐れたことであった。特に金融界では自己資本や融資先を公開することについては反対するものが多かった。

渋沢は「銀行」という概念や国家社会に果たす役割を多くの国民に知ってもらうために情報の公開を試みたのである。正確な情報をできるだけ多くの人間が共有する事こそ「民主化」された社会の必要条件であることをよく理解していたのである。そのために事業を行う組織はできるだけ株式会社のように公開性、透明性の高いものとした。

身分制度を超えて平等性を担保し、万機公論に決すという経済の「民主化」には、銀行資産の公開は不可欠の要素であった。そのため合本主義を徹底するために三井に対して強い態度で臨んだ。

銀行業を活用して国家社会を豊かにするという強い希望を持っていた渋沢は、政府を辞して、民間銀行家として活動することになった。渋沢が生涯に設立や経営にかかわった企業は五百近くに上る。そのかかわり方に濃淡があったのは当然だが、その中で、第一国立銀行（一八九五年以降、第一銀行）へのかかわりは、創立時の一八七三年から死去する一九三一年までの約六十年間、総監役、頭取、相談役という地位を歴任し、最も長かった。

渋沢のかかわった数多くの企業を業種別に見ても、銀行業は十六行と最も多い。企業の設立時や経営再建や継承など、企業が危機に直面した時にのみ積極的に関与したのに対し、第一銀行の場合には一貫してその経営と融資活動を指導している。第一国立銀行と後述する拓善会だけは、一九一六年に数えで喜寿になり、経済界から完全に引退するまで中心的な役割を果たした。

すでに述べたように、公益を増加させるものに金を融通し新しいものを創造する。すなわち

「無形の金」から「有形の富」を創り、それがうまく機能するように資金を援助する。これが合本組織の中心的存在である銀行の役目であった。銀行家はただ投下資本に対して利益還元が多いか否かで融資についての判断を下すのではなく、国家社会にとって真に必要なものか否かを見抜かなければならない。渋沢はこの点を重視し、事あるごとに銀行家としての使命を銀行員に説いた。

「銀行業者は他の商工業者よりも上位に立つものにして、人に重んぜられかつ名誉あるものであるから、責任の重いことを絶えず心がけなければならない」(『伝記資料』別巻第五巻)。全国から優秀な人材が銀行員を志すようにするためには、こうした意識改革が不可欠であった。

銀行家の意識改革を進め責任感を持たせるためには、銀行そのものの社会的地位を向上させることが必要であった。そのため渋沢は、後述するように、一八七〇年代後半に拓善会(後の東京銀行集会所)を創設し、銀行家の情報交換や社交の場として、互いに切磋琢磨できるようにした。

思い切った制度や慣習の改革には強い反対が起こるのが常である。なかでも会計表記に関しては、江戸時代から日本の商家では、いわゆる大福帳と呼ばれる、算盤の使用に適した売掛金元帳が用いられていた。複式簿記の萌芽として、一八七三年にシャンドの講義を翻訳した『銀行簿記精法』と、福沢諭吉が米国の簿記教科書を翻訳した『帳合之法』が刊行された。

得能良介《とくのうりょうすけ》（一八二五―一八八三）は薩摩藩士の家に生まれた。得能は大久保利通が大隈や伊藤など急進的な中央集権論者の力を抑えるため、民部・大蔵省に送り込んだ薩摩出身者の一人であった。しかし大久保の試みは必ずしもうまくゆかなかった。結局、大蔵省の要職に就くことができたのは得能と松方正義だけであった。

渋沢が複式簿記への切り替えを主張したのに対し、真っ向から反対したのは得能であった。出納局長であった得能は、渋沢の諸改革に対して、西洋かぶれで、一から十まで西洋の様式をとりいれようと簿記法を採用して出納を行わせようとするから、かえって事務が煩雑になり、過失ばかり多くて困る。こんな悪改正法は速やかに撤回されたい、と渋沢に異論を唱えた。

それに対して渋沢は、出納の正確を期すためには、西洋式の簿記法により伝票を使用することが必要であると諄々と説いた。しかし得能は耳を傾けず、ついに拳骨を振り上げ、渋沢にとびかかってきた。当時三十二歳の渋沢は血気盛んであったが、腕力沙汰は大人げないと考え、咄嗟に身を避けて、椅子を小楯にして、ここは役所内でござるぞと一喝したという。得能も我に返り、捨て台詞を残してその場を去った。しかし得能が渋沢に対して暴力をふるおうとしたことは問題となり、一旦は免官処分となったが、後に司法省に任官した。

これは、改革に伴う文化摩擦の一例であるが、とにかく渋沢は、暴力は用いず、できるだけ民主的な方法つまり反対派を説得して理解させようと努力し続けた。

政府時代に渋沢が制度設計の目を向けたのは、日本社会に対してだけでなく、政府自身もふくまれていた。つまり民部、大蔵という国家の民政と財政を管理する二つの省を中心とした政府組織造りであった。一八六八年、「五ヵ条の誓文」を具体化した政体書が発布された。政体書とは、中央集権化を図るために太政官に権力を集めるようにした組織法で、立法、行政、司法の三権分立を確立した。行政の中核をなすのが民部・大蔵両省であった。渋沢が重視したのは、政府内部での熟議を経て固まった案件についての、決済のスピード化を図ることであった。というのは、井上馨の下で大蔵省の権限が肥大化していったため、決済処理のスピードはかえって遅くなっていた。

井上と渋沢とでは、政府組織の中での大蔵省の権限をめぐり、考え方に大きな違いがあった。二人とも、政府の権力に依拠して「量入為出」の原則、つまり収入に見合った支出を行うという原則を貫くことでは一致していたが、それを実現する方法は異なっていたのである。

小幡圭祐によれば、井上の持論は、民部省と大蔵省を合体させ、強大な権威と広範な機能を有するいわゆる「大大蔵省」構想であった。その背景にある考え方は、大蔵省の目的を達成することが国家を維持する上で何よりも重要であり、大蔵主導で何事も進めてゆくべきという考えであった。これに対して渋沢は、政体書の論理の筋を通し、太政官の政策立案や意思決定の迅速化などの改善に主眼を置いた。そのためには大蔵省の権限をむしろ削減し、これを政府に移すこととした（前掲、小幡圭祐『井上馨と明治国家建設』）。

結局、井上と渋沢の辞職により「大大蔵省」構想自体は日の目を見なかったが、渋沢が企画した最高意思決定機構である太政官正院の改革により、大蔵省諸務局の制度と人員は政府に移植され、事務の円滑化・迅速化が図られた。名を捨てて実を取った形になった。物事の筋を通し、目的を達成するために一番よい案を作成して実行に移す。渋沢にはなかなかのしたたかさがあった。

軍備増強をめぐって、財政規律を重視する井上と渋沢は、それよりも軍備増強を優先する大久保利通と対立し、一八七三年五月に井上とともに渋沢は大蔵省を辞した。

渋沢の「民主化」重視という視点から興味深いのは、渋沢が建白書「財政改革に関する奏議」を『東京曙新聞』に掲載し公表したことである。

建白書の概要は、（一）日本人は士農工商ともに欧米人のように自立の気概がなく、向上心がない。欧米の形ばかり真似をしても実を伴っていない。（二）国民は政府から離れ、国力は衰えてしまうのに、中央も地方も実用を捨てて空理に走っている。（三）財貨の運用が大切であるが、財源確保のためみだりに増税し、公共事業に人々を駆り出せば、国力は衰える。最後に、今年度の政府の収入と支出の差を提示し、膨大な負債額を償却する方法は見つかっていないと実情を暴露した。

今後の対応については、経費を節減して収入を見きわめたうえで歳出計画を立て、きちんとした増税を行わなければならないとした（『大隈重信関係文書』第二巻）。つまり日本の実態を踏まえたうえで、実を重んじる近代化を目指せと主張した。これに対して江藤新平は、政府の秘事を世間に漏洩したという理由で井上に罰金を科したが、井上も渋沢も動じることはなかった。

井上の辞職後、大蔵省を率いることになる大隈は井上と渋沢の消極的な態度に不満を示した。何でも最初はうまく行かないもので、進めて行くうちに解決していくことが多いのに、なぜ積極的に取り組まないのかというのであった。特に新札や太政官札などの不換紙幣を深刻な負債と見なすことに対しては、強い違和感を抱いたという（伊藤之雄『大隈重信』上、中公新書）。さらに大隈は、杉浦譲に命じて井上と渋沢の建白書に対する反論を起草させたほどであった。

透明性という視点から興味深いのは、渋沢が、「欧米諸国の民たる、概ね智識に優にして特立の志操を存す」。政府の議論に参加して、利害得失を明らかにして、「政府はただこれが外延に過ぎず」が、日本国民は官尊民卑の風潮が強く、政府が決定したらそれについていくだけである。しかしこれからは国力や民情を察し、入るを以って、出を制すという精神で予算を組まなければならない。また一旦衆議により決定したら、その内容を公開しなければならない、と述べていることである（『雨夜譚』）。

民主主義社会でも、往々にしてエリート主義がはびこり、一般国民に重要な情報が伝わりにくい。それは情報を握ることが権力の源泉であり、とくに日本社会では内部情報を共有することに関しては抵抗感が強かった。いわゆる「知らしむべからず依らしむべし」である。こうした傾向は、政府官僚のみならず民間企業でも強かった。

渋沢が辞職届を提出すると、周囲から強く慰留された。玉乃世履《たまのよふみ》（一八二五―一八八六）は、将来はともに国務大臣になろうと考えていたのに、官を辞して商人になるのは惜しまれると諫めた。玉乃は岩国藩士の家に生れて藩儒に学び、明治になって司法中判事から一八七八年には初代大審院長に就任したが、一八八六年に謎の自殺を遂げている。

玉乃の忠告に対して渋沢は、喧嘩してやめるのではなく、以前から日本で最も振るわない商業を振興させなければ、国富を増進することは出来ない。学問、すなわち論語を以って一生を貫いて見せると豪語したという。官界だけに優れた人物が集まるのではなく、民間の経済界に優秀な人材が来るようにならなければならない。そのために自分が先陣切る覚悟で実行すると述べた。

幼い頃から親しんだ論語ではあったが、渋沢によると故郷を離れてから政府を辞職するまで、論語について深い考えを持っていなかった。民間の経済人として再出発するにあたり、論語の教訓を標準にして商業人としての人生を送ろうと決めたという（『雨夜譚』）。とはいえ論語の教訓だけでは、渋沢がこれから手掛ける多岐にわたる事業を進めることは難しい。そこでは、自主、平等、参画、熟議、公論からなる「民主化」を追求すること無しには想いを実現できなかったと思われる。

新政府での官僚としての経験は三年に満たないが、同時代の最も優れた人材とともに、新しい国造りについて徹底的に議論し、諸制度改革の取りまとめを行った。それは民間の実業家となり、「民」の立場から富国を目指して殖産興業を実践するときの見取り図を渋沢に与えたことは間違いない。

†銀行の普及と拓善会

渋沢が洋紙製造に注目したきっかけは、民部省に勤務していた時に、外国人からその重要性を知らされたことによる。すでに渋沢はヨーロッパで、日本の瓦版などとは性格が全く異なる新聞や書籍を通じて、多くの人々に知識を広く普及させることが殖産興業に不可欠であることを理解していた。大量の部数を印刷するためには和紙では追い付かず、洋紙を製造する企業を設立する必要があった。

一八七二年二月、大蔵少輔に昇進し、井上馨のもとで実質ナンバー2となった渋沢は、同年五月井上、上野景範らと図り、三井、小野、島田三組と合本組織で抄紙会社の設立を計画し、三野村利助、古河市兵衛と連名で大蔵省へ設立嘆願書を提出し、許可された。洋法楮製商社、有恒社についで、日本で三番目の製紙会社となった。その目的は、文明を進歩させるためには印刷業を起こし、紙幣・債券の流通量の増加と新聞・雑誌を広く刊行するために、洋紙を国産化することであった。

設立当初の出資比率は、三井組四十五％、小野組二十五％、島田組と渋沢がそれぞれ十％、残り十％が多数の小株主であった。しかし小野組と島田組が相次いで倒産したため、第一国立銀行からの融資により、経営危機を乗り切った。一八七五年、王子に工場を竣工、外国人技師を高給で雇い、すべて輸入技術に頼った。翌年から政府の地券状用紙の大量発注という官需に支えられて操業が始まったが、官需が減少する中で、新聞紙や雑誌の民需に移行していく。

しかし技術上の問題が解決できず、商品として通用する用紙がなかなか製造できなかった。このため初年度は四万円の欠損を出した。そこで渋沢は大川平三郎（一八六〇―一九三六）を渡米させ、製紙技術を習得させ、帰国後ようやく品質の向上を図ることに成功したが、利益を出すまでには十年近くかかった。その間、株主総会で渋沢は製紙業の重要性と将来性を丁寧に説明し、無配を続けながらも、損失補塡のため増資を続けた。

銀行や抄紙会社の設立にかかわりながら、渋沢は鉄道にも目を配らなければならなかった。交通網の整備は経済社会の基盤整備上不可欠である。鉄道建設は、伊藤博文と大隈重信の強い要望により、建設費として百万ポンドの外国債を英国で募集した。一八七二年十月に新橋

（現・汐留貨物駅跡）―横浜（現・桜木町駅）間の開業式が行われた。時速は三十キロ以上で、新橋―横浜間を五十三分で走行した。江戸時代、約一日かかっていたことを思えば、相当な時間短縮になった。だが運賃はかなり高く、上等客車は当初がら空きであった。

近代日本の鉄道経営にとって最大のテーマは国有化問題であった。渋沢は一貫して、鉄道国有化に反対した。彼は鉄道を民営のまま自立性させ、成立させた鉄道抵当法を用いて個別企業に外資を導入し、民間の競争力をつけながら景気回復をはかることを考えていた。明治初年に設立された国有鉄道の払い下げ運動から始まり、民営を貫こうとした。渋沢が関与した鉄道は、日本鉄道のほか北海道鉄道、北越鉄道、上武鉄道、京阪電気鉄道などで、地域経済の大動脈となった。

武士階級の所有する資産は莫大なもので、経済発展にはこの資産の活用が不可欠であった。小野組破綻による第一国立銀行の倒産の危機は何とか乗り切ったが、国立銀行条例が目指した不換紙幣の回収と銀行の全国への普及はなかなか進まなかった。このため一八七六年に国立銀行条例を改正し、金準備なしに資本金の八十％まで銀行券を発行できるようにした。この結果、全国で百五十三の国立銀行が誕生した。

同年、政府が華族や士族に対して秩禄処分によって下付された金禄公債を国立銀行へ出資させたことが銀行を設立させる促進要因となった。金禄公債とは、明治政府が禄制の廃止により還禄した華士族以下三十四万人に対して、その代償として交付した公債をさす。総額は一億七千四百円ほどにのぼり、利子は一割から五分まで四種類あった。公債すべてが処理完了するのに、一八九〇年までかかった。

華族、士族に大地主や商人が加わり、渋沢の提唱する合本組織の銀行が全国に次々に登場した一方で、銀行条例の改正は不換紙幣の整理を遅らせたため、その発行増加がインフレを引き起こした。特に西南戦争により不換紙幣が大量に発行されたため、一八八一年、松方正義大蔵卿の下で、紙幣整理を断行しインフレを抑制した。いわゆる松方デフレである。国立銀行の中で最も資本金の大きかったのは、有力な大名や華士族が出資した第十五銀行で、第一国立銀行は第二位であった。西南戦争後のインフレ期とデフレ期を通じて、第一国立銀行は東北地方への支店網の拡大や朝鮮への進出により業容を拡大していった。

国立銀行や私立銀行の地方での設立は、地域振興にも役立った。例えば新潟県長岡である。戊辰戦争で家老の河合継之助に率いられた長岡藩が官軍に頑強な抵抗をしたため、明治に入り東北各藩とともに厳しい環境に置かれた。しかし明治初年、新潟県は県別人口と農業生産高の第一位であった。一八七三年に第一国立銀行が創設されてからわずか五年後の一八七八年に、新潟県長岡市に第六十九銀行が設立された。渋沢の指導を受けた旧長岡藩士三島億二郎、長岡商人岸宇吉らが、士族階級を救済するための金禄公債を資本として同銀行を設立、さらに北越鉄道を敷設し、石油業などの産業を興した。企業家精神のある人材と旧世代の資産を長岡の近代化と工業化に活用することができた。まさしく合本主義による地域振興といえよう。

次に秋田の事例を見てみよう。渋沢は生涯に二度秋田を訪問している。なぜ秋田に注目したのであろうか。それは新潟と同様、秋田は石油、銅など地下資源が豊富で、米作を中心として農業生産高も高かったからである。一八七八年に第四十八国立銀行が、また二年後には第一国立銀行秋田支店も開設された。翌年五月に初めて秋田を訪れた渋沢は、秋田地方は山の木々は鬱蒼として川はゆったりと流れて土地は潤い、米作に適し、鉱山などの資源に恵まれている（『東北経済雑誌』一八八二年）と感想を述べている。

その後、一八九八年に第一国立銀行秋田支店が秋田銀行に引き継がれたあと、同行顧問を務めた。一九一二年の秋田銀行本店（現・秋田市立赤れんが郷土館）落成式にも招待されたが、自動車事故による負傷のため欠席した。二度目の訪問は一九一七年で、地域振興を促すため新潟県長岡から福島、山形を経て土崎と秋田を訪れ、県議事堂と秋田銀行本店で講話を行った。

銀行を設立しようとして、その方法や業務について相談にくる人々に対して、渋沢は意識改革の重要性から説いた。旧津軽藩家老が今日も藩家老の出で立《い》ちで来訪したのを見て、銀行は民衆から少額の金を集め、資金の需要者に融通するもので、ほんのわずかの利ザヤで商売するので、親切丁寧に一般人に応接しなければならない。したがって武士の心は持っていても商人として活動しなければならないので、従来の格式や風習を捨てなければならない。羽織紋付では銀行経営はできないと話した。さらに銀行員の育成についても、銀行を真剣に設立したいと考えているなら、若い人を上京させ、第一国立銀行で見習いをさせよと助言した（『伝記資料』第五巻）。

渋沢が銀行業を通じて育成した人々が、各地で活躍した例を紹介したい。外山脩造《とやましゆうぞう》（一八四二―一九一六）である。新潟県栃尾出身の長岡藩の外山は、大蔵省に入省し、渋沢の下で働いた。その後、渋沢に依頼され大阪へ行き、初代日本銀行大阪支店長、阪神電気鉄道初代社長などを歴任し、関西財界の重鎮になった。

渋沢の人的ネットワークには同郷出身者が含まれるが、その中で代表的な存在が尾高惇忠と渋沢喜作である。渋沢は多くの農事書を著した尾高惇忠の学識を評価し、第一国立銀行入りを要請し、盛岡と仙台の支店長を歴任させた。しかし学究肌の尾高は経営者には向いていなかった。

渋沢喜作は渋沢と一緒に一橋家に仕官したが、その後幕府の奥祐筆にまで出世した。戊辰戦争では五稜郭で最後まで戦い、政府軍に降伏した。明治になり、名を成一郎から喜作と改め、渋沢の計らいで大蔵省に勤務する。海外留学から帰国後は小野組に入社し、実業家の道を歩む。独立して米問屋を始め、横浜に生糸問屋渋沢商店を開業した。しかし相場で損失を出し、渋沢がその損失を補填した。その後も渋沢は喜作に何度か機会を与えたが、失敗を繰り返すことになった。尾高と喜作の二人は渋沢の経営者パートナーとしてはうまく機能しなかった。

一八七〇年代後半、各地で国立銀行が設立される一方、東京、横浜など京浜地区には三井銀行をはじめとして、多くの私立銀行が設立された。渋沢は、中央銀行的な役割を果たしていた第一国立銀行の頭取として、商業に従事する者の地位向上を図るため、銀行業者が一堂に集まり、商議にかかわる話しあいをすることと親睦を深めるための団体の設立を呼び掛けた。第二国立銀行頭取の原善三郎、第三国立銀行頭取の安田善次郎、三井銀行支配人三井三郎助、三野村利助らが賛同し、拓善会が誕生した。

拓善とは、「拓テ善ニ従フ」(『論語』からの引用)で、渋沢が名づけた。国立、私立を問わず、すべての銀行が加入することができ、月一回会合が開かれた。また銀行業界の意見や動向を知らしめるため、『理財新報』を刊行した。後に田口卯吉の主管する『東京経済雑誌』を助成し、『理財新報』の内容は同誌に掲載されることになった。拓善会の会合は一八七八年に渋沢が東京商法会議所の会頭に就任したため同会議所ビル内で開催され、銀行家と多様な業種のリーダーたちが交流を深めることになった。まさしく銀行業界の「民主化」が促進されたのであった。

拓善会の運営は各銀行が輪番制で当番になって開催されたが、会員からは多数の議題が出され、議事は長時間に及ぶことが度々あった。渋沢は議論を十分行うために、開会の時間を早め、会合時間の厳守を謳うように規約を改正した。また会議が紛糾した場合には、多数決は出来るだけ行わず、何度も会議を開き、熟議をしたうえで、渋沢自身の案を提出し、それを会員が賛同するというリーダーシップを発揮した。

しかし西南戦争の勃発により、紙幣の増発と貿易収支の不均衡から国家財政は危機に瀕し、激しいインフレーションを引き起こした。厳しい経済情勢の中で、拓善会を主導してきた渋沢や田口は、政府首脳とインフレ対策に対して異なる見解を持っていたことや、大阪で偽札事件が発生するなど、拓善会に対する風当たりが強くなった。一八八〇年に開催された第三十三回会合で、会員から拓善会への不信感や他の銀行団体が誕生する兆しが見られたため、渋沢は拓善会を解散、東京銀行集会所を組織し、委員長に就任した。

渋沢が東京銀行集会所で注力したのは、公債応募、手形交換所の設立、国立銀行紙幣の償却、東京興信所の設立など銀行業務をより円滑に進めるための基盤づくりであった。さらに、一八八五年からは「銀行通信録」を刊行したが、当時としては銀行業界で唯一の機関紙であった。一九一六年に実業界を引退するまで渋沢は委員長の地位にとどまった。渋沢が強調したことは、銀行業は社会の公共財であり、一個人や一会社の利益追求を目的として営業すべきではないということであった。東京銀行集会所は、その後東京銀行協会と名称を変更した。なお東京銀行協会は、二〇〇九年に全国銀行協会（全銀協）へ改組となり今日に至っている。

一八七八年五月、株式取引所条例が制定されると、渋沢はすぐに東京株式取引所の設立を出願し、同月中に大蔵卿の大隈重信から免許を受けた。仲買人七十六人、取引所職員十四人の小所帯から出発した東京株式取引所に、第一国立銀行が株式を上場したのは同年九月であった。五代友厚らによって大阪株式取引所が開設されたのも同じ年であった。しかし渋沢は東京株式取引所の運営が順調になると、徐々に関与しなくなり、一八九六年渋沢喜作が東京株式取引所理事長に就任した。渋沢は個人資産を増やすための株式投資は行わなかった。

一方、銀行取引に不可欠な手形や小切手の交換を行う手形交換所は、一八七九年に大阪で創設された。東京では翌年為替取引所が設立、一八八三年に東京銀行集会所（渋沢は委員長）の機関として手形交換所ができ、一八八七年、その下部組織として米国の手形交換所の方法を取り入れ、東京手形交換所が創設された。

米国の交換所方式が取り入れられた経緯については山本達雄日本銀行総裁が、一九〇三年三月三十一日の全国手形交換所懇親会での演説の中で、渋沢から手形交換所の方法を改良したいとの依頼を受け、欧米各国の状況を調べ、英国と米国のどちらにするか検討した結果、最終的に米国の方式を取り入れたと述べている（『伝記資料』第七巻）。欧米からの技術移転の場合には、一国に限定するのではなく、複数の事例を調査し、日本に最も適合する方法を模索していることがわかる事例といえよう。

†東京養育院・東京会議所・商法講習所

勝海舟と西郷隆盛の会談により江戸城の無血開城が決まり、江戸の町は戦火から免れたが、幕府崩壊により、各藩の人々は江戸屋敷を引き払い、国元へ帰ったので、百万人を超えていた世界でも有数の大都市であった江戸の人口は急減し、約半分の五十万人となった。明治新政府は、日本社会を変革する際に、お膝元の新首都東京を以前のような世界有数の大都市として復活させなければならなかった。他方、中央集権を強めていく中で、地方の発展をどのように進めていくかは必要不可欠の課題であった。

まず江戸から東京への整備が焦眉の課題であった。新政府は資金が不足していたため都市整備のために活用したのが、江戸時代の仕組みであった。例えば東京養育院は、一八七二年、東京市内の生活困窮者などを保護する目的で創設された公的福祉施設であった。一八七一年、ロシア皇太子が来日する際、維新以来増加した浮浪者、孤児を隔離するための対策として、渋沢は大久保一翁東京市知事からの要請で、東京営繕会議所に託されていた江戸町会所の七分積金の残金を当て、養育院を創設することになった。七分積金とは、老中筆頭松平定信が寛政の改革の一環として、江戸町民に江戸を大火、地震など不時の災害から守るため、幕府からの貸与金のうちの七十%を積立てさせたものであった。明治になり東京市に引き継がれた莫大な基金を使ったのである。渋沢が養育院にかかわったのは、会頭を務めていた東京会議所がそれを管轄していたからで、偶然であった。一八七四年に東京養育院事務局長、七九年には院長となり、板橋に本院を定め、その後亡くなるまで院長を務めることになった。

渋沢が目指した社会は、フランスで見聞したように、実業家が政治家や軍人と対等に国家社会について議論できるというものであった。つまり経済活動に直接携わる商工業者が民の中心となって公論形成のリーダーシップをとり、政府の政策決定に影響力を与えることのできる社会であった。そのためには商工業者の地位を向上させるとともに、商工業者自らが政治家、官僚、軍人と対等に議論することのできる社会的地位と見識を持っていなければならなかった。したがって、輿論ではなく公論でなければならなかった。日本の実業界を「民主化」させるためには、公益を民主的な方法によって増進することの意味を理解できる実業人を育成するだけでなく、商工業者を教育する場を作らなければならなかった。

そのために渋沢が試金石としたのが、チェンバー・オブ・コマース（商業会議所）であった。商業会議所は、江戸時代から存在した株仲間のような同業者組合ではなく、多業種の商工業者が一か所に集まり、情報交換するだけでなく、条約改正、産業振興といった日本経済が直面する巨視的な問題点から商標登録、不正防止など経済活動に関する微視的な実務的な問題につき、調査に基づく議論を尽くし、自らが作成した案を政府に請願するという公論形成の場であった。

また海外商業会議所との人的交流を通じて、幅広く精力的な情報活動を推進した。

商業会議所は江戸時代の町会所《まちかいしょ》、東京会議所からの流れと、西洋のチェンバー・オブ・コマースの制度が組み合わされて創設された、日本独特の非政府組織（NGO）の経済団体であった。非政府組織にとって常に頭の痛い問題は、算盤、つまり組織の財政悪化を防ぐことと、運営資金の安定的な調達であった。以下、東京会議所、東京商法会議所、東京商工会、東京商業会議所へと名称が変化する中で、商業会議所の性格がどのように変化し、その中で、渋沢が果たした役割を明らかにしてゆきたい。

明治になり、町会所に積み立てられた江戸市民の共有金を一八七二（明治五）年に設立された東京営繕会議所（後に東京会議所）が引き継いだ。渋沢はこの会頭になり、共有金の管理だけでなく、東京市内の道路、橋の整備・修理、東京養育院、商法講習所の支援などの事業を行った。この人事に協力したのが大久保一翁であった。静岡藩で渋沢の才能に目を付けた大久保は、渋沢を東京営繕会議所会頭に推薦したり東京養育院の設立に協力するなど、その後の渋沢の社会福祉事業や東京都市構想に影響を与えたと思われる。

一八七五年七月に、東京会議所初代会頭に渋沢が選ばれたのは、彼が有名な人物でありながら、下情に通じ、人望もあるためであった（牛込努「東京会議所と渋沢栄一」、『商人の輿論をつくる！』）。会頭となった渋沢にとって課題は二つあった。民会化と財政立て直しであった。民会とは地方議会のことである。すでに東京営繕会議所時代から、商工業や教育の振興などの市民の利便を討議して東京府に提言する「市民会議所」という建白書を提出し、その結果設立されたのが東京会議所であった。

東京会議所は政策について東京府の諮問に応じ、会議所役員や府民からの権限を討議して、府に提言する「民会」という性格を有していた。西洋から議会制度を導入したが、主に国政に関与する国会と区別して、民会をどのようなものにするかは様々な議論がなされていた。翌年六月東京会議所は東京府に対して地主や地借による公選民会を作るという構想の「真正民会」設立を上申した。東京日日新聞の福地源一郎（桜痴）が渋沢の草案を成文化したものであった。結局、「真正民会」構想は頓挫した。その後も公選民会の設立による会議の改革を模索したが、改革は実現せずに一八七七年十二月に東京会議所は解散することになる。

渋沢が直面したもう一つの問題は、東京会議所の財政難への対応であった。三井組による積み金の運用益や東京府からの補助金だけでは、新たな活動資金を得ることができなかった。新税導入による民費負担は不可能であったため、町会所付属地の払い下げを行ったが、財政難の根本的解決にはならなかった。そのためにも東京会議所を市民議会にまで発展させ、民費負担の決議権を獲得する必要があった。

一八七八年明治政府は地方制度改革を行い、翌年には公選議員からなる東京府会が開設され、その区部会で東京会議所の資金の支出が決定されるようになった。福地は東京府会議長に就任するが、渋沢は政治とは一線を画するという基本精神を変えず、府会議員にはならなかった。しかし渋沢が、「真正民会」構想という東京府の地方自治まで視野に入れた「民主化」を考えていたことは、記憶にとどめておくべきだろう。

渋沢の合本主義が定着するか否かは、経済活動を支える人材の養成にかかっていた。一八七五年、森有礼、福沢諭吉が中心になり、産業界の指導者育成を目的とした商法講習所が設立された。米国公使としてワシントンに赴任した森有礼は一八四七年、薩摩藩士森喜右衛門有恕の五男として鹿児島に生まれた。一八六五年、五代友厚らと英国へ留学し、同地でキリスト教に強い関心を抱いた。明治維新後帰国し、福沢諭吉、中村正直、津田真道らと明六社を結成した。駐米公使時代、森はボストンの富裕層ブラーミンの財力・情報力に注目し、彼等の中で東洋貿易、特に日本との貿易を重視する貿易商との交流を深めた。

一八七三年、帰国した森は渋沢栄一、益田孝などの援助を受け、東京銀座に商法講習所を開設した。福沢諭吉に依頼し、講習所の略則を作成した。慶応義塾と商法講習所の卒業生が米国でのビジネスマンの中心となってゆく（犬塚孝明『森有礼』吉川弘文館）。

森は米国でビジネス・カレッジの存在を知った。十九世紀後半、米国内では経済成長やビジネスの進展に呼応して、欧州諸国を凌駕するほどビジネス教育が盛んとなった。ビジネス教育分野では私立のビジネス・カレッジが全盛期を迎えていた。日本の文部省もこうした米国のビジネス教育に注目していた。一八九八年に発行された『欧米商業教育の概況』によれば、ビジネス・カレッジを簡易商業学校と仮訳し、欧州とは異なる独自のビジネス教育を行っていることに注目している（桜木孝司「イーストマン・カレッジと日本の商業の近代化」、高千穂大学大学院・博士論文）。周知のように福沢諭吉が翻訳した簿記の教科書とも言うべき『帳合之法』の原本となったのは、ブライアン・ストラトン簿記法であった。

イーストマン・カレッジはハービー・G・イーストマンによって、一八五五年十二月に紐育州オスウェゴに開設されたビジネス・カレッジである。その後イーストマンはミズーリ州セントルイスに移り、より大規模なビジネス・カレッジを設立した。セントルイスは十九世紀に急成長した中西部の中核都市であったので、地方からビジネスにあこがれた若者が多数集まり、カレッジの経営は成功したが、南北戦争にいたる南部と北部の対立でイーストマンは北部に同情していたため、セントルイスを去った。

イーストマンが次に選んだのが、成長著しいニューヨーク近郊でハドソン川沿いにあり、将来の成長が期待できるポーキプーシー（Poughkeepsie）であった。同市には数多くの私立学校が乱立していたが、あえてイーストマンはこの地を選び、ビジネス・カレッジを開校した。このカレッジ教育の特徴は、理論と実践を組み合わせた簿記と習字であった。森村市左衛門の弟豊《とよ》が通った三カ月コースは、授業料、食費、アパート代すべて含めて百ドルであった。随時入学、毎週卒業することができた。その意味では米国での商売を始める前に勉強する学生にとっては、好都合であった（桜木孝司「イーストマン・カレッジとそこに留学した日本人」、阪田安雄編『国際ビジネスマンの誕生――日米経済関係の開拓者』東京堂出版）。

東京高等商業学校

豊がイーストマン・カレッジに在籍した時期の一八七〇年代後半には二千人近い学生がいたと思われる。日本人も数人は在籍していた。イーストマン・カレッジの教育については豊自身の記述は残っていないが、森村市左衛門は、商業に関するさまざまな設備が施されていて、僅か六ヵ月の間に生徒を立派な商人に仕上げてしまうと賞賛している。さらに市左衛門は、その教育内容にも興味を示している。日本の商業学校が、ともすれば実業といいながら書物だけを読ませて実践教育を軽視していることを批判して、イーストマン・カレッジでは実際に自分の金を使って商売の実務を学ぶ授業が行われていることを評価している。

国力の基本は経済にあると考えた森は、国際的に通用する経済人を育成する教育を、米国のビジネス・カレッジを模倣した私塾としてスタートさせた。授業は英語で行われ、模擬の商店・銀行・紙幣を用いて商取引の実務を体験させた。森が清国公使として転任するため、渋沢が会頭を務める東京会議所が生徒を引き取り、七分積金の資金をその運営に充てた。

建学の精神や矢野二郎校長の教育方針に賛同した渋沢は、商議員として組織づくりと財政・運営面で支援した。その後、商法講習所は東京高等商業学校、東京商科大学へ昇格するが、その道は険しかった（国吉栄『森有礼が切り拓いた日米外交——初代駐米外交官の挑戦』勉誠出版）。

†岩崎弥太郎との関係——独占か合本か

日本でも著名な米国の経営学者ピーター・ドラッカーは、近代日本の資本主義の発達に最も貢献したのは、岩崎弥太郎と渋沢栄一だと語った。しかしこの二人は、互いに新政府との太いパイプを持ち経済発展を推進させる点では一致していたが、事業経営に関しては意見を異にし、たがいをライバル視していた。

岩崎は、漢学に秀でて吉田東洋に師事し、後に坂本竜馬らと知り合い、高知藩の長崎貿易を実質的に指揮した。一八七二年、三菱創業となる三川商会を立ち上げ、これを三菱商会と改め、一八七五年、郵便汽船三菱会社を設立し、国内海運を取り扱った。一八七四年、台湾出兵が決定されると、三菱会社は軍事輸送を担当した。英米両国からの抗議により、日本国郵便蒸気船会社の所有船の徴用や外国船の傭船が利用できなくなり、かつ台湾出兵反対派の長州閥についた三井が積極的に協力しなかったため、海上輸送力の確保は急務であった。官有船の運航を委託された岩崎は無事台湾への軍事輸送をやり遂げ、政府からの信認を得た。一八七七年に西南戦争が勃発すると、政府の軍事輸送を扱うことになった。

台湾出兵時の外国船の非協力的な態度と中国招商局の海運の強大さを憂慮した政府は、日本の民間海運を育成する必要性を強く感じた。大隈重信は同年九月末に中国航路への進出を計画し、三菱にその資金を提供した。大隈の国営海運策が批判されたのち海運政策の主導権を握った大久保利通は、三菱を私企業として保護育成し、海運を奨励した。一八七五年岩崎は、日本で最初の国際航路となる上海航路に参入し、太平洋汽船の上海航路の買収に成功、横浜―上海間郵便輸送を引き継いだ。国際情報をもっぱら海外情報ルートに依存していた日本にとって、三菱が国際的通信網の一端を担うことの意味は大きかった。

一八七六年からは新規参入したP&Oと民間企業同士の熾烈な競争により、P&Oを同航路から駆逐した。岩崎はさらに海運業の独占をはかったが、渋沢栄一らが三菱に対抗して設立した共同運輸会社との間で値下げ競争に追い込まれ、日本郵船会社として統合された。

渋沢の「合本主義」とは、「公益を追求するという使命や目的を達成するのに最も適した人材と資本を集め、事業を「民主的」に推進させるという考え方」を意味する。誰もが身分に関係なく経済活動を行うことを是としたが、事業利益を独占することには反対で、その点で財閥は作らなかった。これに対して岩崎は、三菱財閥の祖といわれ、会社の責任はすべて社長にある、したがって利益や権限はすべて社長に属すると考えた。おそらく岩崎の考え方は、カーネギーやロックフェラーなどに共通するといえよう。

渋沢秀雄『渋沢栄一』に紹介されている岩崎弥太郎との屋形船の中での有名な論争は、次のような内容であった。岩崎が渋沢を屋形船に誘い、合本法は船頭多くして船山に上る様なもので、それよりも二人で手を組んで事業利益の独占を図り日本経済を牛耳ろうと持ちかけた。これに対し、渋沢は、独占は健全な経済の発達にはつながらないので、「合本主義」を貫くつもりだと答えた。

結局二人の話し合いは決裂した。渋沢は、事業経営により利益を上げることは重要だが、投資家すべてにその利益が行き渡ることが肝心で、事業や利益を独占し、財閥の形成を目的にすることには断固として反対した。しかし渋沢も競争がすべて善とは思っていなかった。独占は好ましくないが、競争は激しすぎても好ましくないと、競争の功罪を次のように語っている。

「競争の多くは、善意に始まりて悪意に終わる。相互間、心にもなき悪事を行うに至るも、つまりは勝つことを競うためである。されども、もしこの競争が全然すたれたならば、人びとみな冷淡なること水のごとく、あたかも悟道三昧に入ったる人のごとく、勉強心は絶滅し、ついに世の進歩解明は、見るべからざるに至るであろう。これは決して喜ぶべき現象ではない。競争をたとえてみれば、あたかも人体の熱のごときものである。人間を活かすも殺すも熱である。商人を活かすも殺すも競争である。ゆえに商人は常にその平熱を保つことに注意せねばならない。」

（渋沢栄一『青淵先生訓言集』富之日本社、傍点引用者）

その意味では、経営にあたる人材には、事業を適切に進めてゆく実行力だけでなく、広くパートナーを求め、協力することのできる視野の広さと協調性、それを支える人的ネットワークを有する能力を期待した。渋沢自らが、それぞれの企業にふさわしい経営者を探し、眼鏡にかなった場合はその経営を任せた。宮本又郎が指摘したように「見える手」の資本主義であった。

一八七七年、渋沢は地租が金納になったので、都市で販売するために農村は穀物を運送する必要が生じ、運搬上の危険を保険によって回避することが急務と考え、華族出資団に損害保険会社の創立を強く勧め、海上保険会社の設立に漕ぎつけた。東京―横浜間の鉄道払い下げの中止により、宙に浮いた華族団の共同出資金六百万円の一部が資本金として充当された。

西南戦争後のある日、渋沢と福沢諭吉が将棋を指し、それを大隈重信と岩崎弥太郎が観するという近代日本社会に大きな足跡を残した四人が顔をそろえたとき、渋沢は海上保険の重要性を説き、会社設立について話をした。生命保険を提唱していた福沢は「どうも進みすぎた案のようだ」と語り、岩崎も時期尚早という意見であったが、大隈は前向きにとらえ、日本初の海上保険会社の設立に向けて大きく動き出したというエピソードがある。

福沢諭吉、大隈重信と渋沢は、近代日本社会を築いたリーダーの代表的存在であるが、三人の関係はなかなか複雑であった。大坂中津藩蔵屋敷に生まれた福沢は、幼いころから中国古典の教育を受け、長崎と大坂の緒方洪庵の適塾で蘭学を学んだ。合理的精神を持ち、商業感覚に優れた福沢は迷信や旧習を嫌い、士農工商による身分制度や官尊民卑の弊害を打破しようと考えた。二十代で三度の欧米体験をした福沢は、啓蒙思想家として『西洋事情』、『学問のすゝめ』、『福翁自伝』などがベストセラーとなり、核心をついた歯に衣を着せない言論活動と「独立自尊」をモットーとする慶應義塾の教育を通じて、近代日本の創造に尽力した。

大隈は、佐賀藩士の家に生まれ、米国人フルベッキに英学を学んだが、生涯海外を訪問する機会はなかった。しかし「開国進取」の精神を一貫して持ち続け、海外では大隈の存在は大きく、来日した多くの外国要人は大隈を訪ねた。「世界の道は早稲田に通ず」という信念で、独立した個人の自立を強調した。

福沢と渋沢は旧幕臣で、思想上、数多くの共通点があるが、個人的な関係はあまり深くなかったのに対して、大隈に説得され政府の官僚となったいきさつからも渋沢は大隈とは関係が深く、さまざまな事業で行動を共にした。後に大隈内閣の対中政策は手厳しく批判したが、早稲田への寄付金も慶應義塾に比べるとはるかに多い。

三人は日本が貿易立国として発展する道を進むという方向性を共有していたが、福沢は漢学の深い素養があるにもかかわらず、論語と算盤を唱える渋沢と大きく異なった。官に対する態度も渋沢は民が主導して官と協力して事業を行うことが肝要であるとして、反「官」的な自立を強調する福沢の言動には反対であった。

しかし先に述べたように、福沢と渋沢が将棋を指し、大隈と岩崎弥太郎が加わり歓談するような、忙中閑ありの愉快なひとときを過ごす場面もあったのである。

海上保険への理解は進まなかった。海上保険加入者になる華族に海上保険の概念を説明し、加入を説得するのに、渋沢はヨーロッパの学説を用いて危険を分散することの大切さを説いたが、「危険とは悪いものなのに、それを保険で守るとは何事か」というような難詰に対して、さしもの渋沢も四苦八苦だった。

一八七九年にようやく東京海上保険会社が設立された。設立と同時に香港と上海に、一八八一年にはロンドン、パリ、ニューヨークに支店を創り、営業活動を行った。苦難の末設立された同社は、生命保険の草分けの明治生命とともに好業績を上げた。これを見て保険業界に参入する企業が多くなり、政府は一九〇〇年に保険業法を制定し、保険業界の健全化を図った。第一次大戦中の貿易の進展と海運業の発展に伴い、海上保険に対する需要は大きく伸び、同社は好業績を上げ、一九一八年には東京海上火災保険と商号を変更した。

†経済界の創出

一八七七年、伊藤博文、大隈重信から商法会議所設立に関する相談を持ちかけられた渋沢は、欧米のチェンバー・オブ・コマースを導入することを考え、一八七八年、政府から千円の補助金を得て東京商法会議所を創設した。その目的は、まず明治日本が掲げた目標の一つである殖産興業を促進すること、次に、条約改正交渉を進めることであった。さらに、英国公使パークスから日本には世論がないと指摘され、不平等条約改正へ向けての公論形成の場を作りたいと考えたこと、業界団体とは異なる業種を超えての情報・意見交換の場をもうけることで、実業界の地位向上につながると考えられたことがあげられる。

東京商法会議所の創立発起人は渋沢栄一（第一国立銀行頭取）、益田孝（三井物産会社社長）、福地源一郎（東京日日新聞社長）、三野村利助（三井銀行）、大倉喜八郎（西洋織物商）、渋沢喜作（生糸米穀商）、竹中那香（米商会所頭取）、米倉一平（両替商）という、東京の代表的な八人の実業家たちであった。渋沢、益田、大倉などは英米方式の会員制任意組織を目指したが、財政的自立は困難であったため、政府から補助金を受け取らざるを得なかった。その後、一時期は政府の補助金と会員の拠出金で運営していたが、一八八〇年七月からは補助金が廃止されたたため、議員の拠出金を倍額にして活動を維持した。一八八三年、東京商法会議所は東京商工会に改称された。

これは自立性の確保という点では好ましかったが、相当の金額を払える企業しか議員にはなれず、結局大企業が中心の運営になり、中小企業の会員からは不満が起きた。益田孝が指摘したように、渋沢は「至ってデモクラシーの人」で、実業界の「民主化」を図っていったが、東京商工会の会員は、拠出金を支払うことができる大手企業が多数を占め、中小企業は事実上締め出された。つまり排他的な性格を有していた組織になってしまった。これでは、本来、渋沢の重視した平等性の尊重とは相容れない。それが商業会議所条例制定の過程で顕在化し、財政の安定からも、すべての商工業者が強制加入することになってゆく。

一方、東京の動きに刺激された大阪では、五代友厚が一八七七年、大阪商法会議所を設立したが、その目的は、明治になってからの大阪経済の退潮を挽回することであった。江戸時代の株仲間や同業者組合的な要素が強かった大阪では、各商業の規則を取りまとめながら商工振興策をまとめたが、審議は紛糾し一八八〇年ようやく「商工振興四根本策」として大阪府知事に請願した(田付茉莉子『五代友厚――富国強兵は「地球上の道理」』ミネルヴァ書房)。

「東の渋沢、西の五代」と並び称された二人の関係は淡泊であった。渋沢は五代に対して表面上は親密にしていたが、「五代は何事も自分の利益を図るために利用する浅薄な人物で要領が良い」と語り、けっして信用していなかった。

この時代に日本商人の活動の場は海外、特に米国に広がった。日米貿易は依然として日本からの輸出が輸入をはるかに上回っていた。日本からの輸出は生糸を筆頭に茶、綿糸、陶器、雑貨などであった。これに対して綿花、機械類が米国からの主な輸入製品であったが、欧州に比べると輸入量が増えつつあるものの見劣りしていた。

こうした中で、安政諸条約の改正と外国商人を通さず直輸出を試みる日本商人が増加した。一八七六年に佐藤百太郎が、商法講習生と呼ばれた新井領一郎、森村豊《とよ》、伊藤忠七、鈴木東一郎、増田林三郎を連れて渡米した。彼らが乗船したオーシャニック号にちなんで、オーシャニック・グループと呼ばれるようになった（阪田安雄『直輸の志士たち』近藤出版社）。後に高峰譲吉を筆頭に、ニューヨーク日本経済界の三元老と呼ばれる新井と村井保固はニューヨークで隣り同士に住む。高峰、新井、村井らの在米日本人実業家は、渋沢の「民間」外交に多大な貢献を果たすことになる。

国内の輸出拠点となった新井領一郎の兄、星野長太郎は各地で製糸技術を学び、明治政府から無利子で三千円を借り、群馬県の水沼製糸所設立にこぎつけた。翌一八七五年には生糸の見本を米国に初めて送付した。星野としては、品質の向上につとめた生糸が、横浜の外商に正当に評価されていないことに気付き、直貿易の必要性を強く感じることになった。

生糸の直輸出の実現を目指す星野は新井の才能に目をつけ、一八七四年、開成学校に入学させ、英語を学ばせた。その後、新井は東京商法講習所の一期生として、ホイットニーから簿記を学ぶことになる。ホイットニーが使用した五百頁に及ぶ教科書には、当時米国内で教えられていた商業教育の内容のすべてが含まれていた。

ところが翌年、新井は佐藤百太郎の選抜した「米国商法実習生」に選ばれたため三カ月しか在籍せず、講習所を中退して渡米した。新井の後には、堀越善重郎など米国へ渡った人物が輩出することになった。米国市場で生糸の売り上げを順調に伸ばした新井は、一八七八年、「日本米国用達社」(Japanese American Commission Agency)を「佐藤・新井商会」(Sato Arai Company)と名称変更し、取扱い商品も生糸に絞った。三年間で、生糸の売上高は三倍以上に増加した。数少ない日本の輸出商品であった生糸や陶磁器にかかわる実業家が米国に渡り、海外の経済界の活動を活発化させていくのである。

そこで渋沢は商業活動に従事する者の意識と地位の向上を目指した。また東京商法会議所、拓善会など経済界を創出し、他方、将来経済界を担う人材の育成にあたった。商法講習所での教育を通じて、「官」と十分渡り合える民間経済人を生み出す。渋沢にとって「合本主義」を打ち出したのは、経済・社会革命を行うためだけでなく、山本七平が指摘したように「一種のイデオロギー」であったのかもしれない。

その際、渋沢は福沢諭吉とは異なり、『論語』を徳と豊かさが共存する近代社会を実現するための指針とした。彼の解釈に従えば、儒教の教えはダイナミックで、多種多様な人々を組織化し起業するときに適用できる基本的な概念と考えた。彼は脱亜の立場を取らず、韓国・中国との経済提携を常に念頭に置き、欧米の資本や技術を取り込み、東アジアのインフラ整備を進めようと積極的に提言した。

これほど多忙を極めた渋沢であったが、故郷から父市郎右衛門急病の報を受けると、大阪出張中の渋沢はすぐに血洗島に帰り、父の看病にあたった。幸い意識は戻ったが、渋沢に後事を託した数日後、市郎右衛門は再び危篤に陥り、一八七一年十一月二十二日に永眠した。享年六十三であった。農民ながら文武両道に秀でて商才もあり、面倒見の良かった父から渋沢が教えられたものは大きかった。

東京-横浜間に電信が開通した同年十二月には、渋沢は湯島天神中坂下に住居を持ち、静岡から妻千代と長女歌子など家族を呼び寄せた。翌年二月には、後に阪谷芳郎の妻となる二女琴子が生まれた。その後、一八七一年に渋沢一家は裏神保町へ住まいを移した（『伝記資料』第二巻）。

一八七三年から一八七六年まで、渋沢は第一国立銀行総監役として忙しい日々を送り、兜町に移り住む。近代的な銀行制度を人々に定着させるために奔走していた渋沢にとって、自宅と職場が近いことは仕事に没頭するためにも重要であった。一八七六年に第一国立銀行を設計した清水組（現・清水建設）の二代目・清水喜助に設計施工を依頼して、渋沢は深川福住町に住まいを新築する。夫人千代の趣味を取り入れ、家屋に使用する木材の選択、建物の様式が決められたといわれている（『伝記資料』第二十九巻）。

第三章

合本主義とは何か

1882年、東京と大阪の資本合同で設立された大阪紡績会社

渋沢が合本主義に基づいて日本全国、さらには台湾や朝鮮で多方面にわたり企業活動を展開したのが、企業勃興時代と呼ばれる一八八〇―一八九〇年代であった。商業会議所を通じて経済界が形成され、政府の経済政策への提言や内外情報の発信と共有など多様な活動を展開した。企業家としての渋沢は単なる出資者でも専門経営者でもなく、「出資者経営者」として多数の近代的な会社を設立すると同時に、経済基盤に関する鉄道、海運など近代化に不可欠な産業を軌道に乗せるという、長期にわたり関与を必要とされる役割を果たし続けた。

このような経済界のリーダーは新興国日本には珍しく、渋沢のほかには大阪の五代友厚や田中源太郎などしかいなかった。この時期、渋沢は第一銀行へ通うのに便利な兜町、深川、湯島に住んでいたが、飛鳥山に別邸を立て、「民間」外交の拠点とした。近代化を進める日本の妨げになったのは、結核、コレラなどの伝染病の蔓延であった。特に「酷烈辣」「狐狼狸」と言われ人々に怖れられたコレラは猛威を振るった。一八五八年、ペリー艦隊の乗組員にこれら感染者がいたため、江戸でも流行し数万人以上の死者が出たといわれる。明治以降は関所が廃止され、人々の往来がより盛んになったため、二、三年おきに数万人の感染者が出る流行が続いた。一八七九年と一八八六年には死者数が十万人を超えた。千代夫人をコレラで失った渋沢は伊藤兼子との再婚を機に渋沢同族会を設立し、家庭内の問題解決や寄付活動もそこで図り、民主的に行うことになる。

†東京の整備

一八八〇年代の明治政府は、殖産興業をさらに実質的なものにするため財政整理と民間産業の育成のため、軍事産業を除き、官営工場の民間への払い下げを推進し始めた。いわゆる企業勃興時代の到来であった。

企業家としての渋沢にはどのような特徴があったのであろうか。この問いに真正面から取り組んだ島田昌和は、『伝記資料』に加え渋沢同族会文書、芝崎文書など従来利用されていなかった内部資料を駆使し、企業家としての渋沢の行動を実証的に分析し、「出資者経営者」としての特徴を提示した。芝崎文書とは、一八九四年頃より渋沢栄一の秘書役であった芝崎確次郎の史料である。

島田の研究から、渋沢は、（一）新たに事業を始める際に、事業内容やその規模に応じて、株式会社、合名会社、相互会社、匿名組合など組織を使い分けていた、（二）株主総会での多数決による意思決定をできるだけ避け、議論を重視し全会一致を目論見たこと、（三）人物判断や融資条件を決める際、面談を重視していたこと、（四）数多くの寄付は主に渋沢同族会を通じて行っていたことなど数多くの興味深い事実が明らかにされた。続いて、岩崎弥太郎、五代友厚、安田善次郎など渋沢と同時代の企業家の評伝が次々と刊行され、実業家同士の関係がより明らかになった。

十九世紀最後の二十年間は、渋沢が合本主義に基づいて出資者経営者として最も活躍する時代となった。富岡製糸場の経験で、官営の工場経営が非効率で採算をとるのに苦労したことから、できるだけ民間企業で事業を行うことを優先した。

企業勃興の様子を、まず東京から見ていこう。京都に代わって新首都になったとはいえ、江戸在住の藩屋敷がなくなり、江戸に詰めていた武士は地元へ戻り、一時百万といわれ世界でも有数の大都市だった江戸の人口も減少してしまった。

一八八〇年、松田道之《みちゆき》（一八三九―一八八二）東京府知事が第一回市区取調委員総会に提出した「中央市区画定之問題」の検討に、渋沢は経済界を代表して加わった。そこで東京築港が検討の対象にあがった。渋沢は、いったいどのような東京の姿を思い描いていたのであろうか。それは徳川時代武士を中心とした軍都であった江戸を、近代的な商都東京に変えようとするものであった。具体的には「港と中央ステーションを二本の道でつなぎ、間に位置する兜町ビジネス街の中心に東京商法会議所・株式取引所を置き、さらに近くに帝国オペラ座を配するという計画」（藤森照信『明治の東京計画』岩波書店）であった。

東京湾には利根川から分岐した荒川や隅田川が流れ込み、両河川の間の深川は、水運と陸運を結ぶ交通の要衝で、安田善次郎との協力体制で、倉庫業や造船業を興そうとした。後に渋沢は、深川の私邸内に渋澤倉庫を設立した。現在「渋沢」の名が残っている唯一の会社である。第一国立銀行をはじめとする金融街が生まれつつあった日本橋兜町から深川一帯は、「日本のベニス」ともいえる景観を呈していた。この背景には、渋沢の自由貿易論に大きな影響を与えた田口卯吉が、国際貿易の拠点として東京築港を主張したことに渋沢が全面的に賛同し、その話が松田に伝わり、計画案を作成したという経緯があった。

一八八二年に松田が急逝したため、「市区改正区画案」は彼の後任芳川顕正に引き継がれた。積極派の渋沢は商都東京に賛同する同志を増やすため、益田孝を推薦して委員として加えた。さらに渋沢は、東京商工会として東京築港計画を進める調査を実施するために浅野総一郎、大倉喜八郎を委員に加えた。

しかし井上馨が主導した臨時建築局の「官庁集中計画」が優先され、改正区画案の審議は休眠状態に陥る。一八八八年に検討が再開されるものの、神奈川や横浜の巻き返し運動が功を奏し、結局渋沢や益田など東京の商工業者が強く望んだ国際商業都市計画は日の目を見なかった。しかし渋沢はあきらめなかった。幸い、当時内務省衛生局員であった後藤新平が、「市区改正計画」審議中の渋沢、益田、大倉、浅野などの実業家の積極的な活動を観察していた。後藤が復興の中心で活躍する関東大震災後に、渋沢は再び東京復興のため、東京商都案を大倉喜八郎らと提案することになる。

「市区改正計画案」のほかにも、渋沢には取り組むことが数多くあった。それは都市生活の近代化にとって不可欠な電気、ガス、水道の普及である。

日本初の電力会社である東京電灯会社は、一八八二年に大倉喜八郎や横山孫一郎らとともに渋沢も発起人となり、設立を出願した。翌年の株主名簿には、渋沢が五十株出資したことが記されている。二年後には委員に任命された。日本では電信の発達に比べると電力の普及は遅れていた。これは政府が内外の情報ネットワークの完備を優先したからである。ひと昔前まで、日本では街路に林立する電柱が電信柱と呼ばれていたが、これはその名残りかもしれない。

次に、ガスについては一八八五年、東京瓦斯局の払い下げを受けて、渋沢と浅野総一郎が中心となって東京瓦斯会社を設立した。一八九三年、商法の施行により東京瓦斯株式会社に変更になり、渋沢は取締役会長に就任し、一九〇六年に退いたが、大株主として経営の根幹にかかわる案件には関与していた。一九一一年に生じた千代田瓦斯との合併問題では、反対する東京瓦斯側の株主を大株主会で説得し、翌年合併を成功させた。

水道に関しては、渋沢は公衆衛生の観点から、上水道の敷設を進めるため、水道調査会を立ち上げた。この事業は徹底的な調査に基づき、一八八九年から計画され、一八九二年から建設が始まった。結局六年の歳月と、九百三十四万円の工事費をかけて一八九八年に完成した。

この工事を巡って鉄管を国内産にするか外国産にするかで対立が起きた。渋沢は、現在の日本の技術力では決められた工期に間に合うように優れた鉄管を製造することは難しいので、鉄道やガスと同じように外国製を輸入し、工事を進め、その間にその技術を学ぶことが肝要と主張した。ところが渋沢の意見はなぜか採用されず、国内製の鉄管が納入されることになった。それだけでは済まなかった。

「渋沢は外国製の鉄管を納入することによりコミッションを取っている」というデマまで飛び交った。一八九二年十一月十一日、兜町の自宅を出た馬車が、江戸橋通りと四日町通りの交差点に差しかかったところで、二人の暴漢が抜刀して渋沢を襲ってきた。馭者が機転を利かして、馬を鞭打ちそのまま走らせたので、新聞を読んでいた渋沢は、割れたガラスで指先を傷つけただけで難を逃れた。

その後、渋沢が危惧した通り、急ごしらえの国内工場で製造された鉄管の納期は遅れただけでなく、不良品が多く、結局外国製の鉄管を購入し取り換えることになった。予算は膨れ完成までに六年以上かかってしまった。さらに鉄管納入を巡っては不正が行われたのが発覚し、疑獄事件にまで発展した。渋沢は、正論を述べたにもかかわらず、暴漢に襲われ、その上世間の悪評を買うことになり散々な目にあった。

紆余曲折はあったものの、電燈、ガス、水道という生活基盤を合本主義組織で運営することに成功した渋沢は、いよいよ東京経済界の活動を活発化させる。

†東京商法会議所・東京商工会の活動

一八七七年東京商法会議所は、欧米式のチェンバー・オブ・コマースを導入するため、政府から千円の補助金を得て創設された。欧米のチェンバー・オブ・コマース（Chamber of Commerce）の起源は、十七世紀に地中海の港湾都市マルセイユに設立されたものといわれている。

東京商法会議所が行った事業は、松方デフレに直接かかわる紙幣整理、関税自主権、同業者の組織化、商業教育など国家レベルの問題から、商標条例制定、同業組合設立、貸借訴訟改正、関税改正、米会所及び円銀取引所改正、限月相対取引禁止、銀貨変動抑制、危害品船積規則改正、職工条例、商家師弟契約、紙幣整理、商法学校創設など多岐にわたる問題に取り組んでいた。なかでも注目すべきは、条約改正への建議、横浜連合生糸荷預所問題とグラント前米国大統領夫妻の訪日歓迎行事であった。条約改正に関してはすでに多くの文献で触れられているので、ここでは横浜連合生糸荷預所問題とグラント歓迎に対する渋沢の動きを見ていこう。

英国商人を中心とする日本製品に対する痛烈な批判に対して、渋沢は一方で英国の商業道徳の高さを評価し、日本の商業道徳を改善する努力をしながらも、他方で、英国商人の横暴な態度への対抗策を組織的に行った。まず商業道徳をめぐる諸問題に渋沢がどのように対応したかを見ていこう。

『大辞林』(第四版)によれば、「商業道徳」とは「商業活動において守らなくてはならない内面的な規範。誠実さや信義など一般道徳に準拠するもので，過度の競争・不誠実な契約・虚偽誇大広告・粗製乱造・暴利・買い占め・売り崩しなどの行為をいましめるもの」と定義されている。古今東西を問わず、国際的な商取引をめぐっての不正や不公正は世界各地で起こり、時には武力対立にまで至った事例もあるほどの重要な問題であった。確かに十七世紀以降のスペインと英国との数多くの戦争、十八世紀の英蘭戦争などの開戦の一因になっていた。

渋沢が再三にわたり商業道徳について語っていることは、「嘘をつくべからず」と「自己利益を第一にすべからず」の二つに集約できる。これに加えて渋沢の商業道徳には貿易不均衡にまつわる不公平とか不公正といった批判に答えつつ、双方が納得できる公正かつ公平な取引環境を創りだすことという積極的な面も含まれていた。幕末の開港以来、外国商人(以下、「外商」と略)や海外メディアでの日本の商業道徳の低さに関する批判や非難は多く見られた。特に多いのは契約不履行、欠陥品や基準を下回る製品の供給、そして特に有害な問題となった偽装表示や商標に対する告発などであった。

そうした外商の批判には、渋沢の商業道徳観からもまったく弁解の余地のないものが多かった。明治初年以来、絶えずに海外貿易における道徳の重要性を訴えてきた渋沢にとって、こうした日本商人や商品にたいする批判は頭の痛い問題であり続けた。日本の商業道徳が低かった大きな原因は、十七世紀初めより、清国の海禁政策を模した「鎖国」状態にあり、日本商人の活動が国内市場に限定され、ごく一部の商人が長崎出島や対馬などでの限られた海外貿易にしか従事することができなかったためである。

またインドやインドネシアのように英国やオランダの植民地となり、東インド会社のような定住型商人を通じて、貿易実務を学ぶこともできなかった。つまり西欧諸国とのグローバルな海外取引の経験もなく、その商慣習を全く知らなかったことが大きい。加えて、言語、商慣習の違いが双方の誤解を増幅し、このような厳しい日本批判につながった。

しかし日本社会の商慣習を全く理解しようとしない横暴な外商側にも問題があった。幕末から明治初期の日本では、外商の不正や不公平な取引も目に付いた。二百数十年も国を閉ざしていた日本には、本格的な工業化や海外取引の開始にあたって、グローバルに展開する商取引を円滑に進めるための海運業や海上保険、外国為替取扱所が全く育っていなかった。国際取引に関する法的な整備も外商と交渉する商人組織も存在していなかったため、輸入品に対して法外な価格を要求され、輸出品は買いたたかれた。

特に生糸の扱いを巡って、開港後の横浜での外商の横暴は目に余った。外国商館がすべて輸出業務を掌握していたため、日本の生糸売込み商は生糸を居留地の外商に販売するところまでしかかわることができず、外商は受け取った商品に対してなんらの受取証や保管証明書も発行しなかった。いったん外商の手に渡った生糸はその後どのように保管され、海外市場へ運ばれるのかはまったく知ることができなかった。横浜の倉庫に運び入れるときに外商が簡単な検査をするだけで、もし海外で販売するときに品質が不良になっていた場合には有無を言わさず、売買契約は破棄され、購入代金は支払われないことがたびたび生じた。

外商や海外メディアが、こうした外商の横暴を考慮せずに、日本の生糸の品質の劣悪さや見本との違いから批判するのは、あまりにも一方的に過ぎると渋沢や生糸売込み商は感じた。渋沢はどのような手を打ったのであろうか。彼は、生糸貿易における外商の不正、横暴に対抗して、正常な取引ができる仕組みや舞台を創設することが商業道徳の向上につながると考え、渋沢はさっそく横浜の生糸商が計画した連合荷扱所の設立・運営資金として、第一国立銀行、第二国立銀行、三井銀行が五百万円以上の資金を前貸しすることを斡旋した。

外商たちはこの動きに強く反対したが、海外での日本の生糸に対する需要は底堅く、日本側は反対を押し切り連合荷扱所の設立にこぎつけた。加えて新井領一郎と、その兄で群馬の生糸商星野長太郎らの努力により、ニューヨークで外商を通さない直輸《じき》出が動き始めた。最終的にこの問題が解決されるのは、外商の活動を居留地に隔離してきた不平等な条項が撤廃され、一九一一年に日英、日米通商条約が改定、関税自主権を獲得するまで待たなければならなかった。

世界周遊の帰路、一八七九年八月に来日した前米国大統領ユリシーズ・グラント（一八二二―一八八五）は妻を連れて、長崎から日本に入り、横浜港に着いたのち、汽車で新橋駅に到着した。グラントは南北戦争で北軍の猛将としてその名をとどろかせた。南軍の名将ロバート・リーを降伏させ、米国史上最も犠牲者が多く、国内に大きな傷跡を残した戦争に終止符を打った。その功績から、共和党出身の大統領に選ばれた。一八七二年には米国訪問中の岩倉使節団と会見した。しかしグラント政権は汚職とスキャンダルに悩まされ、大統領としての評判はけっして良くなかった。

二期八年間の任期を終えたのちにグラント夫妻は、二年間かけ世界一周旅行に出かけた。英国を皮切りに各地を訪問し、中国を経て日本に国賓として約二カ月滞在した。明治天皇とは浜離宮で会見し、八月二十五日に上野公園での歓迎式典に出席し、来日記念としてヒノキを植樹した。この式典には明治天皇も臨幸した。

東京商法会議所にとって初の外国賓客を迎えることは、経済界の存在を世に知らしめる好機であった。民間経済界の代表として渋沢は東京接待委員長を務め、東京商法会議所は東京府会議員と一緒に東京接待委員を組織し、歓迎の準備を進めた。上野精養軒、工部大学校などでの歓迎会後、渋沢は飛鳥山邸でも歓迎会を催した。この歓迎行事が渋沢にとっても東京商法会議所にとっても「民間」外交の嚆矢となった。「民」が「官」と一緒に外国の賓客をもてなすということが実現でき、外交の分野においても合本主義の精神が通じることがわかり、渋沢は感激した。

情報の発信と共有という点からも、商業会議所は大きな役割を果たした。まず国内企業経営者に対しては、同業者だけでなく、地域経済の動向、さらには全国市場や海外市場の最新情報を入手し、広報、宣伝という情報発信の場としての機能が強化された点が重要であった。

明治時代の日本企業は、一般的に小規模なものであり、そのほとんどは経営の組織体にまで成長していないファミリー企業が多かった。このため国際的視野に立って、海外の政治経済情報や海外市況を探ることは、個々の企業では不可能に近かった。商業会議所はこうした企業の未発達な部分を補完し、会議所が国家と民間の意思疎通、橋渡しの役に任ずることを表明している。つまり実業界の発信基地としても大きな役割を果たしていたのであった。

一八七八年に東京、大阪、神戸に創設された商法会議所は、その後、横浜、名古屋、京都、門司、新潟、函館など日本の主要都市から全国へ銀行とともに普及し、地域経済界の中核となり、企業を立ち上げ、博覧会、共進会などを地方自治体と共催した。商業会議所は都市を中心とする商工業者の組織であり、あくまでも地域の経済団体であった。したがって、その活動の趣旨は同じであったが、産業会議としての役割は、会員の構成により大きな違いがみられた。

例えば、一八九一年に設立された金沢商業会議所は、金沢の主要産業であった輸出用羽二重生産の価格下落への対応をめぐり、中心となって問題の解決にあたった。東京商業会議所は、国内の商業会議所間の交流を進めるため、一八九二年には全国十五商業会議所が結集して「商業会議所連合会」を結成した。

第二に、商業会議所は海外に向けて、日本の対外政策、特に経済政策について情報発信を行った。朝鮮、清国への経済進出は、渋沢がこの時期、最も関心を持っていた問題の一つであった。東京商業会議所は在朝鮮、在清国駐在の外務省領事と商業会議所の間に直接通信線を開くこと、主要な商業会議所の共同出資により、両国の重要拠点に通信機関を開設しようという注目すべき提言を行っている。商業会議所が大陸への日本の経済進出にあたり、自前の情報ルートを創設しようとしていたのである。この情報ルートは情報収集だけでなく、日本の発信基地としても利用されることになる。

一八九〇年代から一九一〇年代にかけて、商業会議所は海外情勢への関心をさらに高めたが、その際海外における現地の商業会議所や在外日本人商業会議所との間で、人的ネットワークを作りながら情報交流が行われた。

日清戦争後の経営についての、渋沢や東京商業会議所の言論活動も見逃せない。渋沢は軍備増強が日本経済の健全な成長を妨げるとして、東京商業会議所を挙げて軍備増強と増税に反対した。しかし政府は、対ロシアとの戦争に備えるための軍備増強と国際的なインフラ整備のため、松方財政の路線を大きく転換し、積極財政政策を採用した。つまり金本位制度を導入し、海外からの投資を促した。渋沢は、なおも清国からの賠償金を軍備増強に回すことに対しては反対し、経済振興に回すことを主張した。さらに民間の資金不足を補うために民間への積極的な外資導入を図ることが必要と考え、外資導入に対する官民のアレルギーを取り除くための宣伝や啓蒙に努めた。

他方、渋沢がフィランソロピーの分野で一生かかわることになる東京養育院は厳しい環境に置かれていた。一八八五年には東京市議会で東京養育院の運営に関する議論が噴出したのである。市議会では、公金を使って貧窮者を助けるのは、怠け者を増やしかねないという反対論が根強かった。渋沢はこの考えに反論した。論語の教えに基づいて、政治は仁を行うことが肝要で、貧窮者を助け、貧富の格差をなくすことは公益であると彼は訴え続けた。さらにはできるだけ多くの人々が豊かになることが購買力を高め、商工業が発展する基礎となるという考えも持っていた。

養育院への入院者が増加し、多様化したため、利用者に合わせて処遇する必要が出て、巣鴨分院（保護者のいない児童の保護施設）、井の頭学校（浮浪少年の感化施設）、板橋分院（肺結核患者の施設）、安房分院（呼吸器系疾患の児童のため）などを建設した。渋沢は多忙の中、月一回はかならず、子供たちへ配る菓子を持って板橋本院を訪問し、入院者と時間の許す限り面談した。渋沢を助けたのは、瓜生岩子（幼童世話掛長）、三好退蔵（感化部顧問）、安達憲忠（幹事）、田中太郎（幹事・第三代院長）らであった。

†企業勃興と地方振興

地方社会の発展を誰が指導するかは、その地域の将来に大きな影響を及ぼす。江戸時代には天領は旗本や各地の代官が支配したが、そのほかの地域の統治は各藩にまかされた。藩主は、領内の軍事、経済、治安、教育などほぼすべての分野の経営を任され、幕府といえども簡単に藩内の活動に口をはさむことは出来なかった。

明治政府は中央集権制を確立するために廃藩置県を断行し、様々な政策を行った。政府内で絶大な権力を持つようになった大久保利通の意見に基づいて地方三新法を制定した。この法律により、府県会は公選により開催され、府県の地方税による予算案の審議権が認められたため、限定されたものとはいえ、豪農や地主など地方の名望家が地方政治にかかわるようになってきた。

渋沢はどのような行動をとったのであろうか。渋沢は自らの経験から、日本の経済発展のためには、東京ばかりでなく地方レベルでも産業を興し、企業を勃興させ、それらが成長し集積させることが不可欠であると認識していた。そのために、地方ないしは地域振興の担い手となる人材の育成を重視した。幕末以来の地方における人的次元や資本の蓄積と、明治以降に誕生した地方官、政治家、実業家が豊かな資産を投資し、工業化に対する前向きの考えに基づく指導力を発揮することを期待した。

渋沢は同時に自身が持つ広範な人的ネットワークを駆使して、直接的に指導するだけでなく、間接的な支援など多様な方法を用いた。ナショナリズムの活性化という思想状況と重なり、全国的な広がりを持つ工業化が可能となったのである（中村尚史『地方からの産業革命――日本における産業革命の原動力』、名古屋大学出版会）。

まず渋沢が取り組んだのは、「天下の台所」と呼ばれた大阪と新首都東京の経済界をいかに提携させるかであった。一橋家時代から関西に土地勘のあった渋沢は、どのような手を打ったのであろうか。目を付けたのは紡績業であった。

一八七九年、西南戦争後、綿布の輸入量が増大したため、渋沢は大阪財界の藤田伝三郎、松本重太郎らと紡績会社の設立を企画した。会社設立の資金二十五万円は、前田敏嗣をはじめとする二十一名の華族が積み立てた京浜電気鉄道払い下げの残余資金と、東京の薩摩治兵衛ら数人の実業家が発起人に加わり捻出した。渋沢の会社経営の基本理念は「順理則裕」（理に順《したが》えば則《すなわ》ち裕《ゆた》かなり）、つまり「順理」とは「合理的・論理的に考え、行動する」「道理・倫理、人間としての基本姿勢を尊重する」（東洋紡社史編集室編『百年史　東洋紡』東洋紡績）を意味した。

渋沢は三井物産ロンドン支店の笹瀬元明を通じて、英国滞在中の西周《にしあまね》門下の山辺丈夫《やまのべたけお》（一八五一—一九二〇）に交渉し、設立する紡績会社の経営・技術移転の中心的存在になるよう説得した。

渋沢に白羽の矢を立てられた山辺丈夫は石見国津和野藩士・山辺家の養子として、英学を学んだ後、一八七七年に英国へ留学し、ロンドン大学で経済学、保険学を学ぶ。渋沢の依頼と千五百円の資金援助を得て、キングスカレッジで機械工学を学び、マンチェスターの紡績工場で紡績業の実務を学んだ。一八八二年、山辺は大阪紡績の設立と同時に工務支配人に就任した。こうして初の東京と大阪の共同出資による紡績会社が誕生した。

一九一四年、大阪紡績は、渋沢の指導の下で王子に工場を建設し発展した三重紡績と合併して東洋紡績となった。社長には山辺丈夫（合併当時、大阪紡績社長）が、副社長には三重紡績の伊藤伝七が就任した。「東洋紡績」と名付けたのは渋沢といわれている。

鉄鋼、造船といった重工業は三菱、住友が有名で渋沢はあまり関与していなかった印象が強いが、日本の重工業化に着目していた渋沢は、非財閥系の企業を支援するという観点からも東京製綱、日本鋼管、東京石川島造船所、秩父セメント等の経営に深く関与していた。浅野総一郎の能力を全面的に信頼し、一九一二（明治四十五）年、日本鋼管、浅野造船所、浅野セメントによる横浜港臨海地域の開発に全面的に協力している。

平野富二の個人資産で設立された石川島造船所とは、第一銀行に融資を要請したことから関係するようになった。一九八三年同社を株式会社に組織変更し、渋沢が取締役会長に就任、梅浦精一が専務となり渋沢を補佐した。翌年渋沢は東京湾内で、海軍軍港の横須賀に隣接している点に着目し、浦賀に大規模なドックを建設することを決定した。航海・造船奨励法が施行されることを見越しての決断であったが、同時期に浦賀船渠が大型ドックを建設する計画が持ち上がり、渋沢が間に入り二年近く政府や海軍も巻き込み、両社合併交渉が行われたが成功しなかった。

結局、一九〇二年石川島の浦賀分工場を浦賀船渠へ売却という形で決着し、石川島が同社に資本参加することになった。過剰設備を抱えることになった浦賀船渠は、業績が振るわず渋沢は同社の大株主となり、相談役として同社再建に尽力した。第一次世界大戦による特需により息を吹き返した。

農村出身である渋沢は、第一次産業に関して人口増加に伴う食糧問題の解決を図ることと、地方振興の観点から支援した。東北、北海道の将来性を高く評価した渋沢は米国の農法を参考にした。一八九七年、十勝開墾合資会社が設立され、従弟《いとこ》の渋沢喜作が同社社長に就任する。大倉喜八郎ら計二十五人が資本金百万円を出資し、清水町の熊牛原野の用地選定が始まった。北海道の原野を払い下げる国有未開地処分法が未制定だったが、札幌麦酒、北海道製麻、北海道炭鉱鉄道などの創立で道内との接点があり、渋沢は早くから、北海道振興の「富源」として農業の重要性を見いだしていたのだ。

振興策の推進にあたり渋沢が重視したのが民間主導の事業展開であった。一八八六年七月一二日、初代北海道庁長官岩村通俊が渋沢をはじめ、岩崎弥之助（三菱財閥）、益田孝（三井）、安田善次郎（安田）、大倉組創設者の大倉喜八郎ら在京の実業家と会い、官業ではなかなか進展しない開拓事業で懇談した際、渋沢は農業会社設立の必要性を説いた。さらに鉄道による交通整備の重要性も指摘するなど、壮大なプロジェクトが描かれた。

英国のような貿易立国を目指す近代日本にとって、海運業の発達は不可欠であった。岩崎弥太郎は西南戦争で政府軍の軍事輸送を一手に引き受け、政府軍の勝利に貢献するとともに、自らも莫大な利益を上げた。その郵便汽船三菱会社に対抗して、渋沢は浅野総一郎らと図り共同運輸会社を設立、岩崎が海運業を独占するのを阻止しようとしたため、両社の間で熾烈な運賃値下げ競争が起こり、共倒れの危険性が出てきた。

政府が仲裁に入り、一八八五年両社は合併し、日本郵船が誕生し、近藤廉平《こんどうれんぺい》（一八四八―一九二一）が社長に就任して、渋沢は取締役に名を連ねた。近藤廉平は徳島に生まれ、大学南校で英学を学び、三菱商会に入社し、岩崎弥太郎の片腕として頭角を現した。日本郵船のほか日清汽船でも社長を務め、後に貴族院議員になった。

日本政府は海外航路を充実するため、一八九六年に航海奨励法と造船奨励法を制定し、海運業の育成に手厚い保護政策をとった。その結果、欧州航路、北米航路等が次々と開設され、欧米の汽船会社との競争に勝ちぬき、英米海運業の脅威となるまでに成長し、日本の貿易拡大に貢献した。渋沢は東アジア各地との航路開設にも尽力し、近藤廉平や中国通の白岩龍平らと日清汽船を設立し、日中間の定期航路を開設した。

日本郵船が圧倒的な強さを見せる中で、浅野総一郎は東洋汽船を設立し、南北アメリカ大陸への航路を新設した。渋沢は、海運業における競争の必要性を認識し、日本郵船のライバルとなる東洋汽船の設立にも参加した。

†日本人造肥料と高峰譲吉

渋沢の対米「民間」外交をニューヨークで支えた高峰譲吉（一八五四―一九二二）との出会いは面白い。高峰は加賀藩の御典医の家に生まれ、長崎へ留学する。一八七九年に英国グラスゴー大学に留学し、化学を学ぶ過程で過燐酸肥料の製造を見学し、人造肥料の必要性を感じた。帰国後、高峰は農商務省に諮り、全国で化学肥料を試用し良好な結果を得た。一八七九年に工部大学校（東京大学の前身）を卒業し、農商務省の技師を務めていた高峰は渋沢を訪ね、人造肥料の生産への支援を懇請した。

高峰によれば、日本の堆肥や人糞といった肥料は効果が薄い。その点人造肥料は、本当に低廉な成分だけを取り製造するので、日本のように国土面積が狭く、集約農法を採用しなければならない国では、人造肥料の生産を奨励して、農業生産性を高めることが不可欠である。人造肥料は一八四三年英国で、過燐酸石灰が製造されたのを嚆矢に、アンモニア合成法、石炭窒素の発見などにより注目され始め、各国での生産が始まった。人造肥料は一般に運搬、貯蔵、施肥の取り扱いに便利で、即効性もあり、有効成分量当たりの単価も安いので、二十世紀になると肥料の大部分を占めるようになった。ただし、有効成分以外の化合物が土中に残留して作物の生育を阻害することもあった。

渋沢は、耕地面積の狭い日本では、集約農法により生産性を高めなければならないと考えていたので、高峰の熱弁の中身を冷静に分析した結果、人造肥料会社を創設して農業の発達を図るのは国家社会にとって有益であると同時に、営利事業としても将来有望と判断した。すぐに大倉喜八郎、浅野総一郎、安田善次郎に相談し、賛同を得られたので、一八八七年に会社設立の運びとなった。

渋沢が設立委員長に推され、高峰は農商務省を退任し工場技術長に就任することとなった。益田孝が欧米を訪問するという情報を聴いた渋沢は高峰を益田に同行させ、人造肥料の製造機械や原料の買い付けと欧米での化学肥料工場の視察を依頼した。深川の釜屋堀に工場用地を買収し、翌年には機械や材料をそろえて工場に据え付け、操業を開始した。

しかし前途多難であった。最初の危機は、火事で工場の一部を焼失したことだ。何とか修復したが、さらに深刻な問題が発生した。それは人造肥料の販売先がなかなか見つからなかったことだ。当時の農家では肥料に堆肥や人糞を使用していたので、金を出して肥料を買うことが少なかった。金肥と呼ばれる鰊粕や油粕を購入する農家は限られていた。まず化学肥料の効用を農家に理解させなければならなかった。そこで渋沢は、金肥を購入していた郷里の深谷や千葉、新潟の藍の生産農家に化学肥料を送り、試用することを依頼した。ところが農家は喜ぶところか、各地から苦情や非難の声が相次いだ。なぜであろうか。

千葉からは化学肥料は効果がない、新潟からは鰯粕は土に溶け込んで長く効能があったが、人造肥料は強い雨が降ると流れてしまうなどの反応であった。これを聞いた高峰は、藍の栽培には燐肥料ではなく窒素肥料でなければならない。化学肥料にはいろいろな種類があるので、作物に適した肥料を選ばなければならない、と助言した。渋沢は、自分に肥料の知識がないのに先走ってしまったことを反省した。

その後も人造肥料会社の困難は続いた。高峰から突然、米国へ渡り化学研究を続けたいという申し出があった。渋沢は最初、高峰の申し出に憤った。高峰の熱心な勧めに従い、会社を立ち上げ、苦しみながらもようやく見通しが立ってきた矢先に、中心的な役割を果たしてきた高峰が会社を辞め、米国へ行ってしまうことは青天の霹靂であった。

渋沢は高峰の勝手な行動に怒りながらも会社に残るように慰留したが、彼の決心は揺るがない。そこで、高峰が途中で会社を放り出してしまうことは許しがたいが、その決心が固いと知った渋沢は覚悟を決め、高峰なしで経営にあたることにした。しかし一向に売り上げは伸びず、経営は悪化の一途をたどった。

さらに追い打ちをかけるように、一八九二年五月にまたも工場から出火し、ほぼ全焼した。共同出資者の多くは会社継続を無理と考えた。だが、ここで渋沢は粘り腰を発揮した。そもそもこの会社を設立したのは、農村振興のために有益という国家の繁栄に資することが目的で、将来需要も増大し、営利企業として十分活動できると考えたのである。したがって借金をしてでも事業を継続すると述べ、周りが冷笑する中、この会社の再建を引き受けた。

一八九三年七月の総会で、渋沢は同社の資本金を十二万五千円に半減し、創業以来の損失償却残金を補塡した。さらに定款を改正して社名を東京人造肥料とし、取締役会長に就任した。従来の消極的な経営から積極的な経営方針に切り替え、今までコスト高に悩まされていた硫酸を自社で製造することになった。一八九四—九五年になると急に人造肥料に対する需要が急増し、渋沢の計画は軌道に乗った。

それ以後は、むしろ供給が需要について行けないほどで、売上高はうなぎのぼりに上昇した。

その結果、半減した資本金を元に戻しただけでなく、一八九六年には二倍に増やし、設備を拡張し、機械も増やしていった。利益も順調に伸びた結果、大阪硫曹など各地に化学肥料会社が設立されたが、なお急増する需要に供給が追い付かないほどであった。ちなみに、渋沢は山口県小野田に一八八九年に設立された日本舎密《せいみ》製造の発起人にもなっている。

この成功は、高峰の新知識と熱意をくみ取り、人造肥料という未知の分野で起業した渋沢の先見力と、何度も倒産の危機に瀕した際に、初心を貫いた持続力の賜物といえよう。一時は悪化した高峰との関係も好転し、高峰はこの恩義を生涯忘れず、渋沢の対米「民間」外交の米国拠点としての役割を果たすことになる。

その後も、渋沢は次々と経済活動を促進させるための組織を整備していった。一八八七年、東京交換所の下部組織として東京手形交換所が創設された。一八九一年、日本銀行の当座預金でイギリスの銀行の手形が決裁され、東京交換所としての国際的な手形交換の業務が開始された。一九二五年に社団法人となり、東京手形交換所と改称された。

銀行業務にとって、取引先企業の信用状態を把握することはもっとも重要なことの一つであるが、日本経済の発展とともに企業数も増えたため、渋沢が初代理事長となり、一八九六（明治二十九）年、東京銀行集会所の中に東京興信所が設立された。日本銀行と京浜地区の二十九の銀行が発起人となったものだ。こうして銀行業務を円滑に行うための基盤が整備されたのである。

†熟議と説得の株主総会

渋沢が設立に関与した会社の多くは、必ずしも最初から順風満帆とは言えず、むしろ安定した利益を上げるまでには時間を要した。それまでの間、株主総会は混乱することが多かった。渋沢はある時は議長として、ある時は経営者を代表して、会社の経営方針に対しての質問や反対意見に対して何度も丁寧に説明を繰り返し、あくまでも参加者の説得に努めたのである。できるだけ多数決方式を取らず、全会一致まで粘り強く続けた。したがって、株主総会は数時間に及ぶことがあった。

株主総会への関与やその運営の仕方については、島田昌和が詳細な分析を行っている。その事例研究に依拠しながら、北海道炭鉱鉄道会社の第四回株主総会懇談会議事録(一八九二年五月二十五日)の一部を紹介する。

「ご注意の趣は了解仕りましてござりますが、只今仰せの御言葉中に、何か当局が株主総会に於いて御質問を謝絶するやうな御話もござりました。けれども定式総会は御承知の通り定款もありまするとですから、勢ひ定款に従って処分をしなければなりませぬ。夫れに依って今日の如く株主諸君の御冀望に従って懇話会を開きまして、質問されたい方には随意に為すって、当局者も答弁を致して居るではござりませぬか、当任役員が何か申上ることを決して惜しんだことはござりませぬ、私共も随分今度の堀氏更迭のことに付ては種々心配を致し居りまして、夫れこそ株主諸君に向ひ、斯様な苦心をしました、斯様な争ひをしましたと云ふて申上ることは出来ないではない、けれども是れを話した所が何か誇るようにもなりますし、詰り諸君が御知り下されば宜し、御知り下さらなくも是は我々の本分であると思ふて居りますので、別段にくどくどは申上げませなんだでござります。斯様な訳でござりまして、百三番の御注意は至極御尤もとも考へますから、向後は如何でござりませう、さような思召でござりますならば、其都度懇話会を開きまして、能く御質問もなされば御答弁もすると云うことにして、打ち解けて御話しするも宜いことと考へまする、どうか左様御聞き置きをねがいまする」。

（「北海道炭鉱鉄道会社第四回株主定式総会懇談会議事録」の渋沢の発言、『伝記資料』第八巻）

もし疑問があれば何度も懇話会を開き、渋沢自らが説明し、参加者が納得したうえで物事を決めるという方法は、まさしく熟議民主主義のそれであり、戦後、日本の企業が好んだ短時間で質疑応答もなく、いわゆるシャンシャン株主総会とは質の異なるものであった。

渋沢の発言は決して大向こうをうならせる演説でもなければ、弁舌さわやかに、参加者を魅了させるような名スピーチでもない。渋沢はスピーチにより議論を自分に都合のよい方向にもっていこうとはせず、時間をかけ、あくまでも参加者の疑問に丁寧に答え、株主の疑念を晴らし、納得して会社経営を支援してもらうという考えであった（島田昌和編『原典で読む　渋沢栄一のメッセージ』岩波現代全書）。ここでも熟議のスタイルを貫いていることがわかる。

†幻の大蔵大臣

すでに述べたように、渋沢は幼少の頃から論語を中心として、中国古典を学び、政治や統治のあり方に強い関心を持っていた。青年時代に政治活動にかかわったことを強く反省し、政治家にはならなかったものの政治に関心がなかったわけではない。

渋沢は幕末に、西郷隆盛、桂小五郎（のちの木戸孝允）、近藤勇、土方歳三ら天下の志士と京都で知り合った。明治政府に入り、さらに数多くの新政府を動かす政治リーダーの知己を得た。渋沢は民間人として、政界や政治家とは一定の距離を置き、諸事業を遂行しながらも、政治の動向には関心を持ち続けた。しかし政治家にならないという点では、渋沢は徹底していた。例えば、一八九〇年に第一回衆議院選挙が実施されたとき、渋沢は深川区民などから第五区の議員候補に推薦され、本人の意思とは関係なく票が入り、次点となった。また同年貴族院議員に勅選されたが、翌年には辞任した。渋沢はこの間、一度も登庁しなかったという。

一九〇一年に井上馨に内閣組織の大命が下ったときに、井上から蔵相就任を強く要請されたが、渋沢は断り、結局井上内閣は実現しなかった。これには後日談がある。井上は渋沢が断ったことを憤慨するどころか、もし井上内閣ができていたら、様々な難題を抱え行き詰まったかもしれないので、かえって良かったと語ったという。

独占を嫌い、適度の競争を良しとした渋沢は、立憲政治の下では、複数の政党が方針や政策を競う政党政治が不可欠であるという信念を抱いていた。したがって一九〇〇年、伊藤博文が立憲政友会を立ち上げる時には賛意を示し、全国の実業家に参加を勧誘した。しかし井上馨とともに在京実業家を三井集会所に誘い、協議した結果、実業界は新政党樹立には賛成するが、政党には加盟しないこととで意見が一致した。

伊藤は、渋沢を通じて経済界を立憲民主党に入党させることは出来なかったのである。同年九月の帝国ホテルでの政友会発足式の後に催された園遊会にも参加しながら、渋沢自身は立憲政友会には入党しなかった。このため伊藤からは、政党樹立を促しておきながら、なぜ入党しないのか責められたようであるが、渋沢は政治の世界とは一線を画するという信念を曲げなかった。

その後も渋沢は政治には強い関心を持ち続け、言論を通じて政治批評を続けた。財界リーダーという立場から渋沢は、国家財政の健全化についてたびたび政府に苦言を呈した。日清・日露戦争後の経済運営について、軍備増強のための増税策や元老政治等を痛烈に批判した。

同時代の実業家と渋沢が大きく異なるのは、たびたび言論活動を通じて自らの考えを、国内外に対して広く訴えたことであった。いわゆる広報マインドを持っていた。渋沢は株主への説明の場としての株主総会、商工業者の意見情報交換と世論形成の場としての商業会議所の役割を重視した。

また経済専門雑誌への執筆と支援を盛んに行っている。例えば一八七九年に田口卯吉が『東京経済雑誌』を創刊するにあたり、渋沢は大蔵省銀行課長の岩崎小二郎と相談し、拓善会の『理財新報』と大蔵省翻訳課発行の『銀行雑誌』の二誌を同誌に併合することにした。『東京経済雑誌』は内外の経済問題を中心に、政治、社会問題にも鋭い論説を掲載したが、渋沢は自由貿易主義から保護貿易主義に考えを改めた後も、田口を高く評価し、彼の死後も支援を続けた。

同誌と『東洋経済新報』や、増田義一《ますだぎいち》(一八六九―一九四九)が創刊した実業之日本社の『実業之日本』にも数多く論説を掲載した。増田義一は東京専門学校(現・早稲田大学)卒業後、読売新聞記者を経て、一九〇〇年に実業之日本社を設立し、社長となった。後に衆議院議員を務め、日本雑誌協会会長にも就いている。

しかし渋沢も判断を誤ったことがたびたびあった。例えば金本位制の導入である。金と英国通貨ポンドを基軸とする自由貿易決済システムは健全に機能していた。銀本位制度を採用していた日本は、世界的な銀貨下落の中で金本位制度に移行するため、一八八三年、貨幣制度調査会を設け、松方正義、高橋是清らが中心となって検討を開始した。日清戦争の賠償金三億六千万円と三国干渉による遼東半島還付の報奨金などを英国でポンドで受領した日本は、一八八七年十月に金本位制を導入した。

渋沢は金本位制度導入は時期尚早として反対した。なぜ渋沢は反対したのであろうか。それは渋沢が深く関係していた紡績業が大打撃を受けると予想されたためであった。当時、日本の紡績会社は中国向け輸出に賭けていたが、銀貨の下落に連動して株価も下落し、銀行も紡績業への貸し出しを控えていた。このため日本紡績連合会は渋沢を動かして金本位制への移行に強く反対した。金本位制実施直後の『経済時事談』十二月号で、渋沢は「とにかく紡績会社は金本位の苛重なる租税を課せられたりといわざるを得ず。（中略）這般の救済策（三百万円の融資）は紡績の困弊に対してはさながら目薬位の効験」すらないと憤慨している。

渋沢の考えは間違っていた。紡績業者の困難は全く一時的なものであった。金本位制になると米国から綿花を安く購入でき、中国輸出の損害を補って余りあった。それ以上に日本が米国よりも三年も早く金本位制を採用し、世界の貿易決済体制に組み込まれたことにより、世界市場と直結し、貿易、為替取引が行いやすくなった。加えて欧米諸国からの日本に対する信用も格段に高くなった。英国が日本を同盟のパートナーに選んだ要因はここにもあった。残念ながら当時の渋沢には金本位制度導入の意義がよく理解できなかった。後年、渋沢は回顧談の中で、

「松方正義の英断」と評価し、自分の不明を恥じている。

ところで金本位制導入にあたり、積極論者の一人に高橋是清（一八五四―一九三六）がいた。後に「だるま宰相」と呼ばれ、ケインズ的な積極財政を展開した。渋沢は大蔵省時代、高橋や松方正義らともにA・シャンドからイングランド銀行の銀行業務や実務を学んだ。理論家の高橋はよく渋沢をやり込めた。例えば日清戦争後の経営について、渋沢が政軍費膨張反対決議を商業会議所連合会で採択しようとした時のことである。

当時、横浜正金銀行（東京銀行を経て現・三菱ＵＦＪ銀行）副頭取であった高橋は、横浜商業会議所の代表者大谷嘉兵衛と一緒にこの会に出席した。以前から、日本銀行の友人から、このごろ主要都市の商業会議所の代表者が、政府に建議して政費の節減を促そうとする運動が起こりつつあると聞くが、実業家たちが自分たちのことは棚に上げて、政府にのみその放漫を責めるのはあまり面白くないから、ただの政府いじめにならないように注意してほしいと頼まれていた。

芝紅葉館の晩餐会で、渋沢の演説が終わると、高橋はやおら立ち上がり、「政府の財政膨張を防ぎ、かつ反省を促すことは結構であるが、政府に反省を求める前に、自ら民間経済界が同様の非難をうけないようにしなければならない」と釘をさし、十分な事前調査なく民間投資が膨張している実態を指摘し、「実業家自らが反省を要する点があるように思えるから、渋沢会頭の意見に直ちに賛成するわけにはいかぬ」と述べた。これにはさすがの渋沢も一本取られたのであった（高橋是清著・上塚司編『高橋是清自伝』中公文庫）。

しかし二人は互いに認め合う仲で、一九〇九年の渡米実業団派遣にあたっては、渋沢が団長として最も好ましいとして、高橋自らが渋沢を説得した。渋沢の死去に際して高橋は、「国と社会のために尽くした人」と惜しんだ。

一八九六年九月の法改正により、第一国立銀行は第一銀行となり、渋沢は頭取に就任した。同年三月に東京銀行集会所会長に就任していた渋沢は、十二月に日本勧業銀行、一八九九年に北海道拓殖銀行、翌一九〇〇年に日本興業銀行の各設立委員に明治政府から任命された。政府は、産業発展に必要な資金を円滑に供給するための特殊銀行を設立したが、近代銀行業に精通し、全国への銀行の普及に貢献した渋沢を設立委員に加えることにより、なじみの薄い特殊銀行の株主への信頼度を高めようとしたのである。

まず一八九六年、農工業の改良のための長期融資を目的に日本勧業銀行法（勧銀法）が制定され、翌年日本勧業銀行（勧銀）が設立された。東京に本店を置き、支店は大阪のみに限られた。主な融資対象は農業と密接に関係する紡績、養蚕、食品などの軽工業であった。東京、大阪、北海道を除く四十四府県には「農工銀行法」に基づく農工銀行が設置された。農工銀行は勧銀と同様に土地を担保にして融資を行うとともに、勧銀への融資の取り次ぎ業務を行った。

しかし一八九〇年と一八九八年の二度にわたる経済恐慌により、国内資本がまだまだ不足していることが明らかになった。政府は外資導入や証券市場の流動化を図り、潤沢かつ安定した産業資金を調達するために、一九〇〇年に特殊銀行として日本興業銀行（興銀）を設立させた。興銀は主に基幹産業（日露戦争後は特に重化学工業）向けの融資を行い、勧銀との棲み分けが行われた。

明治初期に北海道開拓が進められると、北海道には釧路や根室などに中小の民間銀行が次々と誕生したが、その業務は水産業や商業などへの小規模融資が中心であった。開拓途上で資本蓄積の乏しい北海道の開発には、これに代わる特別の国策銀行が必要であると考えられた。政府は「北海道ノ拓殖事業ニ資本ヲ供給スル」（北海道拓殖銀行法第一条）ため、一八九九年に北海道拓殖銀行法（拓銀法）を制定、翌年に北海道拓殖銀行（拓銀）を設立した。

設立当初の資本金は政府・道外資本を含むと三百万円、職員は二十六名で、本店は札幌市内に置かれた。金融債発行による資金調達が認められ、北海道で勧銀や興銀に代わる役割を果たすことになった。道内の商工業は未成熟であり、拓銀は昭和初期まで主に開拓農業に長期・低利の融資を行った。

†台湾と朝鮮へのまなざし

日清戦争後、日本が領有することになった台湾で、初めての植民地統治を行うことになるが、前途は厳しかった。当時の台湾は、マラリアやペストなどの悪疫だけでなく、アヘンが蔓延していた。さらに現地住民の日本に対する反発は厳しかった。統治が本格化するのは、児玉源太郎が第四代総督になり、民政局長に後藤新平が就任してからといえる。

渋沢は台湾銀行の創設と台湾鉄道の発起人の一人として、大倉喜八郎、益田孝に協力した。渋沢は台湾での鉄道建設には関心を持つが、それほど深くはかかわらなかった。むしろ渋沢は、日本政府や三井・三菱など財閥系企業が思いのほか慎重な態度をとるなかで、最も積極的に朝鮮へ経済進出を試みた一人であった（一八八─一八九頁の図4・図5を参照）。

地政学的な観点から日韓（朝）を安全保障上で不可分と考えた渋沢は、朝鮮・韓国が独立を維持できるようになるまで、経済社会のインフラ整備を支援し、近代化を進め、両国間の貿易を通じて善隣友好関係を結ぼうと考えた。朝鮮半島の安全保障が日本のそれと直結するという点では山県有朋の考えと共通するが、渋沢は朝鮮・韓国を植民地にするのではなく、独立国として実業を通じて日本の利益を確保するという考えであった。

しかし、第一銀行の進出や鉄道建設が先行したものの、韓国では、カウンターパートとして協力できる商工団体がなかなか育たず、渋沢の構想はすんなりとは進展しなかった。韓国内に浸透していた儒教の考え方では、商業活動は日本以上に低く見られ、約半数の割合を占める社会指導者層である両班《ヤンバン》が、商業活動に従事することを嫌ったためと思われる。

渋沢は韓国へ三回訪問している。初めての訪問は一八九八年であった。先に触れたように渋沢が先頭に立って第一銀行の韓国進出を行った。送別会の席上では、第一銀行の「支店の巡視に過ぎないと語ったが、日清戦争時の営業不振により一時閉鎖に追い込まれた韓国支店」の営業回復が進んでいるかを確かめることは重要であった。しかしより大きな目的があった。それは韓国政府を説得して、韓国貨幣制度の調査と韓国政府による刻印付円銀通用禁止措置の解除を行うことであった。前年金本位制度を採用した日本政府は、韓国で通用していた一円銀を回収したかった。

そのためには、仁川と釜山で活動している日本商人が貿易上の不利益を受けずに両市の日本人商業会議所が刻印付円銀を流通させようとする動きを止めなければならなかった。また韓国内では一円銀の回収に反対が強く、渋沢は自ら訪韓して貨幣制度の実情を視察したうえで、こうした難問を解決しようとしたわけである。

†飛鳥山と「民間」外交

明治期に飛鳥山には、世界へ向けてのもうひとつの顔が生まれた。それは渋沢栄一の「民間」外交の場となり、明治十年代から昭和初めまでの約六十年間に世界各地から数百人の賓客が訪れ、内外の要人と交流し、それを通じて世界への発信を続けた渋沢の「民間」迎賓館となった。飛鳥山の私邸への来訪者の数の多さと多様性には驚かされる。

深川から飛鳥山に移転するために渋沢が動き出したのは、一八七七年である。約四千坪の土地を求め、清水組に敷地造成させたうえで、母屋と附属家屋を新築し、一八七九年に飛鳥山邸を完成させた。飛鳥山邸は、当初は別荘・接待接客の場として活用し、国内外の賓客を招きながら、さらに土地を増し、附属家屋等が建設されていった。

飛鳥山の自宅が完成した後は、兜町の私邸は第一銀行や東京商業会議所など渋沢の活動拠点に近かったため、渋沢事務所として活用された。渋沢の兜町と飛鳥山との移動は、馬車から自動車へと変わっていった。一九〇一年に兜町を離れた渋沢は、没するまでの三十年以上、飛鳥山邸を本邸とした。

「民間」外交の場の整備という視点から、飛鳥山への移転を考えてみよう。一八九三年、蜂須賀茂韶《しげつぐ》、益田孝とともに外国人客の接待を目的とする貴賓会を設立、帝国ホテル内に事務所を構え、その幹事長に就任した。

帝国ホテルは、井上馨が渋沢と大倉喜八郎を説得して、一八八七年、有限会社帝国ホテルを設立し、木造煉瓦造り三階建てのホテルを建設して一八九〇年に開業した。一九一九年、火災により全焼したが、一九二三年にはフランク・ロイド・ライトの設計による鉄筋コンクリート建てのライト館が完成した。ちなみに関東大震災では、避難民を多数収容した。

当時、日清戦争前後の日本では排外熱が強く、抵抗もあったが、日本の文化美術の鑑賞を希望する外国人も増加した。渋沢は、海外からの観光客を多く迎えることは、日本への理解を深めさせ、間接的に海外貿易を増加させると考えた。一九一二年、ジャパンツーリストビューロー（JTB）が設立され、日本への海外からの観光旅行を促進するという貴賓会の業務を引き継いだため、貴賓会は一九一四年に解散した。

帝国ホテル

飛鳥山の渋沢邸は、渋沢が一九〇一年に住居を飛鳥山に移してから増改築を繰り返し、完成させた住まいであった。当初、敷地内には母屋の日本館、物置などの附属家屋、門、塀、庭園などが整備された。明治末期の渋沢邸の様子は、例えば近藤正一『名園五十種』に記されている。この邸を儒学者の阪谷朗廬が、陶淵明の詩「帰園田居」の一説「曖曖遠人村、依依墟里煙」からとり「曖依《あいい》村荘《そんそう》」と名付けた。

それでは渋沢は、渋沢邸で何をしようとしたのであろうか。この曖依村荘を別荘として、当

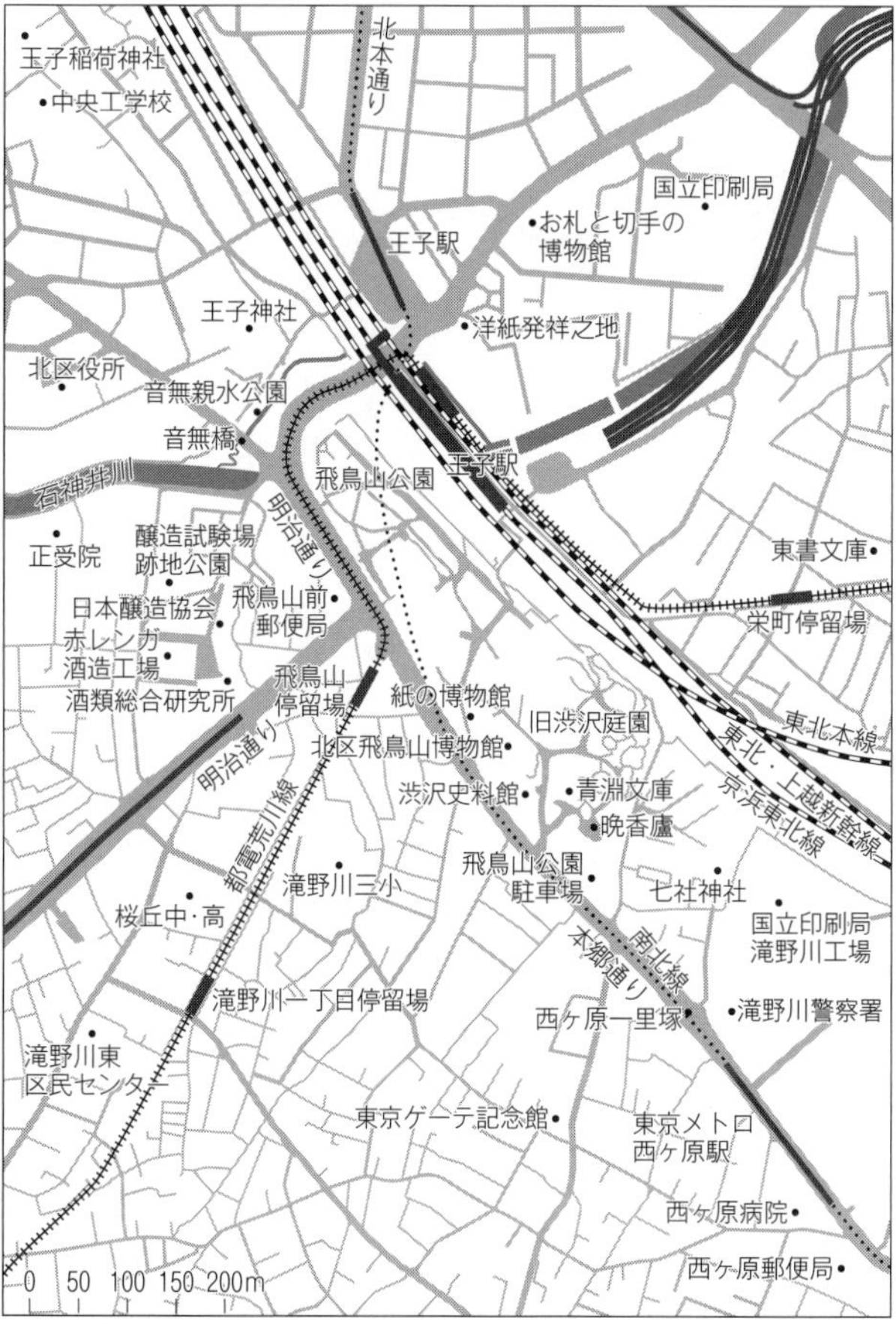

図3　飛鳥山周辺図（「渋沢史料館周辺 MAP」をもとに作成した）

初は接待接客の場に使用した。大規模な増改築工事の結果、最終的には八千四百七十坪余に拡大した。この間、日本館の増築及び西洋館、茶室「無心庵」、土蔵、倉庫、車庫、門塀などが増築された。庭園にも山形亭、邀月台《ようげつだい》などの亭《あずまや》が配置され、外国からの賓客を招くための整備が進んだ。

現在、国の重要文化財に指定されている青淵文庫と晩香廬には、中華民国の指導者蔣介石、駐日フランス大使で二十世紀フランスを代表する作家のひとりポール・クローデル、インドの詩人タゴールなど多彩な顔ぶれが訪れ、都心の喧騒を離れ、閑静な邸内で渋沢とゆったりとした気分で語り合った。おそらく錦絵にも描かれた王子製紙の工場の雄姿と煙突からもくもくと上がる煙を見ながら、実業のあり方や、日本とアジアや世界の将来について歓談したのだろう。

実業界のリーダーが自宅や別荘に内外の要人を招き、要談を行うのは珍しいことではない。三菱財閥の岩崎家、三井財閥の三井倶楽部など豪華な邸宅を有する実業家は、内外の要人を私邸に招いていた。

王子飛鳥山一帯には、この他にも大蔵省印刷局、日本の花形輸出品であった生糸の品質を管理した農務局蚕業試験場、醸造試験場、出版社の東京書籍などが設立された。こうしてこの地域は、製紙、化学肥料、紡績など、近代産業ルネサンス地域といえるほど活況を呈した。

当時の錦絵作者は、煙突から煙を上げる王子製紙の工場を背景に花見を楽しむ人々を描いた。

歌川広重画「古今東京名所　飛鳥山公園地王子製紙会社」（一八八三年）はその代表的な作品である。今日では工場の煙突から吹き上がる黒煙は、環境汚染の原因として好ましくないイメージが定着しているが、当時は近代化のシンボルとして注目されていた。

例えば四国の住友別子銅山の総支配人広瀬宰平の私邸は、新居浜港を望む高台に建てられていたが、最も見晴らしの良い二階の部屋は「望煙楼」と呼ばれていた。黒煙を上げて新居浜港に出入りする船を見て、広瀬は住友さらには日本経済の発展を夢見ていたのであろうか。現在は住友の支配人広瀬宰平の歴史記念館として、別子銅山遺跡・住友産業資料館・今治タオル美術館・内子町和蠟燭資料館などとともに「近代化遺産」となって公開されている。

それはさておき、工場地帯と観光地が合体した飛鳥山周辺は順調に発展していった。第一次世界大戦後一九二〇年代に入ると、王子の人口は増加し、約二十万人に達した。

†渋沢同族会の誕生

渋沢の家族の動向を見てみよう。一八八二年秋に千代夫人はコレラの流行を非常に恐れ、穂《ほ》積陳重《づみのぶしげ》夫妻と飛鳥山に移ったが、コレラにかかり手当ての甲斐もなく他界した。四十二歳の若さであった。長女歌子の日記には、千代が発病後、ベルツ博士を始め名医が次々と診察したが、そのかいもなく亡くなり、涙ながらに母と訣別された父上が、泣き入る琴子と篤二の二人の手を引き、病室を去るありさまが時々目先にちらついて、自分にとっては生涯の悲劇であった、と悲しい思いが記されている（穂積重行編『穂積歌子日記——明治23—39年（一八九〇—一九〇六）』みすず書房）。

渋沢は三島中洲に碑文を依頼した。三島が創設した漢学塾二松学舎には、若き日の夏目漱石、中江兆民、与謝野晶子などが在籍した。三島は漢学を通じて人格の陶冶を最も重視した。したがって学舎には机が二、三置かれているだけで、学費も寄宿舎の費用も安く設定されていた。生徒たちはぼろぼろの畳の上に座り、三島の授業を聴いた。渋沢はその碑文を読み、短い漢文の中に千代の一生を格調高く語りつくしていることに感銘を覚えたという。しかし後年、論語と算盤説を三島から称賛され、三島の死後、二松学舎の舎長としてその経営にあたろうとは、この時は思いもよらないことだったに違いない。

千代の死の翌年、渋沢は伊藤兼子と再婚した。兼子の父伊藤八兵衛はかつて豪商であったが、商売上の失敗から没落し、再建を待たずに死去した。千代との間にできた長女歌子は穂積陳重（一八五六—一九二六）と、次女琴子は阪谷芳郎《さかたによしろう》（一八六三—一九四一）とそれぞれ結婚した。

渋沢にとって二人の娘婿は貴重なブレーンとなった。穂積陳重は宇和島藩の出身で、大学南校で法律を学び、文部省の留学生としてイギリスとドイツで数年間勉学に励み、帰国後は東京帝国大学法学部の講師となり、一八八二年、弱冠二十六歳で教授に就任し、法学部長も兼ねた。

専門は民法であった。渋沢は血洗島の渋沢家とは違う新しい一家を創設したいと考え、穂積に実質的な長男として相談役になってもらうことにした。先妻千代が亡くなり、渋沢の兼子との再婚により、将来家族内で様々な問題が起こりうることを見越しての決断でもあった。穂積は経済的な支援を受けた渋沢の期待にこたえ、渋沢から持ち込まれる数多くの社会事業へ協力した。また渋沢の長男篤二を預かり、養育することになった。さらに、渋沢同族会の法的な整備や問題解決に尽力することにもなった。

渋沢の次女琴子と結婚した阪谷芳郎は、岡山興譲館の開国派漢学者、阪谷朗廬の四男であった。渋沢は一橋家の家臣募集に出かけた際、朗廬と出会い、肝胆相照らした仲になったことはすでに述べた。阪谷家は東京へ移り、芳郎は東京帝国大学卒業後、大蔵省に入り、次官を経て西園寺内閣の大蔵大臣（一九〇六—〇八）、東京市長（一九一二—一五）を務めたのち、枢密顧問官、貴族院議員、龍門社理事長などを歴任した。日米関係委員会、国際連盟協会、太平洋問題調査会などの「民間」外交を支援もした。自ら中国を訪問し、幣制改革など中国経済のインフラ整備に関して提言を行っている。阪谷は渋沢の事業に対しては協力を惜しまなかったが、渋沢ほどざっくばらんではなく、貴族主義者といわれたことからもわかるように思想や信条は渋沢とは異なっていた。

渋沢は家族関係でも「民主化」を追求した。一八九一年、渋沢家では「家法」と「家訓」が制定された(『法学者・穂積陳重と妻・歌子の物語――渋沢栄一のひ孫・穂積重行氏オーラルヒストリーから』渋沢史料館編集・発行)。「民主化」という観点から注目すべきは、家法や家訓制定の前に同族会議を招集し、最初の会議を一八八九年に兜町の自宅で開催したことである。この時の会員は、栄一・兼子夫妻、篤二・敦子夫妻、穂積陳重・歌子夫妻、阪谷芳郎・琴子夫妻の計八名であった。その後、月一回のペースで会議を開き、各家の重要な問題を話し合うだけでなく、渋沢一族の財産と収支の管理と相談、親戚や知人の冠婚葬祭などへの対応を協議した。

一八九一年に制定された「家法」と「家訓」は、栄一が作成した大枠の案に基づいて、民法の専門家、穂積陳重がそれぞれの条文を作成し編集した。渋沢家同族とは、渋沢栄一及びその嫡出の子ならびにその配偶者及び各自の家督相続人ならびにその配偶者とし、栄一の一家は渋沢家同族の宗家と称されることになった。また三則・三十条からなる「家訓」は、栄一の心を子孫のために用いるためのものであった(『伝記資料』第二十九巻)。内容は忠君愛国と公へ奉仕(第一則「処世接物ノ綱領」)や、父母は子供を慈しみ育て、子弟は親に孝行すべきこと、夫唱婦随、天職を尽くすこと(第二則「修身斉家ノ要旨」)という多くの家訓にみられるのと同様のことだが、第三則「子弟教育ノ方法」には多くの条文をあて、重きを置いた。

渋沢が女子教育にかかわったきっかけは、一八八六年伊藤博文を委員長とする女子教育奨励会創立委員会が結成され、岩崎久弥等有力実業家とともに創立委員に加わったときからである。

西洋人との交際には、女性の果たす役割が大きかった。また一八八八年、東京女学館の設立に関与した。

渋沢はなぜ女子教育に関係したのであろうか。後年、渋沢が回顧しているように、彼の女性観は江戸時代の「女大学」式女性観であった。それは儒教的女性観で、男性に従順で貞節であり、家庭の維持と子孫の養育に専念することを良しとする、いわゆる良妻賢母であった。この「良妻賢母」という四文字熟語の考え方は明治期に日本で作られたもので、中国には無かった（町泉寿郎編『渋沢栄一は漢学とどう関わったか』ミネルヴァ書房）。しかしヨーロッパ滞在時の経験や、女子教育奨励会で伊藤博文、大隈重信、森村市左衛門との議論を通じて、西洋と対等な関係を築くためには、西洋的なマナーを身につけた日本婦人を養成する必要を感じ、「和魂洋才」式女性観に変化したことを認めている。

渋沢は国際化に対応できる教養ある良妻賢母になることを女性に期待し、寄付活動と講演等により女子教育を主に財政面から支えようとした。つまり学校教育に必要な用地の提供や施設の充実、学生募集や学生への講話などを通じて、その目的達成を側面から支援したのである。一八八八年に永田町御用邸内にて開校された東京女学館の目的は、諸外国の人々に臆せず交流できる国際性を備え、知性豊かで気品ある女性を育成するためとあり、まさしく渋沢の考えにかなっていた。

こうした思いは伊藤博文、福沢諭吉、大隈重信など当時の政、財、官、教育界の指導者たちが共有するものであったことが、女子教育奨励会の会員名簿を見るとわかる。渋沢家の家庭内では、一八九一年の家訓の「女子ノ教育」によれば貞潔の性を養成し、優美の質を助長し、従順周密にして、一家の内政を修めることを訓練することとなっている。渋沢の孫娘たちの思い出の中にも、渋沢が亡くなる直前に「女は才よりも愛を、知識よりも情けを身につけることが大切である」と言いのこした話がでてくる。

ところが、渋沢の女子教育への考えを大きく変えた人物があらわれた。成瀬《なるせ》仁蔵《じんぞう》（一八五八―一九一九）である。成瀬は、長州藩士で祐筆を務め漢学の素養も深い成瀬小右衛門の長男として生まれた。青少年時代に相次いで両親と弟を失った成瀬は宣教師に導かれ、大阪の浪花教会で受洗し、儒教的価値観からキリスト教価値観に代わった。その後、米国のクラーク大学に留学した成瀬は、女性教育について幅広く学ぶ。一八九四年に帰国した後は、本格的な女子高等教育機関の設立を目指して、世論喚起と資金集めに奔走した。成瀬の教育方針は、「女子を人として、婦人として、国民として教育する」ことであった。まず広岡浅子を始め大阪の実業家を説得した。ついで渋沢にも面会し、熱弁をふるい、女子高等教育への理解を求めた。

成瀬仁蔵の熱心な説得により、女子教育に対して懐疑的でそれほど熱心とはいえなかった渋沢も、成瀬によって設立された日本女子大学校では創立発起人、創立委員、資金募集、会計監査を引き受けた。東京女学館の経営の困難さを知っていた渋沢が、なぜここまで日本女子大学校に深く関わったのであろうか。それは成瀬仁蔵の女子教育に対する考えとその精神に引き込まれたためであった。成瀬の熱意に打たれた渋沢は、女子学校の経営の難しさを心配しながらも亡くなるまでかかわることになる。

†合本主義を定義する

この章で取り上げた約二十年間に、渋沢は、多数の企業の設立や経営を通じて、合本主義の精神を全国に広めようとした。その合本主義の中身をまとめてみよう。

渋沢の論考や講演を基にして考えると、「合本主義」とは、「公益を追求するという使命や目的を達成するのに最も適した人材と資本を集め、事業を推進させるという考え方」を意味する。

通常、合本会社は株式会社とほぼ同じと理解されている。株式会社とは、『広辞苑』（第五版）によれば、「起業・会社の新設・拡張に際して、必要な資金を株式の発行引き受けまたは買取、発行の方法によって供給する、いわゆる株式金融を基に営業活動を行なう会社」である。また同社株を保有する株主で組織され、有限責任である。

しかし渋沢の唱えた「合本組織」、「合本会社」は、現在の資本主義社会での株式会社や株主の行動とはかなり違う面がみられる。渋沢が設立に関与した会社は、株式会社だけではなく、匿名会社、合資会社も含まれている。それは渋沢の「合本主義」が、三つの要素、つまり(一)設立目的・使命、(二)人材とそのネットワーク、(三)資本、から成り立っているためであろう。

(一)設立目的・使命

渋沢にとって、合本組織の使命は、国家社会全体の利益、すなわち公益を増加させることだった。株主や経営者は、国家社会の公益を増進するという意識を持ち、会社設立の目的や使命を十分に理解したうえで、投資し、経営することが不可欠となる。したがって、必ずしも株式会社でなくてもいいし、事業目的を達成するために適した組織であればよかった。しかしここでのキーワードである公益の中身については、渋沢は必ずしも明らかにしていない。公益とは何かは、渋沢の思想と活動を分析する上で鍵となるので、この点はのちに詳しく触れることにする。

(二)人材とそのネットワーク

次に渋沢が重視したのは、会社経営や事業活動に従事する人材であった。特に経営者は、会社の使命や目的をよく理解し、公益を追求する人でなければならない。岩崎弥太郎との屋形船の中での有名な論争でも明らかなように、渋沢は、事業を通じて利益を上げることは重要だが、そればかりでなく投資家すべてにその利益が行き渡ることが肝心で、事業や利益を独占し、財閥の形成を目的にすることには断固として反対した。

その意味では、経営にあたる人材には、事業を適切に進めてゆく実行力だけでなく、広くパートナーを求め、協力することのできる視野の広さと協調性、それを支える人的ネットワークを活用する能力を期待した。渋沢自らが、それぞれの企業にふさわしい経営者を探し、眼鏡にかなった場合はその経営を任せた。大阪紡績の設立の際に述べたが、「順理則裕」であり、順理とは「合理的・論理的に考え、行動する」「道徳・倫理、人間としての基本姿勢を尊重する」という、いわゆる「見える手」による資本主義であった。一八九六年に設立した北越石油には、その経営手腕を高く評価していた梅浦精一と大倉喜八郎を役員に送り込んだ。また足尾銅山の買い取りの際は、古河市兵衛を支援し、日本最大の銅山に成長させた。

人材の中にはブリューナ、シャンドなど、お雇い外国人も含まれていた。渋沢は多様性のある人材を求めるため、内地雑居にも賛成であった。

人材育成についても、明治初年の商法講習所設立以来、東京高等商業学校（のちの一橋大学）や各地の商業学校等の教育機関の設立と経営に深くかかわったのは、彼の望んだ人材とそのネットワークを形成するためであった。

人的要素や人材育成に力点を置いたことが、同情心を持った個人の、私益を追求する自由競争が、市場における「見えざる手」によって人々の欲求を満たすというアダム・スミス流の資本主義とは異なっていた。

(三) 資本

事業を興し、展開するためには元手となる潤沢な資本が必要である。渋沢は、一部の大資本家だけでなく、事業の目的や趣旨を理解した人々ができるだけ多く資本参加できるように尽力した。日本国内の遊休資本を有効に利用するために銀行制度を導入し、第一国立銀行を皮切りに各地に銀行を設立するのを支援し、全国に銀行制度を普及させた。渋沢は、銀行こそが合本会社を次々と設立して事業を実施する原動力になることをパリ滞在中に学び、帰国後に自らが率先して実行したのである。

合本主義の精神や手法は、企業活動でなく、「民間」外交や福祉、教育などのフィランソロピーの分野でも適用されていく。渋沢の合本主義が資本主義と大きく異なるのは、人材育成に重点を置いていることであった。その人材育成にとって龍門社は欠かせない。それでは渋沢は龍門社をどのように活用したのであろうか。

龍門社は、深川の渋沢の邸宅に寄宿する書生たちの勉強会から始まり、一八八六年から現在に至るまで活動を続ける団体である。渋沢を慕うものが集まり、意見を交換し、各自が社会で実践を重ねて互いに研鑽しあう場として発展した。龍門は「登龍門」に由来し、渋沢の従兄・尾高惇忠によって名付けられた。渋沢の長男・篤二が初代社長になった。渋沢自らは龍門社の

龍門社総会（阪本町銀行集会所にて、1890年）

社長とはならず、社長にはその後も渋沢一族、さらには第一銀行関係者が就任している。また龍門社に集う人々の意見を世に知らしめるために『龍門雑誌』を創刊した。

一九〇七年には社員が七百八十七名にまで増加した龍門社は、渋沢の助言に従い組織変更をし、その目的を、渋沢の唱導する道徳経済思想に基づき、主に商工業者の知識を開発しながら道徳を進め人格を高尚にすることとした。出版事業は目覚ましく、『龍門雑誌』に加えて、一九〇〇年に渋沢が還暦を迎えると『青淵先生六十年史　一名近世実業発達史』を刊行した。また一九一八年には、十五代将軍徳川慶喜の伝記として『徳川慶喜公伝』を刊行するなど、渋沢関連の書籍の編集・発行を行っている。

一九二四年に財団法人となった龍門社は、翌一九二五年には、前述したように子爵昇爵と傘寿を祝して渋沢に青淵文庫を贈呈した。一九三一年に渋沢が亡くなると、龍門社は渋沢から遺贈された「曖依村荘」を受け継ぎ、「青淵渋沢栄一翁旧邸跡」として公開した。

二十世紀に入ると会員になるのに資格審査が必要となり、なかなか時間がかかるようになった。最初は『龍門雑誌』を購読し、続いて準会員に、最後に会員になるまでに、その人物の人となりが審査された。会員に登録されるためには、道徳的にも能力的にも優れた人物になることが必要とされた。一八八〇年代から一九三一年までの約四十年間に会員数は三千七百名を超える。このうち約三百人が会社を移動し、うち百七十名近くは移った会社の役員に就任している。これは、「龍門社の会員としての資格審査を経ているということが、それらの人びとの受け入れ先での評価になっていた」（鈴木良隆『ソーシャル・エンタープライズ論——自立をめざす事業の核心』有斐閣）と考えられる。

第四章

ヨーロッパ重視から米国重視へ

1902年6月、初めての訪米時に訪問したウォルサム時計会社門前にて。
前列右から2人目、着席しているのが渋沢

二十世紀を迎えた時、渋沢のライバルであった岩崎弥太郎や五代友厚はすでに亡くなり、福沢諭吉も一九〇一年に六十六歳で他界した。渋沢には、岩崎、五代、福沢が取り組むことのできなかった次の課題が待っていた。それは富国強兵と殖産興業が進む中で、日本が軍事大国の道を選ぶのではなく、むしろ民が主導して経済の発展や世界平和の実現を、官と協力しながら進めることであった。だが肥大化した政府や急成長した財閥と、新たな公益を共有することが困難になってきた。朝鮮半島をめぐる国際関係が急展開する中で、渋沢の東アジアに対する認識にも変化が現れた。

「民間」外交は、新世紀の国際社会での日本の評価を探ることから始まった。欧米では日本の経済発展や商業道徳に対する評価が低いことを知った渋沢は、ヨーロッパに比べて急速に力をつけた米国のダイナミックな動きと実業家のフィランソロピーに感銘を受け、渡米実業団を率いて、多様性のある米国社会の強さと危うさを学んだ。経済界では、数百の企業やフィランソロピー団体に関与し、その活動はピークに達した。しかし大日本製糖事件で厳しい批判を受け、渋沢は喜寿を機に第一銀行と第一貯蓄銀行を除くすべての会社の役職を退き、フィランソロピー活動に重点を移すことになった。

†二十世紀を迎えて

二十世紀に入り、日本社会の近代化が一段落した。一九〇〇年には立憲政友会が結成され、初代総裁に伊藤博文が就任した。西園寺公望、尾崎行雄、原敬、星亨らかつて旧自由党系政治家と伊藤系の官僚が中心メンバーとなった。一九〇一年、桂太郎(一八四七―一九一三)の第一次内閣成立以降、西園寺公望が交代して内閣を作るという桂園時代が始まった。帝国議会が開設してから十年が経過し、立憲政治も平和裏に定着した。これは欧米諸国に比べれば遅れたものの、比較的短期間に、かつ大きな流血に至る騒動もなく定着したことは日本の特色といえよう。

一九〇〇年に還暦を迎え男爵となった渋沢は、この時期最も充実していた。銀行を中心として、製紙、紡績、肥料、セメント、鉱山、鉄道、造船など主要産業に関わり、東京商業会議所会頭として経済界での地位は確立されていた。さらに一九〇二年に商業会議所法が制定され、「商工業の発展に必要な調査」、「商工業に関する法規の制定、改廃または施行に関し、意見を行政庁に開陳し、または商工業の利害に関する意見の表明」(依田慎太郎編『東京商工会議所八十五年史』上巻、東京商工会議所)など経済政策の形成に経済界が影響力を及ぼすようになった。

渋沢は合本主義の精神を持ち続け、粘り強く、直面する課題に対応していった。まず徳川慶喜を復権させることであった。近代化が比較的順調に進むにつれ、渋沢は徳川慶喜が一貫して、朝廷に対して恭順の意を示し続けたことが、国内の混乱を防止し、富国強兵と殖産興業に没頭することができた大きな要因と考え、慶喜の復権なくして近代化は終わらないという覚悟を以て取り組んだ。旧幕臣の中でも渋沢は、静岡に蟄居中の慶喜をよく訪問した。時には兼子夫人や三遊亭円朝を連れ、年始のあいさつに訪れた。慶喜は円朝の落語を楽しみ、酒肴を馳走した(『徳川慶喜日記』)。

慶喜は渋沢には必ず会い、徳川家の資産管理の助言を受けるほどであった。機は熟し、渋沢は飛鳥山に茶室を設け、伊藤博文を慶喜に会わせた。伊藤は慶喜の人となりを知り、明治天皇との面会を実現させ、一九〇二年慶喜は公爵に叙せられた。同時期に西郷隆盛も復権している。

さらに渋沢は、慶喜の伝記編纂に取り掛かった。昔夢会《せきむかい》と称し、慶喜からヒアリングを行い、江戸時代史の権威である三上参次東京帝国大学教授に執筆を委嘱し、『徳川慶喜公伝』を刊行した。出版にかかる費用はすべて私費で支払った。

日本は英国のような貿易立国をめざすべきと考えていた渋沢は、明治前期までは、田口卯吉《たぐちうきち》(一八五五―一九〇五)らの自由貿易論を支持し、自由貿易主義を唱えていた。田口卯吉は幕臣の子として目白台で生れる。経済学者、歴史家として『日本開化小史』『自由交易日本経済論』等を出版する。『東京経済雑誌』を創刊し、自由主義の立場で論陣を張った。言論活動を重視した渋沢は財政面で田口の活動を支援した。

しかし渋沢は国際貿易の実態を知るにつれ、保護貿易主義に傾斜する。一九〇一年に渋沢は国産品の輸出を奨励し、外国製品の攻勢から国産品を守り、発達させるためには、国家は保護貿易の方針を取る必要があると述べ、自由主義では不適当ではないかと疑うようになった、と考えを変えたことを明確にした。その理由として、「自由・公平という立場にこだわり、遂に自国の輸出貿易を保護し、または工芸に対して輸入を防ぐということを忘れ、また彼の善をとり、美を学ぶという観念ばかりが先に立って、損益の経営を後にしたために生じてきた誤謬であった」(『伝記資料』第五十四巻)と説明した。

資本・経験・知見ともに日本よりもすぐれている欧米企業と競争していくためには、国家の保護政策が不可欠と考えるようになったのである。しかし、アダム・スミスの『道徳情操論』を引用して、自由放任論の前提には道徳と経済の一致があり、その点については孔子の『論語』と共通する点があるとして、スミスを高く評価した。

もちろんすべてが渋沢の目論見通りに進んだわけではなかった。一九〇〇年から翌年にかけて恐慌が襲い、企業の倒産や操業短縮、普通銀行を通じての産業界への資金提供、日本勧業銀行、府県の農耕銀行、日本興業銀行などの特殊銀行からも民間に資金が提供された。一九〇一年の金融恐慌時には、東京商業会議所会頭の立場から鉄道会社の倒産を防ぐために、政府に国有化を依頼せざるを得なかった。鉄道国有化への動きが強くなる中で、渋沢はどのように対処したのであろうか。

もともと渋沢は鉄道民営化論者で、国有化には反対していた。しかし日露戦争後、政府の膨張と経済への干渉の拡大、大陸経営をもくろむ軍部勢力の強大化から、渋沢の目指す外資導入による私有鉄道中心の発達は難しくなり鉄道国有化の道を受け入れざるを得なかった。渋沢の想像をはるかに上回る速度で、政府は肥大化していった。

†はじめての米国とヨーロッパ再訪

二十世紀に入り、技術革新の結果、海上交通の発達、鉄道網の完成により、政府要人ばかりでなく、民間人も安全に国際交流を行うことができるようになった。渋沢とかかわりを深める各国の実業家が日本を訪れた。海運王ロバート・ダラーを皮切りに、オレゴン州ポートランドの貿易商ヘンリー・ドッシュ、中国の張謇《ちょうけん》、韓国の韓相龍《ハンソンリアン》、米国鉄道王のエドワード・ハリマンなどである。一九〇二年、渋沢は東京商業会議所会頭として欧米諸国を歴訪した。

一八九七年に金本位制度へ移行した日本は、不平等条約を徐々に改正し、一九〇二年、英国と同盟を締結し、日英関係はつかの間の協調関係に入った。英国はなぜ名誉ある孤立を捨て極東の新興国日本と同盟を結んだのであろうか。それはボーア戦争の苦い経験から、バルカン半島から極東に至る広大な地域へのロシアの南下を、英国だけですべて対応することは不可能と考えたためであった。

十九世紀末に南アフリカのボーア戦争を鎮圧するために、多額の出費と人的犠牲を払った苦い経験から英国は新興国日本に注目した。日清戦争の勝利と北清事変での日本軍の規律正しさを鑑みて、英国は、日本が極東におけるロシアの南下を防ぐ格好の「番犬」になると考えたわけであった。同年渋沢は、日本の商工業者を代表する東京商業会議所会頭として、英国皇太子の戴冠式に参列すると同時に、日本の経済発展を欧米各国がどのように評価しているかを知るために、米国経由で英国とフランス、ベルギー、ドイツを歴訪した。

渋沢が具体的に取り組んだのは資本と技術の導入であった。特に朝鮮半島での鉄道の敷設とその経営には外資導入が不可欠であった。そのためにも欧米諸国の動向を探ることと、日本に対する誤解の中身を知る必要があった。さらに一応基盤ができつつあった日本経済が今後進むべき位置、すなわち国際化の方向を探ろうと考えていた。

特に南北戦争以降、急成長した米国経済に注目していた。米国は正義人道を重んじる国という認識を持った渋沢は、米国の銀行制度を導入し、前大統領グラント将軍を飛鳥山で接待した経験からも、米国に強い関心を抱いていた。

横浜港を出港した渋沢一行はサンフランシスコへ向かった。外国人に混じって、高峰譲吉も乗船していた。渋沢が対米「民間」外交を推進する上で欠かすことができなかったのは、在米の協力者であった。日本から米国を訪問する政、官、軍、財の要人が短期間で効率よく米国各界の有力者と面談し、数少ない訪問の効果を上げるためには、ニューヨークの日本人の日常活動が大きな影響を及ぼした。高峰譲吉はその代表的な存在であった。

渋沢と高峰の関係は第三章で述べたように、一八八七年に、高峰が渋沢や益田孝の支援を受けて、東京人造肥料会社を設立した時に始まる。なかなか軌道に乗らなかった同社の事業を、渋沢は株主を説得し続け、危機を乗り切った。ようやく経営が軌道に乗った時、高峰は米国へ留学したため、一時期、渋沢との関係は悪化したが、その後も高峰は渋沢の訪米時には必ず緊密な連絡を取り合い、渋沢訪米の地ならしを行った。

さらに日本を米国に紹介するため、ニューヨークに経済情報部を開設し、渋沢や伊藤博文の支援を受け、一九一一年『東洋経済評論』を創刊し、頭本元貞、馬場恒吾等の著名人が執筆し、日米両国の理解と融和を訴えた。

初めて訪問した米国から渋沢は衝撃を受けた。米国は農業、工業、商業あらゆる面で渋沢の想像をはるかに超えるほど規模が大きく、将来の発展の可能性は大いに期待できた。米国人はざっくばらんで冒険心に富み、米国は躍動感あふれる社会であると、渋沢はすっかり魅了された。若い国の危うさを感じながらも、米国の経済力をもってすれば、近い将来東アジア、特に中国市場で日本商品と競合することは間違いないと直感した。渋沢は米国の持つすさまじい力の秘密を探ろうとした。彼はその秘密のひとつを「アメリカナイズ」と考えた。

渋沢の言葉を引用するならば、「ことに驚くべきものは、彼の国（米国）は諸君のご存知の通り種々なる人種が相乗って一国を為している。然るにその各種人々が彼所に一団この所に一団という有様はなくして、よく相融和していわゆる亜米利加「ナイズ」して、一国の人民相和して事業を進め、国運の宣揚を勉め他国に対して商工業の拡張を図ることにつきましては、まったく一団体となって亜米利加「ナイズ」している」（『伝記資料』第二十五巻）と語っている。おそらく「亜米利加」ナイズには合本主義に通じるものがあると考えたのであろう。

渋沢は米国政財界の要人と面談し、何を訴えたのであろうか。

まず、日本経済もようやく近代化が進み、国際経済の一角を占めていることだった。しかし渋沢の期待に反して、セオドア・ルーズベルト大統領をはじめ、ジョン・ヘイ国務長官など政治家はその点をなかなか認めず、むしろ急速に台頭し日清戦争に勝利した日本の軍事力に関心があった。特に一九〇〇年の北清事変における日本軍の規律正しさを高く評価した。渋沢は日本社会が近代化を順調に進め、経済力もついてきていることをアピールした。米国訪問により、地理的関係や歴史的なつながりにより培われた中国や韓国に対する日本の深い知識と米国の資本と技術を組み合わせて、東アジア地域を開発するという渋沢の一貫した主張が生まれた。

渋沢は米国実業家からも影響を受けた。石油精製王ジョン・ロックフェラーと鉄鋼王カーネギーは代表的な存在であった。ピッツバーグではロックフェラーの工場を見学した。カーネギーとは面会こそ出来なかったが、一九一〇年代のこの二人の慈善活動に対する取り組みのスケールの大きさに渋沢は魅了された。

このほかではフランクリン・ヴァンダーリップがいた。一八六四年シカゴで生まれたヴァンダーリップは、コロンビア大学卒業後、『シカゴ・トリビューン』、『エコノミスト』の経済記者としてしばしば寄稿し、当時の財務長官に認められ、三十三歳の若さで財務次官に抜擢された。その後金融界に転出、渋沢が面談した時にはナショナル・シティ銀行の頭取になっていた。一九二〇年には米国東部実業団の団長として、日本や中国を訪問した。

もう一つ渋沢に影響を与えたのは、フランス生まれの実業家ジラードの遺産によってフィラデルフィアに作られたジラード・カレッジである。米国に移住したジラードは、フィラデルフィアを中心に商船隊を率いて沿岸輸送で財を成し、一八一二年にスティーブン・ジラード銀行を設立した。ジラード夫妻には子供がいなかったので、一八三一年死亡した時に、七五〇万ドルという莫大な遺産が全額フィラデルフィア市に寄付された。この寄付金が慈善事業の資金となった。孤児のための施設として有名なジラード・カレッジもその中の一つであった。

三十年近く東京養育院の院長として福祉の現場を見てきた渋沢は、ジラード・カレッジに圧倒された。それは十六ヘクタールを超える広い敷地内に、美しい教室、実験場、食堂、寄宿舎などがあり、生徒・職員合せて二千名が、一つの独立した社会を形成していた。渋沢は拝金主義で道徳などないといわれていた米国実業家の中には、慈善を行う、徳のある人間がいたことを喜ぶとともに、日本の実業家にも見学させる必要を感じた。

このように、初めての米国訪問は、渋沢の対米認識を形成する上で大きな役割を果たした。ところで米国の新聞は、渋沢をどのように報じたのであろうか。主要新聞には渋沢一行の訪米は報じられている。例えば、ニューヨーク・ヘラルドは渋沢を「日本のモルガン」と呼び、日本経済界を牛耳り、財政上における名望や地位は、伊藤博文の政治上の地位や権勢に匹敵すると評価しているが、記事はそれほど大きな扱いではなかった。

米国で衝撃を受けたのち大西洋を渡り、リバプール港に到着した渋沢は、日本経済界の代表という立場から英国をどのように見たのであろうか。

一九〇一年にビクトリア女王が逝去し、全盛期を過ぎたとはいえ、英国は依然として七つの海を支配する世界一の先進国であり、政治、経済、社会どれをとっても安定感があり、同盟国として信頼できる国であった。さっそく京釜鉄道を中心とする民営鉄道への外資導入の交渉に臨んだが、京釜鉄道が国有化されたため立ち消えになった。京釜鉄道の債券募集をベアリング商会と交渉した渋沢は、英国は進歩の程度から見れば米国よりはるかに遅れているもののなお当分世界を支配すると思われるので、資本合同を図るときには英国に求めるべきと述べている。

しかし三十五年前とは違い、英国社会は活気に乏しかった。米国のようにざっくばらんの風がなく、「お前でも銀行の仕事ができるのか」と見下す態度であった。英国政財界人は儀礼的でとっつきにくいが、付き合ってみると信義に熱いとも語っている。

英国訪問中に渋沢が最もショックを受けたのは、日本商品の品質問題や不正行為に対し、厳しい批判を浴びせられたことであった。明治期、欧米諸国に追いつこうとして殖産興業を率先してきた渋沢は、歓迎時のあいさつでは必ず、日本が英国の同盟国として認められた軍事力ではなく、経済力がついたことをアピールしたが、欧米諸国では日本経済はほとんど評価されていないことが判明した。その理由は渋沢も想像できなかった。第一銀行の頭取、東京商業会議所会頭として日本経済の近代化をほぼ達成させたと自負していた渋沢は、軍事面以外はほとんど評価されず、日本の企業家活動は国際社会ではまだ通用しないことがわかった。

もう一つ渋沢が興味を持ったのは、英国の慈善活動であった。一九〇〇年に穂積陳重の英国での慈善活動に対する報告を読んでいた渋沢は、英国はヨーロッパ大陸諸国とは異なり、民間の慈善活動が中心であり、病院の多くは寄付により運営されており、王室の支援と富豪の寄付がそれを支えていることを確認した。

日英同盟と露仏同盟との間の微妙な日仏関係のなかで、米英訪問後のフランスで渋沢は何を思ったのであろうか。

英国と同様、フランスは成熟した社会だが、三十数年前とほとんど変化はなかった。パリの新しい名所となったエッフェル塔が建設されただけであった。しかしクレディ・リヨネ銀行頭取が指摘した統計処理に基づく銀行業務の緻密さや、ドレール国立感化院内の社会福祉施設の充実振りには目を見張った。

渋沢はフランスとの資本提携を進めたかったが、フランス経済界は消極的であった。フランス中央銀行やクレディ・リヨネ銀行を訪問した渋沢は、英国では日本の公債が売買され、かなりの量が環流しているのに、なぜフランスでは、日本の公債を取引し保有しないのかと質問した。フランス側は単刀直入に、日本は日清戦争以降、軍備増強を図り、そのため財政が悪化しているため、と回答した。加えてフランス経済界は日英同盟の締結は、日露開戦に結びつくとみなしていた。日本は明治以降近代化に成功したとはいえ、東洋の一小国が大国ロシアに勝てるはずはない。ロシアとは協商関係にもあるフランスとしては、日本の公債を買うことには慎重にならざるを得なかった。

しかしアルベール・カーン（一八六〇—一九四〇）などフランスの実業家との交流は行われた。カーンはユダヤ系フランス人の実業家、銀行家であった。パリ郊外にあるカーン邸を訪問した渋沢は教育について意見を交換し、カーン海外旅行財団の設立に協力した。同財団の目的は、学者を海外へ一年間派遣し、諸外国の状態や人民生活の状況を観察し、日本の教育に貢献させることで、基金は十万円であった。渋沢は奥田義人、大隈重信、末松謙澄等と最初の商議員に選ばれた。ちなみに監事は阪谷芳郎が務めた。

その後ドイツ、ベルギーなどを歴訪し帰国した渋沢は、英国を米国と比較して、欧米で最も重きを置かれるのは英国人であり、その理由を最も商業道徳が高いこととしている。またヨーロッパ諸国は、慈善活動においても日本よりはるかに進んでいることを知った。しかしこの欧米訪問は、渋沢の国際認識を変えることになった。つまり将来の日本に最も大きな影響を与えるのは、英国をはじめとするヨーロッパではなく、米国になるのではないか、と。それほど米国経済社会のダイナミックな動きは渋沢をとらえたのであった。

欧米漫遊の旅を終えて渋沢は、「西洋人の顔を見るのも嫌になるような憤慨心」を抱いていた。それは日本経済への評価が予想外に低く、特に英国で厳しい批判にさらされた日本の商業道徳をいかに改善するか。欧米から日本の経済力が認められるためにも商工業者の責任が重くなったことを痛感したためであった。彼は、従来日本の事情が欧米で誤解され、貿易取引の妨げになっていたので、今後は商工業者も英国との同盟関係から利益を享受するだけでなく、それにふさわしい行動が要求される、と語った。

†朝鮮半島をめぐる日露関係

帰国した渋沢が直面したのは、朝鮮半島をめぐり悪化した日露関係であった。渋沢はロシアとの戦争には基本的に反対であった。渋沢は朝鮮半島ではすでに港湾、鉄道などの経済基盤の整備に努める一方、経済進出の果実も得ていた。一八九六年、国立銀行条例の改正により改称した第一銀行は、他の邦銀に比べて積極的に朝鮮へ進出し、健全経営を続けていた。

第一銀行は一八八四年に李氏朝鮮政府と結んだ契約により、海関税《かいかんぜい》の取り扱いを釜山、元山、仁川で行い、財閥系の銀行との競争が厳しい中で、同行の収益に大きく貢献した。

朝鮮での事業展開を視察するため、一九〇〇年渋沢は再び韓国を訪問した。日本の外交官と一緒に韓国皇帝に面談した渋沢は、居丈高な日本の高官とは異なり、相手を尊重する態度で接した。この時点では、渋沢は韓国が独立国として日本の良き貿易相手国になることを望んでいた。また京釜鉄道、京仁鉄道の敷設に深くかかわり、経済基盤の整備に尽力した。

京畿道安養万案橋（旧京釜鉄道、1900年6月）

図4　対外事業：朝鮮半島A［対外事業］

1873年渋沢栄一が東京に設立した第一国立銀行は、1878年より釜山を始め朝鮮半島内に支店・出張所を多く開設した。また渋沢ら実業家は朝鮮半島の農業改良事業を目的に1904年韓国興業を設立した。

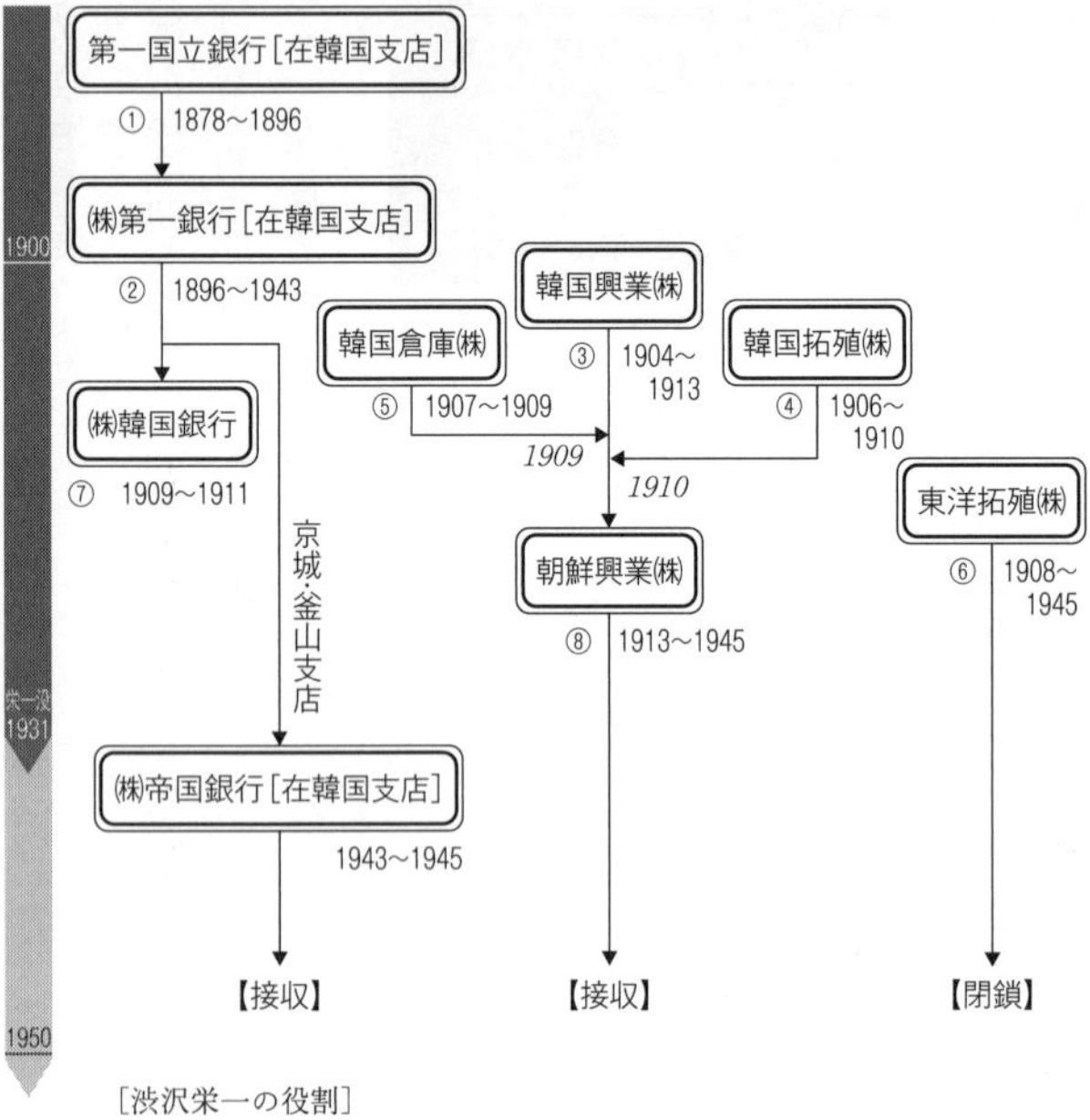

［渋沢栄一の役割］
①頭取
②頭取
③監督
④相談役
⑤相談役
⑥設立委員、調査委員長、株主代表
⑦設立委員
⑧功労により屏風受贈

（出典：いずれも公益財団法人渋沢栄一記念財団編『渋沢栄一を知る事典』、東京堂出版、2012年）

図５　対外事業：朝鮮半島Ｂ［対外事業］

朝鮮半島開発のため1896年鉄道敷設権を獲得した大三輪長兵衛等実業家らは、京城―釜山間の鉄道敷設を目的に京釜鉄道を設立した。渋沢栄一は発起人の一人として会社設立に尽力し、後に取締役会長を務めた。

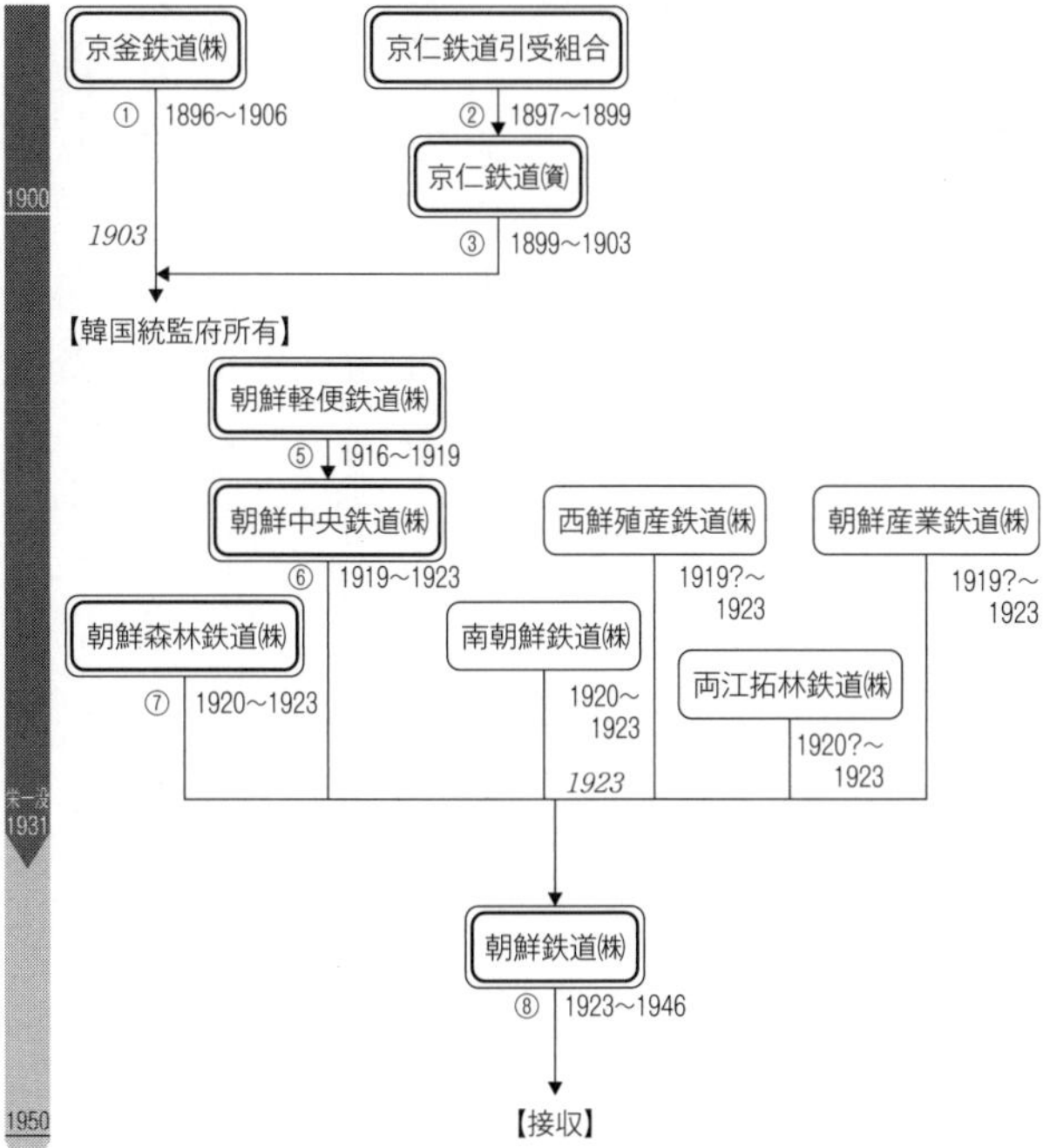

［渋沢栄一の役割］

①発起人総会座長、創立委員長、取締役会長、清算人

②委員

③取締役社長

④事業計画立案

⑤株主

⑥株主

⑦渋沢同族が株主

⑧渋沢同族が株主

一九〇二年には韓国内で、渋沢栄一の肖像が描かれた第一銀行券を発行、韓国政府公認の紙幣となった（現在はソウルの貨幣博物館に展示されている）。一九〇二年には、韓相龍が渋沢を頼り、第一銀行を訪れ、銀行業務を学んだ。陸軍の宇都宮太郎など日本の各界にネットワークを作り、帰国後はソウルに漢城銀行を設立した。その後、近代産業を育成し、「韓国の渋沢栄一」と呼ばれるようになる。

日清戦争後の戦後経営で軍備の拡張と産業の振興が図られ、再び企業勃興ブームがおこった。渋沢は大国ロシアとの戦争には反対であった。ある日、児玉源太郎が渋沢を訪問した。実は児玉は以前、渋沢の反対で軍拡に待ったをかけられた経験があったが、ロシアとの戦いを前にして、経済界のオピニオンリーダーである渋沢を説得することは軍部にとって死活問題であった。

現下のロシアや清国をめぐる複雑な東アジア情勢と日本の安全保障の危機について、児玉から詳しい説明を受けると、渋沢は日露戦争反対の立場から一転して、経済界あげて対露戦の準備に積極的に協力すると方針転換した。その理由はかならずしも明らかではないが、日本の安全保障にとって朝鮮半島をロシアに領有されることの脅威と、交渉によるロシアとの和解が不可能であることを理解し、日露開戦もやむを得ずと決断したのであろう。

突然の渋沢の方針転換は周囲を驚かせた。長年渋沢と共に軍備拡張に慎重であった井上馨は、渋沢の豹変ぶりに驚きを禁じ得なかった。渋沢自身は、この頃から大病を患《わずら》う日々が続き、静養のため表舞台からしばし姿を消すことになった。

一九〇四年に日露両国は開戦した。大方の予想に反して、日本軍は陸でも海でもロシア軍に対して互角以上の戦いをした。欧米各国の態度は徐々に変化し、日本の外債が発行しやすくなった。これと呼応するように渋沢の病状も回復に向かった。

ポーツマスで講和条約が締結されると、世界から日本に対する称賛の声が上がった。しかし渋沢が憂慮したのは日露戦争後の日本の経済社会の行く末であった。戦費調達のため、巨額の外債に依存せざるを得なかった日本経済をどのようにして立ち直らせるか。そのために企業の体質転換をどのように進めていくかであった。加えて偏狭なナショナリズムの高揚であった。ロシアに代わって満州への日本の権益を強引に拡大することに危惧を感じた。

米国の鉄道王ハリマンが日露戦争中に来日し、満州における鉄道建設をめぐり、桂＝ハリマン協定を結び、米国資本を投入し、日米共同事業とすることに渋沢も期待した。したがって、一九〇五年の同協定が、ポーツマス条約締結後帰国した小村寿太郎外相ら大陸での日本権益を重視する政治家軍人たちに破棄されたことに落胆し、日本がロシアの代わりに満州の門戸を開放しないことを心よく思っていなかった。

一九〇六年、南満州鉄道が設立され、日本の資本と技術で満州経営の大動脈を建設することになった。渋沢も同社の株主にはなったが、満州にはあまり関心を持たなくなった。彼の狙いは、欧米諸国が最も注目していた長江（揚子江）流域への経済進出であった。満州に関心がなかった理由として、官によって支配される満州を快く思っていなかったと述べている。むしろ渋沢は、米国の門戸開放・機会均等という原則を支持し、日露いずれかが満州を独占することには反対の立場をとった。満州に多くの国の資本が投入され、その結果満州の経済開発が進むことは、結果としてロシアの南下を防ぐことになり日本の安全保障上もプラスになると考えたわけである。

渋沢の健康が回復すると、次々と新会社設立の相談が舞い込んだ。その中で注目すべきは京阪電気鉄道の設立（一九〇六年）である。京都と大阪の間は国鉄線が通っていたが、この大道脈を結ぶのにはもう一本の鉄道が必要と考える関西財界に依頼され、設立委員会の委員長となり、政府へ認可の働きかけを行った。独占によるリスクの増大とサービスの低下を起こさせないように適度な競争を促すという設立趣旨は明快で、ついに政府も京阪電気鉄道敷設の認可を与えた。

日露戦争後、南満州鉄道の設立などで一時は好景気となったが、一九〇七年には反動不況が襲った。そのような中で、大阪の松本重太郎とともに一八九五年に設立した日本精糖と日本精製糖が合併し、一九〇六年に大日本製糖が誕生した。同社の取締役になった渋沢は、合併後の社長に農学者酒《さ》匂《こう》常明《つねあき》を推薦した。ところが、同社の経営悪化に端を発した内部告発により、多くの政治家への収賄が明るみに出て、大疑獄事件にまで発展した。一九〇九年六月、酒匂は責任を取って拳銃自殺を遂げた。

渋沢は、この倒産寸前の大日本製糖のかじ取りを藤山雷太に委ねた。かつて王子製紙の経営をめぐり、三井の中上川彦次郎と専務取締役の藤山は、渋沢の懐刀といわれた社長大川平三郎の経営方針を痛烈に批判し、大川に続いて渋沢までが辞任に追い込まれた。王子製紙の社長となった藤山は王子製紙の事業拡大を成功させた。渋沢が過去のいきさつにとらわれず、実力本位で社長に推薦した藤山は、台湾での生産拡大など経営方針を一新し、わずか二年で業績を回復させた。

ただし、酒匂を推薦した渋沢に対する非難の声が沸き上がった。渋沢は、「事業に対する理想を披露して日糖問題の責任に及ぶ」と題し、『実業之世界』に考えを述べた。そのなかで、商売に機密はないので、酒匂が自殺したことは納得できないと強気の姿勢を貫いた。しかし渋沢は、あまりにも多くの企業の役員や相談役を引き受けていたことを認め、一九〇九年古希を迎えて、第一銀行と東京貯蓄銀行を除き、すべての役職を辞任した。

米国での日本人経済界の誕生

大日本製糖問題に一応区切りをつけた渋沢は、続いて日本実業団を団長として米国へ引率して、一九〇九年八月から十二月まで日本を離れることになった。

日露戦争後、渋沢は日米関係に注力することになるが、そのためには米国の動きを正確に把握する必要があった。当時海外情報は、主に外交官と企業の海外出先機関が収集していたが、米国では、高峰譲吉を中心とした米国東海岸の日本人実業家と牛島謹爾らの西海岸の在米日本人会も重要な役割を果たしていた。

米国のダイナミックな成長力と英国の安定感と信頼性を感じた渋沢も、初訪問時には米国がこのまま着実に成長を遂げるかどうか、その未来に一抹の不安を感じていたので、米国の動向や米国人の日本認識に関心を持った。

二十世紀になると、日米関係を取り巻く内外の環境は大きく変化した。電信・電話などの通信革命と鉄道、海上交通革命がもたらしたグローバル化時代が到来した。米国においては、国内市場では飽き足らない多国籍企業が登場した。たとえばスタンダード石油は、世界各地で有望な石油資源の試掘に乗り出した。当時日本近海では新潟県を中心に零細企業による採掘が細々と進められていたが、スタンダード石油はここにも目をつけた。一九〇〇年、渋沢も関与していた北越石油鉱区を入手、日本での採掘製油に着手した。しかし期待されたほどの産油高が得られなかったので、早々と撤退していた。

一方、米国国内では、「金ぴか時代」を生み出した独占企業の横暴に対して、連邦政府が大

図6　マンハッタンにおける日本人のビジネス拠点図（1900 年）

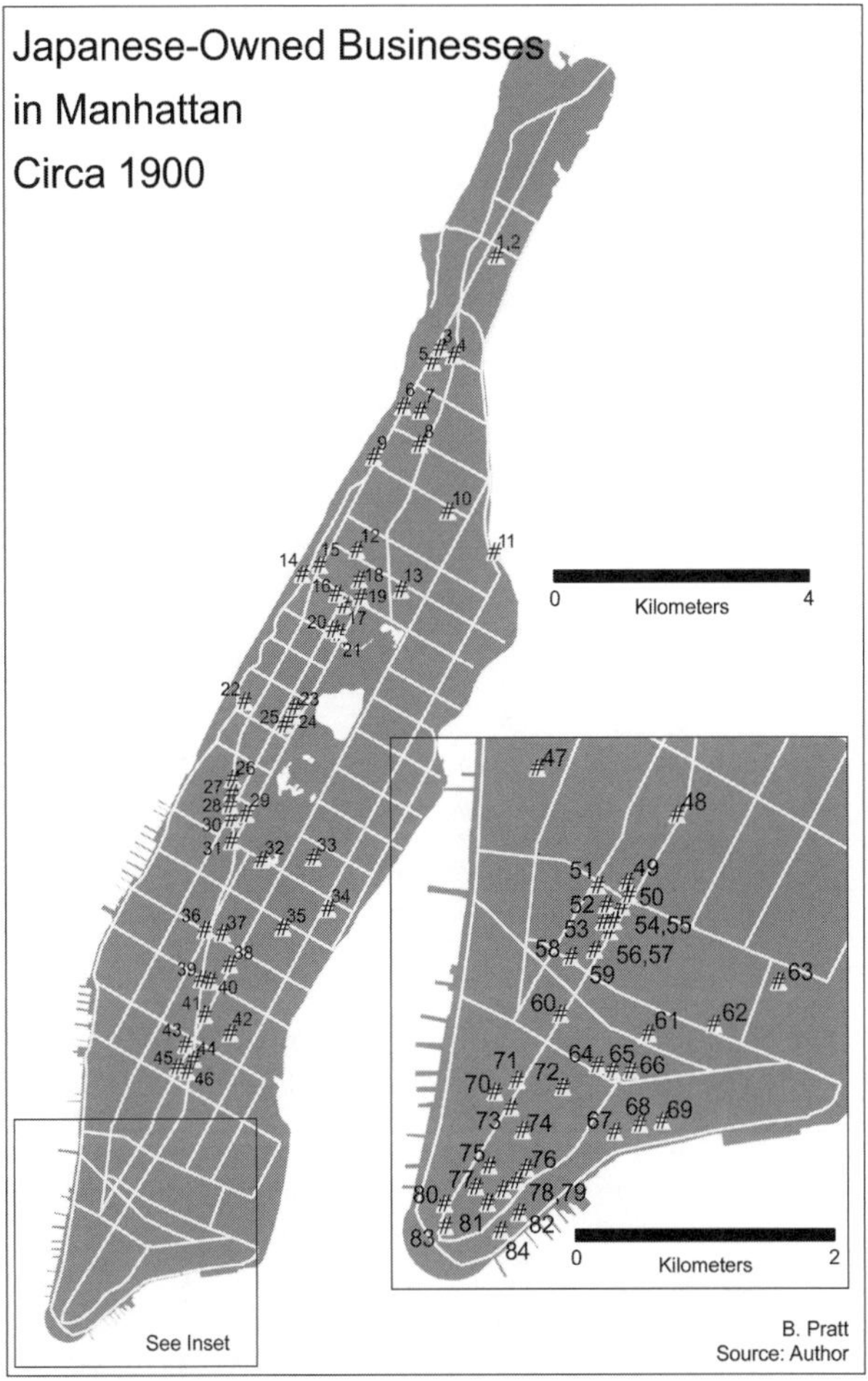

（出典：日米週報社編『紐育の日本（Japan in New York）』Anraku Publishing Co., 1908, 39-47 頁より B. プラットが作成）

企業の経済活動に対する法的制約を課すとともに、企業家自身も無制限な自由競争や節度のない資本主義に対する反省を行うようになってきた。すなわち経済活動の規制と道徳と経済をどのように調和させるかが重要な課題として浮上してきたのである。

日米経済関係に目を向けると、二十世紀に入り、ますます緊密の度合いを深めてゆく。貿易は十九世紀を通じての生糸、茶、陶磁器など輸出のみの片貿易から、輸出入のバランスの取れた貿易構造に移行しつつあった。日露戦争中から発達した日本の重工業は、国際競争力をつけるため、米国から積極的に資本と技術を導入することになる。さらに米国経済の国際経済での重みの増加によって、国際金融界におけるウォール街の地位は次第に上昇し、日本の金融界も起債市場として注目し始めた。マンハッタンの日本企業の支店数は百以上に上った（図6）。

渋沢ら日本の実業家は、米国の驚異的な経済成長やその担い手である企業家をどのようにとらえたのであろうか。

彼らは米国建国の理念である独立自主の精神と実力主義は高く評価したが、同時に独善的、拝金主義、軽挙妄動という負のイメージを抱いた。米国実業家の行動を見ていると、独立自主の域を超えて利益を上げるためには手段を選ばずという独善的な行動と感じられ、公益の増進という目標はないと考えたわけである。

米国経済学者ソースティン・ヴェブレン（一八五七―一九二九）の『有閑階級の理論』に登

場する豪奢な邸宅に住み、英仏の貴族を気取っている実業家の姿を見て、拝金主義と悪趣味との厳しい批判をしていた。日本の実業家があこがれた人物は、米国建国の精神にのっとり、貧しい少年から大富豪になったカーネギーやロックフェラーであったが、彼らに対しても全面的に賞賛できない面を持っていた。

こうした独善的で拝金主義の横行する米国社会の歯止めになっているのが、ピューリタニズムに代表されるキリスト教精神と考える実業家もいた。郡是《ぐんぜ》製糸（現・グンゼ）の創業者波多《はた》野鶴吉《のつるきち》（一八五八―一九一八）は一九〇〇年に洗礼を受け、キリスト教の信仰をビジネスに生かそうと考え、自社の活動は「伝道と修養の場」とさえ言い切るほどであった。

日英同盟が締結された一九〇二年にニューヨークでは、日本領事館が76総領事館に格上げされた。一九〇八年度『紐育の日本』（日米週報社）によれば、市街地の人口は約八十五万人で、図6のように八〇以上の日本人や日本企業が活動していた。ウォール街には79横浜正金銀行（ウォール街六三番）があり、59三井物産、41山中商会、82古谷商会、54モリムラ・ブラザーズ（ブロードウェイ五四六番）、51森村新井会社（プリンス町一〇九番）などの貿易会社が支店を開設していたことがわかる。

モリムラ・ブラザーズは六番街に最初の店を開いてから、ブロードウェイと六番街を行ったり来たりし、一九〇八年にはブロードウェイ五四八番に店を構えていた。村井保固が支配人で、店員数は百二十名、うち米国人は十人であった。高峰譲吉の自宅は西一七九丁目五二一番に、事務所は8ハミルトン・テラス四五番に構えていた。

他にも今日まで営業を続けている民間企業の子息が次々とニューヨークに滞在し、米国流の合理主義を学び、ビジネスに生かしていくようになった。星製薬の創立者星一《ほしはじめ》（一八七三―一九五一）や、資生堂の福原一族などである。星は一八九四年に東京商業学校を卒業、渡米し、コロンビア大学に留学し、一九〇一年に同大学修士号を取得。一九〇五年帰国後、湿布薬イチヒオールの事業化に成功し、一九一一年には星製薬を設立した。

米国における日本人経済界の組織化に決定的な影響を与えたのが日露戦争であった。大国ロシアとの戦争を有利に進めるためには、米国の協力が不可欠であった。二つの観点からニューヨーク日本人経済界の貢献が期待された。まず国際世論の喚起、特に米国世論を日本の味方につけることであった。

日本に有利に戦争を進めるために、日本政府はセオドア・ルーズベルト大統領のハーバード大学同窓生・金子堅太郎をワシントンへ派遣し、広報外交の一翼を担わせただけでなく、ニューヨークの日本人経済界にも後方からの協力を求めた。一九〇四年に開催されたセントルイス万博には厳しい財政状況の中、日本は参加を決め、巨大なパビリオンを建設し、大々的に広報活動を展開した。

戦費調達のため、ウォール街の資本家たちに日本へ関心を持たせ、理解を深めることが緊急課題であった。外債募集の密命を受けた高橋是清は、欧州のロスチャイルド家などに接近したが、なかなか良い感触が得られなかった。クーンレープ商会のジェイコブ・シフと懇意になり、ロシア内でのユダヤ人の扱いに憤激していたシフから外債発行の確約を得ることができた。

それと同時に、急成長するウォール街の金融資本家の活発な投資活動に瞠目させられた。ウォール街にはシフのようなユダヤ系の資本家が多かった。米国のユダヤ人移民数は一八八一年に約八千人だったが、ニューヨーク、フィラデルフィア、ニューポートなどの東海岸の都市に集中していたユダヤ人は優れた言語・財務能力を持ち、多彩な人脈を駆使して、米国社会で基盤を作っていく。日本政府や日本人経済界は彼等の動向に注目するようになった。

日露戦争中の広報外交は、ロンドンの末松謙澄と同様に、金子堅太郎がワシントンで精力的に昼食会や晩餐会へ出席し、講演やスピーチを通じて日本の立場を公にしたことにより、かなりの成果を上げることができたが、まだまだ不十分であった。

当時の米国社会は十九世紀後半のいわゆる金ぴか時代に高度経済成長を遂げ、新興富裕層が登場した。二十一世紀の中国のような状態といえよう。彼らはヨーロッパ貴族の生活にあこがれ、文化・芸術活動に富を投入した。ある種の特権階級を形成し情報交換の場を作った。そのひとつが社交倶楽部であったが、かなり閉鎖的で、なかなか日本人はその会員になることができなかった。

当時の米国社会では、クラブ組織が大きな力を持っていた。新井領一郎はこれから設立するクラブは日本人のためだけでなく米国人と交流できる公的な組織が必要と考え、日本倶楽部設立には官民協力して当たることになった。すでに日本人ビジネスマンの多数は家族を同伴せずに渡米してきており、米国人のように客を家庭に招き接待することができなかった。その役割を代行するクラブが必要と考えたわけである。高峰譲吉研究所所員の吉田宋二郎（のちの三共〈株〉取締役）は、イェール大学やハーバード大学などのクラブ組織の規約書を取り集めて現状を研究し、ニューヨーク総領事の内田定槌《うちださだつち》（一八六五―一九四三）が草案を作成した。

九州小倉出身の内田定槌は、ニューヨーク在住の日本人実業家との話し合いを通じて、日米間の交流促進のための公的組織を設立する必要性を感じた。

内田は日本倶楽部を一時的な個人間のものとせず永続させるために、創立発起人は個人の資格ではなく、商社、銀行など在ニューヨークの組織を代表することにした。また発起人は永久にクラブの維持に努力し、責任は果たすべきという不文律を確立した。ハドソン川流域に自宅を持つ日本経済界の三元老と呼ばれた高峰譲吉、新井領一郎、村井保固《むらいやすかた》ら三人が中心となり、一九〇五年に日本倶楽部（西八五丁目四四番）を創設した。

日露戦争後、日米両国間に生じた様々な摩擦を解決するために、ますますビジネスマン交流の必要性が高まってきた。しかし在米日本人の資産の少なさと英語能力の低さが、日米の知的人的交流を妨げていた。

実業家としても成功し、巨額の富を蓄えていた高峰は、この二つの障害を取り除くために行動を起こした。まず一九〇四年ミズーリ州セントルイス市で開催された万国博覧会に展示された日本館を譲り受けた。彼はそれを解体して、ニューヨーク州マンハッタンから百マイル離れたメリーワールド・パークの二百エーカーの敷地に運び込み、米国流の生活に対応できるように改築し、松楓殿と名付けた。

またニューヨークのリバーサイドには一九一〇年から一九一二年の三年の歳月をかけ、五階建ての邸宅を建てた。これら二つの邸宅にニューヨーク各界名士を招いて茶会、晩餐会を催し、日本文化の紹介を通して、日米の人的交流を促進した。高峰は日本倶楽部のほかに、日本協会（ジャパン・ソサエティ）の会長も引き受け、紐育日本人会の象徴的な存在となり、日米民間交流に尽力することになった
新井領一郎は、群馬県水上の出身で、明治初年から生糸の直貿易を行い、日本の花形商品の輸出に尽力していた。一九六〇年代のケネディ政権下で駐日大使として活躍したライシャワー教授の夫人松方ハルは、明治の元老松方正義の孫だが、母方の祖父に当たるのが新井である。

また愛媛県吉田町（現・宇和島市）出身の村井保固は、モリムラ・ブラザーズ（現在のノリタ

ケやTOTOの前身）のニューヨーク支配人であった。福沢諭吉の教えを受け、慶応義塾卒業後、貿易商を志した。当時としてはユニークな実業家であった。森村学園の創始者でもある森村市左衛門の絶大な信頼を受け、一八八〇年代からニューヨークで陶磁器の卸売りに携わり、全米にノリタケブランドを普及させた。

日本倶楽部や日本協会などは、米国内の経済活動の中心地ニューヨークでの日本の民間情報拠点となった。日本倶楽部に米国各界名士を入会させ、その代わり日本人も米国人の倶楽部の会員になるという相互主義で硬い扉を開けさせたのである。この努力が実り、在米日本人と米国政財界にはかなり太いパイプが作られた。渋沢率いる渡米実業団一行が、各地でスムーズに政財界の要人に会い、移動することができたのは、日本外務省のバックアップもさることながら、日本倶楽部のような在米民間人による地道な外交活動によるところが大きかった。こうして渡米実業団の受入れ準備は整ったのである。

†移民問題と日米実業団の相互訪問

サンフランシスコの海岸で、渋沢が日本人遊泳禁止の立て札に目を留めたことは、彼が日本人移民排斥の問題に取り組むきっかけになった。はたして渋沢は、日本の移民政策にどのような考えを持っていたのであろうか。

明治初年に始まったいわゆる「元年移民」と呼ばれたハワイ移民から、米西戦争後ハワイが米国の五十番目の州に組み込まれ、日本人移民を受け入れなくなると、彼らは北米西海岸に向かった。二十世紀初頭には、その数は毎年約一万人に上った。急激な日本人移民の増加に対して、現地では当初労働力として歓迎したが、自国の言語、慣習を変えず、なかなか同化しない日本人移民に対して様々な排斥運動が起こった。

特に一九〇七年の不況に伴い失業者が増えると、日本人に職場を奪われたとの反発が政治問題化した。このため日本政府は、一九〇八年米国と「日米紳士協約」を、カナダとは「ルミュー協約」を締結し、日本人移民の自主規制を開始した。

一方、米国への移民の先行きを危惧した日本政府は、移民先に中南米を検討するようになった。特に米国とほぼ同じ国土面積を持つブラジルは有望視された。一九〇八年政官財一体となり、日本人移民がブラジルに定着していく条件を整備するために伯剌西爾《ブラジル》拓植会社の設立に取り掛かる。経済界代表として深くかかわった渋沢栄一は、どのような移民事業観をもっていたのであろうか。

一九〇三年七月に東京商業会議所の会頭として桂内閣に提出した「移民保護ニ関スル義ニ付建議」（東京都公文書館所蔵、東京府文書310. C4. 10）は、当時すでに渋沢が移民問題に大きな関心を払っていたことを示している。その中で海外移民の発展を妨げている要因は、（一）移民政策の未確立、（二）詳細な移民地調査の欠如、（三）有力な移民会社の欠如の三点で、これらを取り除けば、移民に「規律」と「実力」を付与させ、日本経済の発展や貿易の拡大にも寄与するであろう、という内容であった。

「日米紳士協約」が締結されたのち、渋沢は（一）移民方針の重点をラテン・アメリカ諸国や太平洋諸島・マレー半島・南洋諸島に置き、（二）内外に信用ある移民取扱機関を確立したうえで、（三）各国の移民政策にならって移民保護・善導のための機関を完備することの三点を提唱した。渋沢は移民事業を単なる過剰人口対策としてではなく、日本にとっての数少ない輸出超過先となっている貿易相手国ブラジルとの関係を強化することで、日伯関係の将来性に寄与する有効な手段となることに注目していたのである。

中南米への日本人移民の導入は、北米移民の自主規制を迫られていた日本にとって、その隘路を切り開いたことになる。その後、一九一四年までに、前後十回に及ぶブラジル移民約一万五千人がサンパウロ州のコーヒー園に入った。

さて古希を迎える渋沢は、なぜ渡米実業団の団長を引き受けたのであろうか。それは米国が、ヨーロッパ、特に英国に代わって、二十世紀の日本の運命を左右するのではないかと思い始め、米国のパワーの源を多くの実業家や民間人が学ぶ必要があると考えたからであった。

日露戦争後、日米経済関係はますます深化したが、他方、ロシアに変わって東アジアに台頭した日本を見て、米国の対日感情は変化し、日米間に摩擦が生じ始めた。両国間の摩擦の原因は、満州市場開放、日本人移民排斥問題、海軍増強問題の三点だった。加えて米国のメディアには日米未来戦争論が華々しく登場した。今日から考えれば荒唐無稽な筋立てだが、日米両国民が互いに正確な情報を共有していない当時では、近未来小説といえども説得力を持ち、翻訳もされ、日米両国で幅広く読まれた。

こうした状況のなかで日本の実業家は日米間の対立激化を憂慮した。客観的に考えれば日本にとって米国は不可欠な存在であった。ペリー来航以来日米貿易は順調に拡大し、米国は日本製品のもっとも大きな輸出市場を提供していた。当時、日本の主要輸出品は、生糸、茶などで、米国は最大の購入先であった。日露戦争から第一次世界大戦後にかけて、日本経済の重化学工業化に伴い、銑鉄、原油などの原材料を日本へ最も多く供給していたのも米国であった。二〇〇七年度、日本の対中輸出額が対米輸出額を上回り、大きなニュースになったが、開国からの約百五十年間、対米貿易は日米戦争中の数年間を除き、他のどの国との貿易額よりも多かった。

また米国は資本・技術提携先としても期待でき、日本の実業家の多くは、米国なしに日本経済は成り立たないと考えていた。

渋沢栄一、中野武営、土居通夫、大谷嘉兵衛、松方幸次郎などの大物実業家は、何とか民間の立場から具体的に日米関係を改善する方法がないかと模索し始めた。米国側も太平洋沿岸地域のサンフランシスコ商業会議所のロバート・ダラーやウイリアム・アレクザンダーらが、日米実業家の交流を促進した。そのときホワイトフリート（白船）と呼ばれた米国大西洋艦隊が世界一周航海の途上、一九〇八年十月に横浜港へ立ち寄るという情報が飛び込んだ。

日本政府と経済界は、移民問題がこじれている米国太平洋沿岸の実業家一行を日本へ招き、横浜港での国を挙げての米国艦隊歓迎会に臨席させ、日本の親米感情を肌で感じてもらうと同時に、東京、日光、名古屋、京都などの名所旧跡を訪問させ、日本の政治、経済、社会、歴史、文化に対する理解を深めさせようと考えた。中国貿易を中心にアジア太平洋への進出を試みる米国ダラー汽船社長ダラーも米国太平洋沿岸諸都市の実業家を来日させる絶好の機会と判断し、各都市商業会議所を通じて訪日計画を着々と進めた。

その結果、三十名の米国実業家とその家族（あわせて五十一名）が同年十月十二日から十一月四日まで日本を訪れることになった。米国との親善を謳うためには政府と民間の緊密な協力が必要だが、渋沢はできるだけ「民」主導による官民共同事業として実施したかった。渋沢は一八八〇年代からの「民間」外交の実績を踏まえ、民間の中心人物としてこの計画に参画し、公式歓迎行事の中に、深川の岩崎久弥邸での歓迎会、日本郵船の近藤廉平主催の観能会などとともに、飛鳥山別邸での午餐会を加えた。

十月十二日に横浜へ到着した米国実業団一行は、十五日には外務大臣招待会、日本銀行晩餐会に参加、翌十六日に上野公園を見物した後、昼食会に参加するため飛鳥山を訪れた。当日は前夜からの雨も上がり、秋晴れの下、渋沢邸は美しい花飾りが施された。百人を超す招待客がテーブルに座り、小村寿太郎外相自らがメニューを考えたといわれるフランス料理で一行をもてなした。さらに芸妓たちの手踊りが演じられ、賓客は明るく楽しい演出に長い船旅の疲れをしばし忘れた。数十人の米国実業団一行に加え、小村外相など政府要人も多数来訪した。

日本の近代化を先導する地域のひとつになっていた飛鳥山への交通も便利になっていく。一九一一年八月には王子電気鉄道（大塚―飛鳥山）も開通した。王子・飛鳥山周辺は春の花見、真夏の滝遊び、秋の紅葉見物でにぎわっていた。このため一九一三年には飛鳥山―三ノ輪間に王子電車が開設、より広い地域から遊興客がやってくるようになった。さらに一九一五年、王子電気軌道（現・都電荒川線）王子駅前駅が開業した。

開港五十周年と重なった横浜では、米国艦隊が寄港した世界中のどの港よりも盛大な歓迎がおこなわれた。ネサン・ドールマン団長の報告書によれば、横浜港での米国太平洋艦隊に対する熱烈な歓迎ぶりと飛鳥山の美しさや、渋沢の暖かく行き届いた歓迎会に強い印象を受けたことがわかる。ビジネスの面からも、太平洋沿岸の実業家にとって日本は「四億の市場」という言葉が先歩きする中国とは違い、現実に大きな取引先であることが確認でき、市場として有望だという情報が米国実業家の間に浸透した。

それは日米関係の改善に少なからず良い影響を与えた。日本人移民を排斥するような意味合いを持つ法律が議会で可決されないように彼らは日本側を弁護し、移民排斥の芽を摘み取ることに尽力した。訪日米国実業団の成功は日米、さらには日中米三国間の大型実業団相互訪問へと発展し、今日に至る大型ビジネスミッションの嚆矢になった。

†渡米実業団の成果

米国とどのように付き合っていけばよいのか。これはペリー来航以来、日本政府首脳や外交官ばかりでなく、民間人にとっても重要だが厄介な課題となった。福沢諭吉の『西洋事情』に続き、日本人に米国をインプットする役割を果たしたのは、青少年時代を米国で生活し現地の教育を受けた人々であった。幕末から明治初年に通詞として日米交渉の場で活躍したジョン万次郎、日米の架け橋たらんとした国際人・新渡戸稲造、米国の二面性に悩んだ教育者・内村鑑三、米国エール大学教授として日露戦争後に『日本の禍機』を出版し、日本の朝鮮満州への野心に警鐘を鳴らした朝河貫一、津田塾を創立し女子教育に一生をささげた津田梅子、など枚挙にいとまがない。

渋沢は、黒船来航以来米国が日本の近代化に深い影響を及ぼしたことを理解する一方、「米国は正義と人道に則った若くて将来性豊かな国であるが、ややもすると米国民は極端に走る傾

図７　渡米実業団訪問都市・コース一覧（1909 年）

（出典：渋沢雅英『復刻版 太平洋にかける橋　渋沢栄一の生涯』不二出版、2017 年）

向がある」と考えた。渋沢は『論語』を、徳と豊かさが共存する近代社会を実現するための指針として熟読した。彼の解釈に従えば、儒教の教えはダイナミックで、多種多様な人々を組織化し起業するときに適用できる基本的な理念と考えられた。米国社会をも論語に基づき解釈しようと試みたのである。

五十名を超える日本の実業団が三カ月かけて全米主要都市を訪問するなど、このせわしない現在では信じられないことかもしれない。しかし百年前の、渋沢栄一を筆頭にした日本の実業家たちはそれを実行した。当時六十九歳の渋沢は、高橋是清など経済界の主要メンバーから懇請されて渡米実業団団長を引き受け、日本の主要な実業家やその家族と数名の技術者などからなる五十名を越す民間人に、三カ月かけて米国全土を見学してもらった。

一行はビジネス関連施設の訪問に加え、タフト大統領やトーマス・エジソンといった著名人にも会見し、さらにはハーバード、プリンストンなど主要な大学、教会、フィラデルフィアのジラード・カレッジといった福祉施設も見学した。つまり渋沢は団員に、米国社会を総合的に理解させようとしたのである。

今日、米国各地の新聞に渡米実業団の様子を伝える記事が数多く残されている。渋沢と兼子夫人ら日本人女性が着物姿の写真入りで大きく報道され、現地の歓迎ぶりがうかがえる。米国民にとってもアジアからのこれだけ大勢の民間実業家の訪問は初めてで、興味津々だったのであろう。

訪米の主な目的は、日米親善を図り相互理解を深めることであった。実業界にとっては日米通商条約の改正に向けて、アメリカの政財界首脳と交流し、東アジア、特に中国市場での平和的競争、資本・技術提携の可能性について率直な意見交換をする絶好の機会となった。

訪問先では米国政財界人が必ず日露戦争の勝利を讃えた。渋沢は少々困惑した。なぜなら日本が目指すのは明治維新以降、民間経済人が主導して政府と協力しながら、実業を通じて「民主的」な方法で富国になり、世界平和に貢献することを望んでいたからだ。渋沢はロシアとの一戦はやむにやまれぬ戦いで、日本は好んでロシアと事を構えたわけではないと弁明した。むしろ、膨大な戦費をまかなったため、戦後の日本経済は疲弊している。再び経済成長の軌道に乗せるためには、米国の協力が不可欠であることを伝えた。また中国市場を巡って日米は協力できる可能性が大いにあるとし、より一層の資本・技術提携を推進するよう依頼した。

親善ムードの中にも時として論争する場面があった。西海岸の実業家からは、「日本は米国へ輸出するばかりで、米国からほとんど輸入していない。これは不公平だ」という、一九七〇年代の貿易摩擦のときにもよく聞かれた批判が飛び出した。これに対し、エール大学に留学した松方幸次郎（神戸商業会議所会頭、川崎造船所社長）は得意の英語を駆使して、「貿易不均衡の原因は決して不公平とか不公正という理由からではない。お互いの事業をよく理解するうちに、必ず相互に利益が上がるようになる」と反論した。

なかには岩原謙三（三井物産取締役）のように、米国側の言い分は理不尽で、自分がその場に居合わせたら、「商品の品質が良いから売れるわけで、買うのは米国の消費者である。文句があるなら優れた製品を作ればよいだけの話だ」と、相手を言い負かして見せると息巻く商社員もいた。

団員の町田徳之助（東京商業会議所議員・生糸商）は、渋沢が毎度丁寧に米国側に弁解しているのに同情していた。町田は統計的に日米の購買力の差を比較し、米国が対日貿易赤字を出すのは仕方がないとしている。さらに渋沢、岩原、町田自身を、ホトトギスのたとえを用いて、岩原が「鳴かねば殺す」の信長、町田が「鳴かせてみせよう」の秀吉、渋沢を「鳴くまで待とう」の家康にたとえている（『口伝町田徳之助翁』）。血気盛んな若手ビジネスマンに「民間」外交という息の長い地味な仕事の意味を理解させようとする、渋沢の根気強さが伝わってくる。粘り強さこそ渋沢の真骨頂でもあった。

三カ月もの過密スケジュールで全米主要都市を歴訪した団員が困ったことは多々あった。『実業之日本』が渡米実業団帰国後に実施した団員へのアンケート調査によれば、一番疲れたことは、訪問地での豪華だが堅苦しい昼食会や晩餐会であった。毎回三時間を超えるナイフとフォークの食事会には辟易したようだ。

ハプニングも起こった。一行の乗った特別列車が駅を出発後、しばらくして渋沢の姿が見つからず大騒ぎになった。実は渋沢は持ち前の好奇心に駆られて、わずかな時間を利用して炭鉱の視察に出かけたが、駅に戻ると列車の姿はなかった。列車は慌てて駅に戻り、事なきを得た。

ともあれ、三カ月間にわたる大旅行は無事終了した。この結果、日露戦争後、ぎくしゃくし始めた日米関係を改善する環境を作り出し、「民間」外交の成果をあげた。また商工会議所の連携強化など民間交流の組織化に成功し、戦後の日米財界人会議へつながる日米経済界の太いパイプを築く出発点になった。日米経済界の交流により新興国アメリカへの日本の理解を深めただけでなく、実業家に国際理解のための教育の必要性を認識させた。

米国実業家のフィランソロピー活動は、渡米実業団に加わった日本の実業家に大きな影響を及ぼした。根津嘉一郎（東武鉄道社長）は、もともと「社会から得た利益は社会に還元する必要がある」という信念を持っていたが、渡米により米国内の美術館や私立高校が、実業家の寄付やリーダーシップによって創設されていることを知り、慈善活動の表現方法を学んだ。帰国後、根津は武蔵高等学校を設立した。長年の古美術品のコレクションは、遺志を継いだ二代根津嘉一郎が一九四〇年に根津美術館を創設して公開し、今日に至っている。

また、大阪の株式仲買人岩本栄之助（一八七七―一九一六）も、米国の富豪が公共事業に財産を投じて公衆の便宜を図っていることや遺産を慈善事業に寄付する実態を目の当たりにし感銘を受けた。渡米中に父栄蔵が病死したことを知り、その供養も兼ねて、岩本は一九一一年に大阪市に金百万円を寄付すると発表し、市民が参加できる「大阪中央公会堂」(通称、中之島公会堂) の建設につながった。

渡米実業団の参加者は、実業家に限らず、大学教授 (農学、工学など)、技術者 (建築、水道など)、新聞記者など多岐にわたった。清水組設計主任の田邊淳吉も刺激を受け、渡米実業団帰国後も米国に滞在しヨーロッパへ渡り、建築の現況を視察し続けた。のちに日本を代表する建築家となり、青淵文庫、晩香廬など渋沢ゆかりの建物の設計にあたった。

当時まだ日本女子大学校の学生であった高梨たか子 (一八八六―一九六六、千葉出身で渋沢の姪) は志願して実業団に加わり、実業団の帰国後も米国にとどまり、スタンフォード大学文学部、シカゴ大学大学院修士課程で社会学を学んだ。一九一八年の帰国後、日本女子大学校教授に就任し、一九二一年に早稲田大学教授だった田中王堂と結婚して田中孝子と改名した。同年十月には日本政府顧問として第一回国際労働会議に出席し、一九三三年には東京市結婚相談所の初代所長に就任し、一九三七年まで在職した。

†実業家の地位向上

ところで渋沢のフィランソロピー活動を支えたパートナーかつ補佐役は、中野《なかの》武営《たけなか》 (一八四八―一九一八）であった。「中野翁にしては、良き助言者を渋沢翁に得、渋沢翁にしては、良き実行者を中野翁に得た」（薄田貞敬『中野武営翁の七十年』〔中野武営伝記編纂会〕）といわしめた中野武営は、高松藩勘定奉行の家に生まれた。文武両道の中野は明治以降、地方・中央の官吏を経験した後、立憲改進党の創設運動に加わり、政治家として活動するとともに、一八八八年に関西鉄道社長、一九〇〇年に東京株式取引所理事長に就任した。一九〇五年、渋沢の後を継ぎ、第二代東京商業会議所会頭となり、一九一七年まで務めた。日露戦争後から第一次世界大戦までの重要な時期に、実質的な財界リーダーとして大きな役割を果たした。

渋沢とは、日露戦争後の営業税反対、二個師団増設反対などの政府批判の公論形成や、渡米実業団への参加をはじめとする「民間」外交の推進（日米中三国関係の改善）、大正政変、大日本国防義会の設立、カリフォルニア排日土地法反対とパナマ太平洋博覧会参加への対応、第一次世界大戦への対応、東京市議会議長、浅野セメント、理化学研究所の設立、田園都市の設立、東京高等商業学校の大学昇格問題に端を発した申酉《しんゆう》事件の調停、早稲田騒動の仲介などの数多くの重要課題に取り組んだ。渋沢が最も信頼する財界人のひとりで、一九一八年の中野の葬儀の時は、渋沢自らが葬儀委員長を務めた。

中野の一生の行動や考え方を見てくると、信念を貫き安易な妥協はしない姿が浮かび上がってくる。たとえば政治経済活動に対する彼の考え方は、古典的な自由主義であったと思われる。

つまり政治経済的自由を信奉し、実業家が自らの考えに基づき行動することを是認し、政府が経済活動に干渉することに反対している。営業税問題に関して、全廃論を掲げ政府と論争した点などは彼の真骨頂といえよう。また、一九一〇年代後半第一次世界大戦バブルに世の中が沸く中で、「平和の戦いに向けて」と題して、日本は物質的富の増進には成功しながらも、精神的気高さがそれに伴って進歩していないことを嘆き、経済活動における道徳の必要性を説いているが、政府の経済活動への介入については終生慎重な姿勢を崩さなかった。

日本社会の将来像や国際関係観など基本的なビジョンで渋沢と中野の共通点は多々あるが、一方、一番の違いは政治との距離の置き方であろう。中野は「実業と政治は車の両輪」であり、実業家といえども政治にかかわり続けることを重要視していた。営業税問題、二個師団増設問題への中野の明快かつ強硬な姿勢は、渋沢よりはるかに政治家的な行動といえよう。おそらく渋沢も同様のことを考えていたと思われるが、渋沢の場合には決して自らが政治家にはならず、言論においてもより慎重であった。

もちろん渋沢が政治活動を軽視したわけでもなく、むしろ彼自身は大局的な見地から絶えず政界とは関係を持ち続け、また政治家も渋沢の影響力を利用しようとした。それは渋沢が一九一四年の中国訪問により袁世凱への評価を高めたことを日本の政治家が喜ぶ姿からもはっきりと読み取れる。

日露戦争後第一次世界大戦までの期間、商業会議所が最も活動的だった背景には、他に有力な経済団体が存在しなかったこともあるが、中野の個性、すなわち言論の自由の下、自己の信念に忠実に、政治家や官僚との論争もいとわない彼の性格が大きな影響を与えていたと考えられる。また、この時期渋沢と中野のコンビは実にうまく機能していた。

一九〇九年渡米実業団団長としてニューヨークを訪れた際、渋沢はヴァンダリップと知己を得、二人は日本人移民排斥問題の背景には、日米二国間の経済問題だけでなく、中国（満州）、朝鮮問題があることを理解するため、日米両国の有識者がこれら大きな問題について率直に話し合うことの必要性を認め合った。渋沢は彼を通じて東アジアにそれほど関心を抱いていなかった東部経済界の有力者と緊密な関係を築き始めた。一九一七年に創設された日米関係委員会はその第一歩であったが、米国東部実業団の訪日はなかなか実現しなかった。

民間の経済使節団（ビジネス・ミッション）相互訪問は、グローバルな取引を行う企業家が自分の目でビジネスの実態を把握するとともに、国境を越えた企業家ネットワークを構築し、新しいビジネスを始めるきっかけをつかむ機会として、現在では全世界で活発に行われている。二十世紀初頭には、太平洋をはさんだ日米中三国間で民間経済交流が活発に行われるようになった。なかでも日本の渡米実業団と渡清実業団は、参加者の顔ぶれ、訪問日数、訪問先、各国政府と実業界との関係、参加者に与えた長期的な影響などを考えると、日本の実業界にとっては、近代日本に大きな影響を与えた「岩倉使節団」の実業界版と呼べるほどの重要性を有していたと考えられる。

第一次世界大戦を経て、米国東部実業界も日本や中国との実業界交流を本格化させるが、その基盤となるニューヨークの日本人ビジネス・ネットワークは、すでに一九一〇年代初めに形成されていたのであった。

渋沢が主導した実業家の様々な活動により、二十世紀初頭には、政界、官界、軍人と並んで実業家または実業界という存在が日本社会で認められるようになった。明治の評論家山路愛山は、明治の初め、官役人に対して平身低頭し、唯々諾々であった商人が、最近では自分だけでなく有力な人であれば、だれでも平等に大臣と交わることができ、「商人の位置の大いに進みたる」と語り、山路は、それは良いことであるが、「商人と官吏との関係が平等の境より更に一転し商人却って逆さまに役人を制し、金の縄にて役人を縛り、昔し髭の塵を払いたる役人をして逆さまに自己の靴の緒《ひも》を結ばしむるの風あるに至りては真に世態の大変にして国民の道徳的状態に注意するものの鋭敏なる観察を怠るべからざる所なり」と述べるまでになった（山路愛山『現代金権史』現代教養文庫）。

日米実業団交流のさなかの、一九〇八年（申年）から翌年（酉年）にかけて、渋沢は大学昇格をめぐる東京高等商業学校（以下、東京高商と略）と文部省との紛争事件（いわゆる申酉事件）

に巻き込まれた。渋沢は商法講習所の創設以来、東京高商の経営には商議員として深くかかわってきたが、大学昇格をめぐり、文部省との間に紛争が起きた。その仲裁に渋沢が乗り出すことになった。

東京高商では卒業生を対象とする専攻部を設置して、大学への昇格を目指していた。これに対して、文部省は東京帝国大学法科大学（現・東京大学法学部）に経済、商業の二学科を新設し、専攻部を廃止してこの新学部に吸収する方針を決定した。これは大学昇格を否定するもので、東京高商側はこの文部省の決定に対して断固として反対した。怒った教員や学生の多くが退学の意思を表明し事態は紛糾した。

東京高商の生みの親の一人として、渋沢は仲裁に乗り出した。公益を追求する合本主義に基づく行動を行うためには経済人は幅広い教養を身につけなければならないと考えていた渋沢は、東京高商の教職員や学生の怒りを落ち着かせると、文部省に強く大学昇格の重要性を説いた。文部省は渋沢の要望を受けて、東京高商専攻部を一九一二年まで存続することを決定した。その後、再び文部省は専攻部の廃止をもくろむが、高商側の強い反対にあい、断念する。

東京高商は文部省の帝国大学中心主義政策から母校を守るために、卒業生の組織として「如水会」を結成した。この会は、渋沢栄一が『礼記』の中にある「君子之交淡如水」（君子《くんし》の交《まじ》わりは淡《あわ》きこと水《みず》のごとし）からとって命名した。

一九二〇年、原敬内閣の時に中橋徳五郎文相は、高等教育を拡充する目的から東京高商を東京商科大学（現・一橋大学）に昇格させた。ようやく渋沢や東京高商の念願がかなったわけである。ちなみに中橋は大阪商船社長時代、渡米実業団に加わり渋沢と行動を共にしていた。

渋沢がフィランソロピー分野で力を入れた慈善活動については、三十代から東京養育院の院長を務める中で、絶えず考えてきたことだった。

若き日にヨーロッパで学んだ中で、いまだ実現できていないものが慈善活動を通じての社会福祉であった。日本をより豊かにするためには、合本主義による経済発展だけでなく、官尊民卑の打破を実現しなければならなかった。そのためには経済発展に取り残された人々をどのように救い、社会の一員として復帰させるかが大切で、それが「民」の力をさらに強くするものと考えていた。

渋沢は、儒教の仁は「ひろく衆を愛する」という惻隠の心で、仏教でも慈悲、またキリスト教にも人間の幸福をできるだけ同じものとしたいという共通の考えが見られるので、フィランソロピーとは幸福な富者が不幸なものを救うことだとしていた（『太陽』一八九九年）。渋沢は慈善活動にも合本主義の精神を活かそうとした。そのためには全国の慈善活動の組織化が必要であった。一九〇三年、「慈善事業同盟会」組織化の提案がなされ、一九〇八年には中央慈善協会が設立された。渋沢は、協会の慈善活動に対してどのような考えを持っていたのであろうか。協会の発会式であいさつに立った渋沢は、協会は全国の慈善団体との連絡を密にし、内務省の役人とも協議する半官半民の団体だと位置付けた。すでに養育院の経営から、慈善活動は公的な性格を持ち、民間が政府と対等に協力するもので、けっして役人主導になるのではないとは考えていた。しかし現実には、渋沢の考えのようにはならなかった。

六十代の渋沢は、商業会議所ネットワークを活用して、「民間」外交による海外訪問により、日本がまだまだ欧米諸国に比べて、経済発展の途上にあり、より幸福な社会を作り出すために商業道徳の向上の必要性と、教育の普及や社会福祉事業などが不足していることを痛感した。渋沢は海外での見聞を、講演会や商業会議所、メディアを通じての広報活動によって、あらゆる機会に民間人に共有させることに尽力した。

一方で、富国強兵の成功がもたらした政府の肥大化と軍部の強大化は、「民」主導で様々な事業を進めてゆこうとする渋沢の前に立ちはだかる大きな障害となった。

第五章

世界と日本の新たな姿を模索して

1914年、辛亥革命後の中国視察のため、上海に向かう。2列目左から3人目が渋沢

日清・日露戦争、第一次世界大戦を経て、国際社会が大きく変容する中で、大戦による空前の好景気は、一時は渋沢の杞憂を消し去るほどであったが、反動不況が到来した。渋沢は金融不安や企業家の倫理欠如という問題に直面し、実業界の「民主化」の限界を感じ、銀行家を中心とした実業家自身の道徳の高揚を目的とする道徳経済合一説を繰り返し唱えるようになった。

一方で、米中両国を歴訪し、「民間」外交を通じて、日米中三国協調を模索する。渋沢は帰一協会を設立し、儒教のみならず、仏教・キリスト教など世界の宗教と道徳の統一への挑戦を試みた。帰一協会の活動は挫折したが、渋沢は道徳なき自由を認めがちな民主主義の危うさを憂慮し、著書『論語と算盤』を出版し、また二松学舎舎長として漢学教育の普及に力を入れる。そして「万機公論に決す」という明治の精神を顕彰して、明治神宮の建設に尽力した。喜寿を迎え、第一銀行からも離れた渋沢は、自らの後継者に孫の敬三を選ぶ。

†第一次世界大戦の衝撃

一九一〇年代国際社会の構造が大きく変化したが、それは渋沢の国際認識にどのような影響を及ぼしたのであろうか。まずその構造変化を考えてみよう。

第一に国際社会の主要国の顔ぶれが大きく変わった。一九一一年の辛亥革命を皮切りに、第一次世界大戦とロシア革命により、十九世紀国際関係の主要な構成国であったユーラシア大陸帝国（清、ロシア、ドイツ、オーストリア＝ハンガリー、トルコ）が次々と崩壊した。残った英国も全盛期ビクトリア女王時代の勢いを失った。代わって急成長を遂げた米国もパナマ運河開通により東アジアへの進出を進めたが、国際社会への影響はまだ限られたものであった。

新興帝国日本は、目標喪失の虚脱感から漂流し始めた。富国強兵と殖産興業という明確な目標のもとに近代化に向けて邁進し、日清、日露両戦争の危機をなんとか乗り切った時代が明治天皇の崩御とともに終わり、日本の将来進むべき道が見えない中で、指導者も民衆も不安な時代を迎えていた。明治の文豪夏目漱石の小説『それから』や『こころ』の主人公の言葉の端々に社会不安が窺える。日英両国にとって日英同盟の必要性は低下し、急速に台頭した米国との関係がより重要になり、米国との対立と協調の入り混じった複雑な外交を展開することになった。

第二の変化は、イデオロギーが国際関係に大きな影響を及ぼしたことである。民主主義、共産主義、社会主義といったイデオロギーが国際関係に大きな影を落とすことになった。イデオロギー色の強い新外交を展開する米国のウィルソン外交の登場と社会主義国ソ連の誕生は、全世界の知識人と社会運動家を興奮させた。

ウィルソン大統領が主導して創設された国際連盟は、米国が加入しなかったため、バランス・オブ・パワーを基盤とする「旧外交」の英仏伊日が中心になって運営されてゆくが、米ソが発するイデオロギーを無視することはできなかった。大正デモクラシー時代の日本でも左右のイデオロギーを真正面から議論する雰囲気が生まれた。中国では、五四運動など反日機運が高まってきたが、一方で辛亥革命以来の三民主義や共産主義など思想が入り乱れていた。

第三にインターナショナリズム（国際主義）とナショナリズム（国家主義）の絡み合いであった。経済・思想・文化の分野では国境を越えた知的交流はますます進み、財界人・知識人は数多くの国際会議に参加し相互訪問をひんぱんに行った。ところが、トランスナショナルな動きをする彼らでも、訪問した先々で強烈なナショナリズムと向き合わなければならなかった。例えば国際連盟主催の国際経済会議の場では、経済活動の自由化を推進し、世界経済の発展を議題にしながらも、自国の利益に関するときには参加者は保護主義を唱え、一歩も譲らない構えをとった。インターナショナリズムとナショナリズムとの乖離はそれほど大きかった。

こうした世界の構造変化の中に、渋沢は日本の進むべき道を模索し続けるとともに、新たな可能性を見出した。世界に共通する文化や価値を日本から創り出していかなければならないと考え始めたのだ。ちょうどその時に、成瀬仁蔵から宗教の統一を図るための協力を求められたのであった。

一九一一年夏に、同時代の宗教・道徳の在り方について、成瀬仁蔵が渋沢栄一、森村市左衛門と意見交換したのがきっかけとなった。翌年渋沢は正式な団体を創設するための準備会を二回行い、井上哲次郎（哲学者）、中島力造（倫理学者）、浮田和民（思想家、政治学者）、上田敏（詩人）、姉崎正治（宗教学者）、シドニー・ギューリック（米国人宣教師）などが参加し、姉崎の提案により、王陽明の「万徳帰一」から帰一《きいつ》協会と名付けられた。成瀬はどのような考えを抱いていたのであろうか。

成瀬は帰一思想を日本から世界に広めようとしていた。帰一思想とは、単なる宗教の統一だけでなく、性別、文明、国家を超えてすべての目的が一つに帰していくものという考えであった。彼が渋沢や森村を説得して始めた女子教育もその一環であった。もう一つは、すでに渋沢ら財界人が進めていた米国における日本理解の促進を支援するという「民間」外交を援助するためであった。行動派の成瀬は、米国や英国に帰一協会の支部を創設した。

移民問題が日米関係を阻害する深刻な問題ととらえていた渋沢は、コロンビア大学総長のバトラー博士が唱えた「日米交換教授」の構想の下で、日米両国が相互認識の欠如から非平和的な結果を引き起こすことのないようにと、一九一一年に新渡戸稲造、一九一三年には佐藤昌介が、米国各地の大学を廻り日本に関する講演を行うように勧めた。

帰一協会が設立された一九一二年は、ドイツのヴィルヘルム二世が唱えた黄禍論による東西文明の相互不信が渦巻き、世界大戦が勃発する直前の緊迫した情況にあった。帰一思想が世界に向けて発信されると、米国の教育学者ジョン・デューイやユニラテランの牧師サンダーランドなど知識人を中心に国際的にもその活動に期待が高まった。

渋沢は設立当初から帰一協会にかかわり、会の運営の基盤となる多額の寄付金集めを続け、森村と二人で協会の活動を支えた。第一次世界大戦の勃発は参加者に衝撃を与え、活動は停滞してゆく。さらに一九一九年に、成瀬と森村が没したため、姉崎が中心となり協会の活動を継続してゆくが、初期の勢いはなかった。渋沢自身も同協会に対する関心は薄れていくが、渋沢は講演会にはできるだけ参加した。

なぜ渋沢はそこまで熱心に帰一協会を支援し続けたのであろうか。宗教の統一、それが無理でも精神の統一や道徳の統一を図る施策と討論の場を提供し、その成果を世界に発信することは、世界に対する日本の知的貢献になると考えたためである。積極的道徳の一環であった。欧米訪問の体験から、キリスト教の道徳も、儒教のそれに通じるところがあり、宗教の帰一に関心を持ち、世界に発信したいと考える成瀬と意気投合したのであろう。

しかしこれだけのメンバーを集めながら、世間からの評判は決して芳しくなかった。帰一協会の持つ文明化と世界化の趨勢に順応しようとする意識は、ナショナリズム、国粋主義、国民道徳という国内の主流意識と衝突し、一般にはなかなか受け入れられなかった。また、初期の段階から、各宗教信仰やそれを支える宗教組織は、水と油のように相容れなかった。参加者の侃々諤々の議論を通じて、かなり早い時期から渋沢は宗教の統一は無理だと悟った。また第一次世界大戦の勃発により、渋沢の関心は宗教の統一から精神や道徳の統一と世界平和の実現へと重点が移ったといえよう。だが渋沢は帰一協会を見捨てなかった。精神の統一を目指し、国内外の秩序の安定と国際平和を目指すためのブレーンストーミングの場として同協会をとらえ、亡くなるまで資金援助を続けた。

†日米中三国協調への模索

一九一一年に日米通商航海条約が締結されたことは日本外交の成果として特筆に値する。最後まで残っていた関税自主権を米国との交渉で獲得することができた。これは単に条約改正の悲願を達成できただけでなく、この条約を基礎にして、英国をはじめ、ヨーロッパ列強とも新通商条約を結ぶことができた。

日本実業界の米国実業家に対する評価が分かれるなかで、カーネギーとロックフェラーという二つの財団の設立は、米国社会だけでなく、日本の実業家にも影響を与えたと思われる。道徳と経済の両立が必要と唱えた渋沢は、米国実業家の道徳の低さを批判していたが、この二つの財団の活動には大いに関心を持った。とりわけカーネギーの自叙伝には感銘を受けた。

一九一四年に日本初の民間財団森村豊明会《ほうめいかい》を設立した森村市左衛門は、陶磁器製品の販売活動を通じて米国内にネットワークを形成していたので、いち早くカーネギー、ロックフェラーの両財団設立の情報を入手していたと思われる。その影響を示す確固とした資料は残念ながら見つからないが、幾つかの状況証拠からほぼ間違いないであろう。森村も後にキリスト教徒になるが、それが、彼や森村豊明会のフィランソロピー活動にどのように結びついていたかは定かでない。

ところで、森村は渋沢とともに日本女子大学校や帰一協会などに寄付を行ったが、両者には違いもあった。渋沢は公益の増大につながると考えた活動には、濃淡はあるが寄付を行ったが、森村の寄付先は民間に限られ、国が関与する団体や活動にはいっさい寄付しなかった。

第二に、中国では一九一一年に辛亥革命がおこった。翌年二月一日清朝の統治が終わり、中華民国が誕生し、孫文が臨時大総統に就任した。日露戦争後、韓国併合を行い、中国大陸に勢力を拡大する機会を狙っていた日本に大きな衝撃を与えた。つまりポーツマス講和条約によって獲得した権益により、満州経営を着々と進めていく日本にとって、異なる政体が中国本土に誕生することが日本の進出にどのような意味を持つのか、また欧米列強が革命や中華民国に対してどのように対応するのかが関心の的となった。

ヨーロッパ諸国や日本政府が革命に対して慎重な姿勢を取ったのに対し、米国とブラジルは、辛亥革命を高く評価した。孫文の三民主義を掲げて、清朝を倒した中華民国に対して、米国は、姉妹共和国の誕生として歓迎した。ブラジルは中南米諸国では最も早く、一九一三年には中華民国と正式に国交を結んだ。米伯両国は、日本と異なり、遠く離れた東アジアの出来事とは言え、共和制の誕生を歓迎し、中国との関係を強化した。この点は第一次世界大戦中の日本の、中国への進出に対する両国の反発の伏線になった。

経済的な視点からは、日本にとって中国は米国に次ぐ第二の輸出市場であり、革命による混乱が貿易を中心とする日清経済関係にどのような影響を及ぼすのか、日露戦争後の不況から抜け出せない経済界にとっては心配の種であった。

この時期に渋沢が取り組んでいた最大の課題は、英国の動きを考慮しながら日米中三国をいかにして協調させるかで、具体的には、中国市場における日米共同事業の可能性を探ることであった。一九〇九年の日本実業団の渡米中にも、各地で日米共同出資による満州・韓国開発を積極的に話し合った。渋沢はこの問題は単に経済的領域だけでなく、政治・文化面にも結び付

く と考えていた。

すなわち米国での日本人移民問題の背景に横たわる黄禍論や、西洋対東洋の対立にも関連するものと認識していたのである。辛亥革命前後、日米実業界は一九一〇年の南洋勧業博覧会への実業団の派遣などを通じて、各国商業会議所や中国の商務商会と組織間の交流を推進した。このため民間ベースでの貿易や投資の拡大を行う素地が整ってきた。しかし政治的な障害のため順調には進まなかった。渋沢は、中国大陸の動きを自分の目で確かめたかった。日本に入ってくる中国情報は量的には多いものの、政治・軍事の動きが中心で、中国経済界が日米との共同事業にどのような考えを持っているのかについてはほとんどわからなかった。

何としてでも日中合弁企業を創りたいと考えていた渋沢は、一九一三年二月に来日した孫文の言動に注目した。華族会館で行われた東亜同文会主催の晩餐会に出席した渋沢は、孫文の演説を聞いた。孫文は、中日親善を強調し、東洋の平和と繁栄のために、また東洋と西洋の力の均衡を保つために日中関係の緊密化が大前提となる、と述べた。堂々とした演説に渋沢は感動したものの、全面的には賛成できなかった。

なぜであろうか。それは孫文が「白禍論」ともいうべき白人攻撃を行ったからである。孫文いわく、白人により東洋は蹂躙されるのを防ぐには、日中合作が必要であると。渋沢には、現実に西洋に侵食されている中国の現状を見れば、孫文の立場は理解できるものの、日中提携により西欧に対抗できるとはとても考えられなかった。むしろ今必要なことは、中国経済の近代化が最優先の課題であり、それを進めるためには西洋の力が必要であった。渋沢は日本経済の近代化を担った経験や経済人としての立場から、中国の経済再建に協力できると思った。

そこで、渋沢は三井の益田孝、山本条太郎や大倉喜八郎らと図り、孫文を責任者とする日中合弁会社の設立を提案した。役員は日中両国人を同数とし、純然たる二重国籍の企業とした。孫文もこの提案には賛成した。中国興業公司の趣意書からは新会社にかける渋沢や孫文の意気込みが伝わってくる。しかし発起人の意気込みとは異なり、中国の国内情勢は混沌としていた。北方の袁世凱が勢力を伸ばし、ついに南京を占領し、自らが孫文に代わり大総統に就任した。孫文一派は亡命を余儀なくさせられた。しかし日中合弁会社については袁もその必要性を認め、中日実業会社と名を変え発足することになった。

†中国訪問(一九一四年)と日米関係委員会

渋沢は生涯に三回中国を訪問した。最初は、一八六七年にパリ万博へ向かう途中、上海を訪れた。二回目は一八七七年に三井物産社長の益田孝とともに北京へ借款交渉に出かけた時である。最後が、一九一四年五〜六月であった。上海を振り出しに、杭州、蘇州、南京、九江、大冶、漢口、武昌、北京、天津、大連、旅順を経て帰路に就いた。訪中の目的は、中国漫遊とくに曲阜の孔子廟訪問と、中国の政治経済の状況視察であった。当時渋沢は、すでに中国国内の要人からは日本経済界の中心人物とみられていた。

一九一四年の中国訪問と翌年の三度目の訪米は、日本の将来を託す国として米国と英国に対する渋沢の認識に大きな影響を及ぼすことになる。山東省曲阜にある孔子廟に詣でることを表向きの目的として、実際には混乱する中国情勢を探るため、渋沢は一九一四年五月揚子江流域から中国に入り、北京で袁世凱と面談した。多くの新聞は、日本経済界の代表としての渋沢栄一の円満な人格や、中国文化への深い造詣を高く評価している。

これに反して、中国国内で発行されている英字新聞は、渋沢が英国の中国ビジネスの中心部分にあたる揚子江流域地域に日本の利権を拡大しようとしているとして警戒感を隠さない。これに対して渋沢は毅然として、今回の訪中の目的は利権拡大ではなく孔子廟の訪問という趣味のためと、加えて日本と中国の実業連絡を図ることで、政治とは無関係であることを強調した。満州方面への日本の進出にはそれほど神経をとがらせなかった英国も、自らの中国権益の中心地である揚子江以南の地域への日本の進出には過敏になっていたといえよう。

渋沢を日本経済界の代弁者と考えた袁世凱は、孫文らの南方派に渋沢が取り込まれないように気を使った。その渋沢は北京で体調をくずしてしまい、渋沢の念願であった孔子廟訪問は実現しなかった。同じ時期に、駐華公使の山座円次郎（一八六六―一九一四）が北京で客死した。

渋沢が孔子廟訪問をあきらめて帰国したことと、なんらかの関係があるかもしれない。

　渋沢は中国をどのように感じたのだろうか。孔子の生まれた国として理想化していたのに、実情は全く違った。中国人は、孔子は饒舌の人で論語の教えは取るに足らないとみている。また商売と道徳を別物と考えていることがわかった。中国メディアの中には、「渋沢は、経済の道は利己であるとともに利他でなければならないと説くが、日本の南満州経営を見ると、どこが中国を利しているのか。投資は他国侵略の先駆で、道路、鉄道の実業は人を死に追いやる導線だ」と「論語算盤説」を厳しく批判し、渋沢の言葉は理想でしかなく、世界の道徳が進歩するのは何十世紀先になるかわからない、と報道するものもあった（雑報「渋沢氏の経済道徳談」、『申報』一九一四年五月二十七日。田彤編、于臣訳『渋沢栄一と中国——一九一四年の中国訪問』不二出版）。

　この記事に代表されるように中国内での孔子や論語に対する評価は低く、経済活動は弱肉強食の世界であり、それを日本自身が中国市場で実践しているという指摘に渋沢はショックを受けた。帰国後、中国社会経済の現状にたいする失望感は大きかったが、渋沢は論語の教えや道徳経済合一説の普及にはさらに力を入れることになる。

　一方日中実業交流は進展があった。一九一三年に孫文との交渉で実現した中国興業公司を中日実業会社に改称し、袁世凱が中国側、渋沢が日本側のそれぞれ代表になった。その後ヴェルサイユ会議で、ドイツの山東権益を中国に還付せず日本が獲得するという山東還付問題に端を発し、二十一カ条要求をめぐり、日中関係は悪化し、中国国内では日貨排斥運動が広がった。加えて、第一次世界大戦終了による反動不況で、決定的な打撃を受けた中日実業会社を再建するため、渋沢は高木陸郎を副総裁に据え、人事の一新を図ったが、前途多難であった。

日中経済関係の将来を危惧した日本経済界は、一九二〇年には日華実業協会を発足させ、日中実業家の交流を図り、渋沢は同協会会長に、副会長には渋沢の右腕和田豊治（富士瓦斯《ガス》紡績社長）が就任した。同協会には、中国での企業活動に関わるほぼすべての経済界首脳が幹事に名を連ねた。渋沢の秘書的な役割を果たしたのは、日清汽船、湖南汽船等の日中航路開拓を手掛けた白岩龍平で、原敬首相など政界との調整にあたった。

いずれにしても、混乱した中国国内の状況を見聞した渋沢は、揚子江付近の中国中心部での経済活動を拡張するためには、引き続き英国との協調行動の必要性を感じた。一九一四年八月に開通したパナマ運河は、英国中心の世界貿易体制に終止符を打つことになった。つまり米国が太平洋と大西洋をつなぐ真の両洋国家になり、世界の貿易地図が米国を中心としたものに塗り替えられたのである。

翌年、渋沢はパナマ太平洋博覧会に参加するためサンフランシスコを訪れ、その後東海岸へ足を延ばし、ウィルソン大統領と会見した。渋沢は第一次世界大戦で、英国、ドイツ両陣営の

図８　対外事業：中国

日清戦争後、中国の鉄道・土木・鉱山などの開発機運が高まり、渋沢栄一を発起人に1909年東亜興業が設立された。また1913年には中国側代表を孫文、日本側代表を渋沢栄一として日中合作の中国興業が設立された。

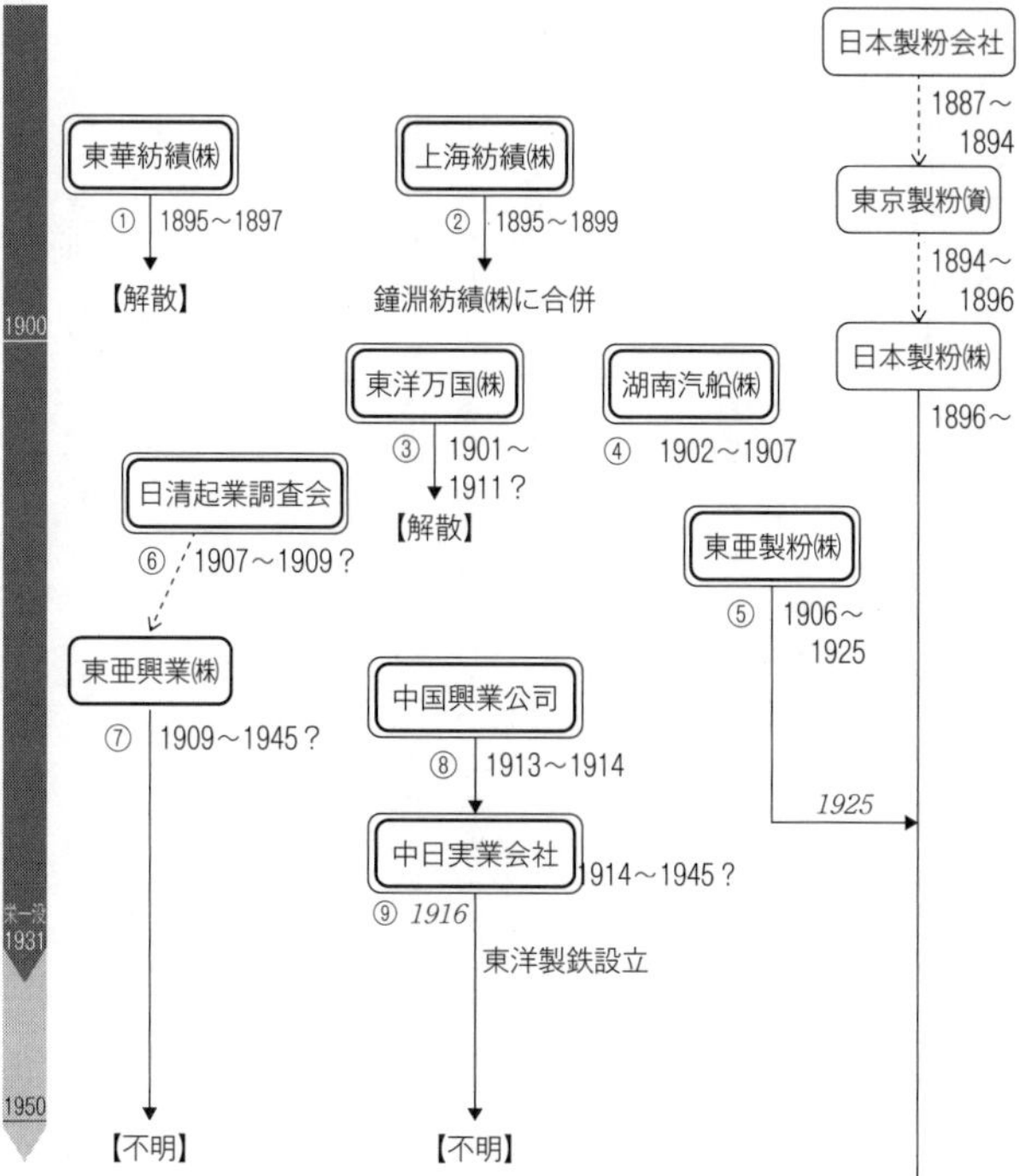

［渋沢栄一の役割］
①創立発起人
②株主
③取締役
④創立発起人、相談役、清算人
⑤相談役
⑥設立人
⑦創立委員、設立発起人、創立総会議長、株主
⑧発起人総代、創立委員長、相談役
⑨相談役

（出典：公益財団法人渋沢栄一記念財団『渋沢栄一を知る事典』東京堂出版、2012年、214頁）

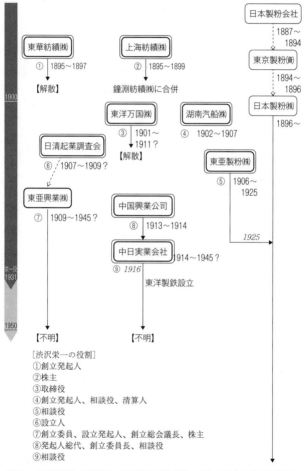

どちらが最終的な勝利を収めても、世界の中でのヨーロッパ全体が影響力は下がり、代わって米国の国際社会での役割が増加し、東アジアでも米国の動きが決定的な影響力を持つようになると考えるようになった。英国も東アジアにおける米国の動きを警戒した。

排日機運が高まる米国に代わって、注目度が高まったブラジルへの日本人移住事業にも、南米への影響力が飛躍的に大きくなった米国の動きが影を落とした。日本のブラジル移民と移住事業の節目に、必ずと言ってよいほど日米・米伯関係が影響を及ぼすことになった。

渋沢は第一次世界大戦後、日米関係が単なる二国関係の枠組みを超え、太平洋地域さらには国際社会全体の帰趨に重大な影響を与えると考え、経済界や知識人を中心とした民間で定期的に腹蔵なく意見を交換できる場を作ろうとした。

第一次世界大戦後、米国は孤立主義的になり、ウィルソン大統領が提唱し設立された国際連盟には加盟しなかったが、世界一の債権国となった米国経済界は、戦後ヨーロッパ復興に関心を持ち米国は何をすべきかを模索していた。ヴァンダリップは米国経済界の重鎮として、米国内だけでなく、ヨーロッパ経済の復興、中南米さらには東アジアにも投資、貿易先としての将来性を探ろうと考えた。東アジア情勢にも大きな変化が見られた。日本の韓国併合、中華民国の誕生、満州開放問題、日本の旧ドイツ領への進出、ロシア革命とシベリア出兵などを巡り、米国経済界の東アジアへの関心は高まった。

一九二〇年ヴァンダリップは米国東部実業団を率いて来日した。参加者は、元財務長官ゲージをはじめ、ダーウィン・キングスレイ（ニューヨーク生命保険会社社長兼ニューヨーク商業会議所会頭）、ヘンリー・W・タフト（前大統領タフトの弟で、ニューヨーク相互生命社長）、ジャコブ・G・シャーマン（コーネル大学総長）、ジュリアン・ストリート（『サタデー・イヴニング・ポスト』紙編集長）など米国社会に大きな影響力を持つメンバーであった。このような一流の米国実業家を網羅した実業団が来日したことは初めてであった。

東部実業団訪日の目的は、日米有志協議会に参加し日本側の見解を知ることと日本の現状を視察することであった。ヴァンダリップが最も注目したのは中国市場であったが、日露戦争後の満州を巡る米国の対応について日本の反発を招いた経験を踏まえ、中国市場への進出に対しては日本の意向を打診する慎重さを持っていた。彼は日本が憂慮する排日移民運動に対しては同情するが、日本の朝鮮政策、山東半島還付、シベリア出兵については疑念を抱いていると率直に切り出した。これに対して、渋沢栄一、金子堅太郎、添田寿一らが意見を述べた。

米国側は必ずしもすべて日本側の説明を受け入れたわけではないが、日本に対しては好印象を持った。「日本人は高尚な精神を抱き、万事を正義人道に基づき処理し、世界の文明に貢献しようとしていることを米国民に伝えたい」と語った彼は、帰国後、各地で約束を実行に移した。

「日本では民主主義が発達し、政治家も実業家も米国との友好維持を希望し、戦争は望んでいない。軍事費はあくまでも国防のためであり、戦争につながる領土拡大は望んでいない。日本人移民については、これはカリフォルニア州の日本人待遇の問題であり、日本人に対して他の外国人にも課せられる制限を超えた差別的処遇は許されない。この問題は礼儀と同情のある国際協議会の場で処理すべきである、米国人政治家や新聞が日本人に対して悪口雑言を浴びせ、日本人の感情を害していることは論外である。朝鮮統治については、日本はその失敗の歴史に当惑し、現在では朝鮮総督が比較的融和的な文化統治を行っているので非難する余地はない」という日本に非常に好意的な見方を示した。

彼にこうした見解を持たせた要因として、渋沢の言動と行動を信頼していたことが挙げられる。日本が中国に青島を返還した時、ヴァンダリップは「渋沢の言うとおり日本人はうそをつかなかった。渋沢の徳望が国内のみならず世界の信望をつないでいたと感じた」と語ったほどであった(『伝記資料』第三十五巻)。

一九一六年、数え年で喜寿を迎えた渋沢は、経済界から引退したのを契機に日米関係委員会を設立した。渋沢は中野武営と相談し、委員を二十四名に絞った。経済界からは井上準之助、団琢磨の二名、さらに新渡戸稲造、島田三郎、金子堅太郎、瓜生外吉ら日米関係に深いつながりをもった人物が選ばれた。渋沢と中野が事務局を務め、一九二四(大正十三)年に排日移民法が成立するまで、米国各界首脳を日本へ招き、日米の相互理解を深めるための真摯な議論を行い、日米親善の基礎を作った。

第一次世界大戦の主戦場にならなかった日米両国は、にわかに繁栄を謳歌することになった。両国とも輸出が拡大し、特に日本の国際収支は一転して大幅な黒字を計上する。ヨーロッパ各国は戦争に手いっぱいで、そのすきに日米両国は、中国のみならず東南アジア、南アジアにまで販路を拡張した。日米貿易も拡大の一途をたどった。一九一〇年から大戦の始まる一九一四年までの五年間と一九一五年から一九年にかけての五年間を比較すると、その貿易額は三倍に膨れ上がった。

渋沢は、日本経済の飛躍的な発展に瞠目したが、対華二十一カ条要求やシベリア出兵には明確に反対論を唱えた。前者に関しては、大隈内閣から日中関係の改善に協力を求められるとトーンダウンした。財界を代表する立場で、真っ向から政府に反対論を唱えることは好ましくないという政治的判断が働いたといえよう。

大戦から渋沢が学んだことは多々あるが、注目すべきは、米国が英国に代わって日本の運命を握ることを確信したことと、総力戦を前提とした戦略資源の確保の重要性を自覚したことである。第一次世界大戦の主要舞台はヨーロッパで、日本の関与は限定的であったため、日本人の多くは、中国大陸へ進出する絶好の機会であるというような利益を求める近視眼的な発想が多く、同大戦の持つ重大な意味をなかなか理解することができなかった。

戦争の概念が根本的に変り、戦争が軍や軍人の専権事項から、国家と国家とが持てる力を総動員して戦うという「総力戦」の時代に突入した。しかし日本の多くのリーダーは、現実に日本にも起こりうる問題としてはそれを考えていなかった。ところが一九一七年に米国が参戦し、日本への銑鉄輸出が停止されると、鉄鋼業界・造船業界は窮地に陥り、政・軍・財界ともに資源小国である日本の脆弱性を思い知らされた。

英国は、長年自国の海運業を苦境に陥れていた日本の海運業や造船業の力を弱める好機ととらえていた。幸い米国の銑鉄輸出禁止への、渋沢や松方幸次郎など財界リーダーの対応策が功を奏したが、財界はこれを機に中国大陸からの鉄鋼・石炭などの獲得や環太平洋地域の富源開発に積極的になる。また、これは将来日本も巻き込まれるかもしれない総力戦へ向けての、資源獲得に日本が本格的に取り組むきっかけになった。

こうした日本の変化は中国市場をめぐる日英米経済関係にも変化をおこさせる。森恪《もりかく》のような中国資源の囲い込み的行動がナショナリズムと結びつき、日本社会で説得力を持ってくると同時に、中国側は日本の露骨な進出に反発し、ナショナリズムの台頭という波に乗り、激しく長期にわたる抗日運動に発展する。渋沢栄一や白岩龍平らのように、日中関係を相互利益の増進という観点から捉え、中国の経済社会の基盤整備を急務と考える未来志向の財界人にとっては、良好な日中関係を維持することが困難となり、頭の痛い問題になった。ただし島田昌和や片桐庸夫らが指摘するように、渋沢自身も中国ナショナリズムの強さを必ずしも理解していなかった。

さらに、米国の存在が日中関係で決定的に重要になったことが、中国での日英関係を複雑なものにした。十九世紀後半から米国の西太平洋への関与は大きくなってきたが、大戦勃発とパナマ運河開通により、名実ともに大西洋と太平洋にまたがる世界一の海洋国家となった米国の存在は、東アジアへの進出を本格化し日中交流を考えるときには不可欠な要因になった。

一方、揚子江流域や広州での英国の存在は大きかったが、資本不足の日本の財界にとっては、米国の主張する門戸開放・機会均等宣言や、モルガン商会など国際金融資本の動きにどのように対処するかが中国進出の鍵を握ることになった。

また満蒙だけでなく、十九世紀以来英国、フランス、ドイツなど欧州列国の競合する地として最も注目を集めていた揚子江流域にも米国の関与は強まり、日英両国との新たな競合と協調の可能性を生み出した。

日本の財界人や知識人は米国の理念や行動に強い影響を受け、日中米三国の枠組みというものが意識され始めた。他方、英国はこうした米国や日本の台頭、とくに第一次世界大戦中からの日本の中国、インド市場への経済進出を脅威に感じ、英国の権益を侵害するとして日本と激しく対立した。渋沢の英国に対する信頼感とは違い、英国にとって、日本の経済界は手ごわい競争相手に映ったのである。

パナマ運河の開通は日伯米三国関係に構造的な変化を与えた。米国主導による同運河の開通が現実のものとなってくると、米国外交の基本であるモンロー主義の内容に濃淡がつくことになった。つまり、米国にとって、南北アメリカ大陸諸国のなかで、カリブ海における米国海軍力の優位と、パナマ生命線の確保が第一の課題になったのである。タフト大統領のパナマ運河の開通及びカリビアン沿岸諸国の不穏な情勢は、モンロー主義を一定の区域内に局限することを証明しているため、それはパナマ運河周辺とカリブ海地域において死活的に重要な意味を持つという発言からも、米国が安全保障の観点から、中米地域の重要性の高まりを認識していたことがわかる。

商業会議所は、渋沢や実業家にとって積極的な商業道徳を実行する舞台となった。つまりグローバルな経済取引を円滑に進めるためのグローバルな企業家活動を取り囲む環境に対するアプローチである。換言すれば、政治・外交的な要素を含む国際関係を改善するために実業家が行う努力である。商業取引やさらには長期の投資や永続的な取引が締結されるためには、単に経済的な優位性や技術力だけではなく、政治、軍事、社会を含んだ広い意味での国家間や国際組織内での信頼関係が築かれていることが不可欠である。グローバル社会の実業家の道徳観として渋沢栄一が他の実業家より際立っているのがこの側面である。渋沢の場合は、絶えずグローバル社会の中での日本の立ち位置を意識しながら、実業家に道徳を説いた。

海外でもグローバルに事業を展開した企業家が国際関係の改善に努力した例は数多くある。アメリカの鉄道王ハリマンが日本と共同で満州鉄道を建設するため、日本政府との間で、一九〇五年に桂＝ハリマン協定を結び、渋沢栄一も積極的に支持した。ポーツマスから帰国した小村外相により破棄されたが、このハリマンの動きなどは私益を超えて、グローバルな交通網を創設することが、日米中関係を改善すると考えた一例であった。中国でも、一九〇三年に日本を訪問し、大阪博覧会にショックを受け、帰国後清国政府を辞して、故郷の南通を中心として中国の近代化に尽くした張謇は、渋沢も見学した一九一五年サンフランシスコでのパナマ太平洋博覧会に参加した後、ワシントンまで足を延ばし、ウィルソン大統領やアメリカ政財界の要人に面会し、中米関係の友好親善を進め、中米通商貿易の拡大に努めた。

この時期、実業家が国境を超え、グローバルな視点から事業を進めるための前提として、平和な国際関係を望み、自らが行動したのであった。

†理化学研究所と日本結核予防協会

渋沢は経済界から身を引いた後も、日本が世界の新潮流に乗り遅れることのないように絶えず情報収集を怠らなかった。その一つが理化学研究所の創設であった。一九一三年高峰譲吉が渋沢に、科学研究所構想を持ちかけたことに始まる。明治初年以来、日本は欧米の機械工業の模倣により、ここまで発展してきたが、将来の日本がさらに発展するためには、理化学分野で独創力を伸ばす必要があり、そのための研究所を設立するという高峰の科学研究所構想を、渋沢が賛成したのがきっかけとなった。渋沢は東京商業会議所会頭の中野武営、山本権兵衛内閣の大隈重信農商務大臣の賛同を得て、設立に取り掛かった。

第一次世界大戦の勃発により、ドイツから化学の技術や染料・医薬品の輸入が途絶えてしまい、価格が高騰し国民生活に大きな打撃を与えたことも研究所の設立を後押しした。こうした状況を踏まえて、二年後の一九一五年に帝国議会で理化学研究所の創立が決議された。渋沢は、理化学分野における、平和的かつ産業に資する活動を行うことで、日本の技術革新を推進し、公共の利益に役立たせたいという考えを持っていた。一九一七年、渋沢は設立者総代として、東京都文京区駒込に財団法人理化学研究所を設立させ、初代所長は菊池大麓が就任した。基金は皇室からの御下賜金、政府からの補助金と民間からの寄付金であった。

一九二一年には渋沢が議長を務める理事会で、大河内正敏が三代目の理事長に選ばれ、翌年から研究室制度が発足し、主任研究員に研究の自由裁量が与えられたが、他方財政難に直面した。一九二七年には理化学研究所での発明を事業化するために理化学興業が創設され、マグネシウム、ゴムなどの発明品の製造会社を擁する理研コンツェルンと呼ばれる企業グループを形成したが、太平洋戦争の終結と共に解体された。一九五八年に特殊法人として再出発し、二〇〇三年に独立行政法人に改組され、今日に至っている。理化学研究所は鈴木梅太郎、寺田寅彦、中谷宇吉郎、長岡半太郎、湯川秀樹などの数多くの優秀な科学者を輩出した。

労働運動もこの時期グローバルに展開し始めた。日本の経営者の多くは、ロシア革命と社会主義国ソ連の誕生と重ね合わせて、労働運動を危険なものとみていた。一九一九年に床次竹二《とこなみたけじ》郎《ろう》（一八六六―一九三五）内務大臣を中心とする内務官僚と、渋沢や日本工業倶楽部に集う郷誠之助、中島久万吉ら財界人が協力して協調会が発足した。労使協調のための研究調査と社会事業を行う財団法人で、会長には徳川家達《いえさと》（一八六三―一九四〇）が、副会長に渋沢栄一、清浦奎吾、大岡育造が就任した。日本工業倶楽部では何度も寄付金募集活動が行われた。徳川家達は徳川宗家十六代当主で、貴族院議長、ワシントン軍縮会議首席全権大使、日本赤十字会社社長などを歴任した。

労働界からの代表の参加はなかったが、官民一致の民間機関と呼ばれるように政、財、官、学から様々な立場の人間が関与することになった。当初は後に常務理事となる添田敬一郎が「梁山泊の観を呈していた」と語ったように労使一体の協調主義の理念をめぐり、激しい対立があった。

協調会の活動で効果が上がったとされるのは、労働争議の調停と修養主義に基づく労働者講習会の実施の二つがあげられる。渋沢が協調会に最も期待したのは、大規模労働争議の調停であった。添田は率先して、争議調停活動を行い、日本楽器、別子銅山、野田醬油などの当時有名になった三大労働争議に対して、比較的労働者側に有利な調停を行い、成功例となった。

渋沢は元内務官僚の田沢義鋪《よしはる》を協調会の常務理事に据え、労務者講習会と修養団活動を企業や労働者に広めていった。修養団のモットーは「資本家や労働者である前にまず人であれ」で、合宿生活を通して講師と受講者が、人生に対する正しい信念と社会労働問題を正確に理解することを目指した。一九二一年から一九二九年までに百五回開かれ、延べの参加人数は一万人を超えたといわれる。

妻千代をコレラで喪った渋沢は、感染症対策にも関与した。北里柴三郎が一九一三年に日本結核予防協会を設立した際には、副会頭としてかかわり、一九二〇年に組織を変更し、財団法人として、自ら会頭に就任し、亡くなるまで務めた。

一九一七年から約三年間、世界中で猛威を振るったスペイン風邪について、渋沢は触れていない。一九一九年の『東京都養育院月報』には、巣鴨分院における医師の調査によると、同分院利用者三百八十三名中、百七十一名が罹患、呼吸器型二十三・三%で、比較的軽症、頭痛の強い神経病型五十八・五%、消化器病型三十三・七%で、死亡率〇・五%となっている（『東京都養育院月報』〔復刻版〕不二出版）。当時ウィルスの存在はまだ知られておらず、インフルエンザとかノロ・ウィルスの議論はなく、原因として疑われていたパイフェル菌の中毒と記載されている。当時は結核、トラコーマ、疥癬、梅毒の問題が中心で、悪性流感に関する記載は見当たらない。渋沢の講演記録も第一次世界大戦やカリフォルニアの移民の問題が中心で、スペイン風邪への言及はなかった。

渋沢は幼いころから、生誕地深谷の獅子舞など郷土伝統芸能には自身が参加するほどの愛着を抱いていたが、益田孝、大倉喜八郎、松方幸次郎などのように古今東西の絵画、陶芸、茶器などを収集する趣味はなかった。文化芸術活動の支援については、演劇改良会、東京改良演芸会友楽館などの委員として、芝居や寄席の改良などに関係した。

渋沢が、本格的に文化支援活動に参加したのは、一九一一年、大倉喜八郎が音頭を取って帝国劇場を建設しようとしたときである。渋沢栄一、荘田平五郎、西野恵之助、福沢桃介、福沢捨次郎、日比翁助らが発起人となり、日本初の西洋式劇場が日比谷に建設された。横河民輔の設計によるルネサンス建築様式であった。渋沢はパリのオペラ座でオペラを鑑賞した時に、日本にもこうした劇場が必要なことを感じたという。帝国劇場ではイタリア・オペラ、歌舞伎、シェイクスピア劇が上演された。渋沢は大倉喜八郎と一緒に帝国女優養成所も支援している。一九二三年、関東大震災で外枠を残して焼失したが、翌年再開した。「今日は帝劇、明日は三越」という流行語が示すように、大衆文化時代の幕開けとなった。

渋沢と宗教との関係は必ずしも明らかでないが、寺社では徳川家、特に徳川慶喜ゆかりの浅草寺や増上寺に寄進している。しかし神社との関係は深く、故郷の諏訪神社（埼玉県大里郡）、日光東照宮三百年祭、明治神宮の建設、南湖神社の建設など多数にのぼる。

その中で興味深いのは明治神宮へのかかわりであった。一九一二年七月、明治天皇が崩御、乃木希典将軍夫妻が殉死し、日本社会に衝撃を与えた。明治の精神が終わったと夏目漱石が語ったように、渋沢も、急速な近代化を達成した五ヵ条の誓文に掲げられたような潑剌《はつらつ》とした明治の精神が、日本社会から消えつつあると感じた。

明治天皇の御陵を首都東京にという日本橋区民の強い請願に同感した渋沢は、同年八月に阪谷芳郎（東京市長）、中野武営（東京商業会議所会頭）や政府要人と相談し、明治神宮を東京に造営することを決め、代々木御料地に明治神宮内苑を、青山練兵場に明治神宮外苑を建設することに取り掛かった。明治神宮奉賛会の副会長として、渋沢は寄付金集めに奔走した。内苑の工事は順調に進んだが、関東大震災により中断し、一九二五年にようやく完成した。

一九一五年に徳川家康没後三百年を迎えるにあたり、渋沢は日光東照宮三百年祭奉斎会を組織し、翌年林董《ただす》の死去により同会会長に就任し、各方面から寄付を募り、盛大な大祭を実行し、徳川家康および慶喜を高く評価し、徳川時代の復権に尽力した。

江戸町会所などの精神と方法から多くを学んだ渋沢が尊敬した松平定信は、奥州白河藩主であった時、領内に南湖《なんこ》と呼ぶ人口湖を囲む公園を造り、身分制度の厳しい時代に一般庶民に開放した。日本で最古の公園といわれている。明治以降、同地域の住民が定信の遺徳の顕彰を強く望み、渋沢も尽力した結果、一九二〇年に神社創設が認可され、二年後に完成した。

実業界を引退した後も渋沢の地方振興への意欲は衰えず、機会あるごとに全国を回った。その特徴を見てみよう。国内では東日本が圧倒的に多いが、静岡以西に関しては訪問先が限定されている。それは静岡と大阪を中心とする関西で、その目的は寄付金集め、講演会と視察である。

まず第一銀行関連では、一九一五年広島、熊本両支店の開設に伴い、同地を視察。翌年には第一銀行頭取辞任披露を大阪で行っている。視察では、一九一二年関西銀行大会参加と大阪築港視察、一九一五年の国産奨励会へ参加するため、関西（大阪、京都、神戸）を訪問している。一九一〇年には静岡商業会議所での講演の後、県立商品陳列所を見学し、名古屋で、前年の渡米実業団第一回記念会に参加し、渡米実業団旅行の思い出話をし、共進会へ参加している。

次に寄付金集めである。一回の旅行で、関西（大阪、京都、神戸）と名古屋を訪問していることが多い。一九一一年、大阪で公益事業や日本女子大学校への寄付金、同年九月に水害救済寄付金集め、一九一四年、東北九州災害救済寄付金、関西（静岡、講演会）、一九一七年、連合国の傷病兵や罹災者への寄付金募集等である。

これ以外には、記念事業への参加がある。一九一三年の比叡山延暦寺千五百年祝賀祭、一九二七年、伊豆修善寺の下田玉泉寺で行われたタウンゼント・ハリス記念碑除幕式等である。講演会は視察や寄付金集めの合間を縫って行うことが多く、一九二〇年の静岡講演会のように単独で行う例は少ない。このほかには、一九一三年の静岡県島田で修養団訪問、一九一八年の名古屋から伊勢、鳥羽など三重県各地を歴訪した旅が挙げられる。

東日本への回遊は、一九二九年まで続くが、三つの特徴がみられる。まず埼玉県への訪問が多い。故郷の諏訪神社での行事(一九一六年、拝殿落成奉告祭、渋沢の喜寿碑除幕式など)に参加するため八基《やつもと》村へ毎年のように赴いている。とくに一九一七年から一九二九年までは、毎年九月二十七日から二十八日、血洗島に宿泊した。一九一八年には血洗島に天狗党の水戸浪士の戦死を悼み、渋沢の撰書による弔魂碑が建てられ、現存している。彼の歴史認識を垣間見ることができる貴重な史跡となっている。このほかには、埼玉県のほとんどの市や町に講演に出かけているのが目立つ。

次に目立つのが千葉県である。東京養育院安房分院の落成式、十二周年記念式典などで計六回も千葉県舟形町を訪問している。また一九一八年九月には、ハワイで知り合い懇意にしていた飯田佐次兵衛から懇請され、長女の穂積歌子を連れ、総武線で千葉県旭町(現・旭市)を訪

旭町尋常高等小学校での講話（1918年、飯田恭介氏蔵）

れ、町立尋常高等小学校で講話、町内で時局について講演を行った。飯田家は代々醬油醸造を生業にし、五代目佐次兵衛は、一九〇二年にハワイで初めて醬油の生産に成功した。大勢の小学生を前にして渋沢は、記憶力を高めるコツを嚙んで含めるように語った。渋沢は記念に楠木を植樹したが、現在は県立図書館の敷地内に移植され、堂々とした姿をとどめている。

三番目には、比較的時間をかけ（一週間程度）、地方主要都市を視察し、自らの人的ネットワークを活性化すると同時に、学校や公会堂で講演会を行い、地域振興の重要性を訴えるとともに日本女子大学校の生徒募集も行った。一九一〇年六月には桐生の織物組合、足利の織物組合、足利学校、館林などの訪問。一九一七年には信州主要都市（小諸、上田、長野、松本、上諏訪）の歴訪。一九一七年一月六日—二十三日に、長岡—新潟—喜多方—若松—郡山—福島—米沢—山形—秋田—青森—盛岡—仙台—福島—上野という順路で東北振興を訴えている。一九一八年六月には富山、高岡、金沢、福井歴訪などがあげられる。

たまには、くつろいだ旅もあった。日光東照宮三百年祭奉斎（一九一三年）や、白河へ松平定信（楽翁）の事績を訪問した（一九二二年）。一九一三年七月、珍しく長瀞へ第一銀行重役と旅行し、アユ漁を観覧している。

†「論語と算盤」の誕生

「論語と算盤」の名付け親、三島中洲と渋沢との出会いは明治初年にさかのぼるが、親しく論ずるようになったのは明治末年である。漢学者の三島は攘夷をやめ、開国して西洋の学問や技術を日本へ導入する必要性は十分理解していた。しかし西洋帰りの留学生や西洋の学問にかぶれた人間が、漢学を封建時代の遺物であるかのごとく述べ、その価値を否定することについては憤慨していたのである。論語と「民主化」の間で悩みながら、漢学を重要視していた渋沢は、おそらくこうした三島の行動を注目していたと推察できる。

特に三島が一九〇七年に「義理合一説」から「道徳経済合一説」を発表したことは渋沢に大

きな影響を与えたと思われる。二人の関係を決定的にするのは、一九一一年の三島との語らいからであった。渋沢が論語と算盤の考え方に確信を持ったのは、当時東宮侍講であった三島が渋沢邸を訪れたときに、洋画家の小山正太郎が朱鞘の刀、シルクハット、算盤、論語の四つをうまく配合して描いた色紙を見ながら、三島は渋沢の「経済道徳観」を聞いたのち、「論語算盤」と位置づけたという（見城悌治『渋沢栄一――「道徳」と経済のあいだ』日本経済評論社）。三島は渋沢の考え方が自分とほぼ同じで、日本を代表する経済人としてはたいへん好ましく、かつ珍しいことに気付いたと思われる。

二松学舎は創設当時に比べると生徒数が減少し、経営不安を感じていた。すでに述べたように、三島中洲は漢学が絶滅の危機に瀕しているという危機感から、一八七七年に二松学舎を創設し、漢学塾からは中江兆民、夏目漱石、与謝野晶子、平塚らいてうなど多方面の優れた人材を輩出してきた。また三島自身も、東京帝国大学講師を経て一八八一年には同大学教授となり、国学院大学教授を経て一八九六年には東宮侍講に就任し、一八九八年には宮中新年講書始で周易泰掛を進講し、同年文学博士の学位を授与されていた。

三島の栄達にもかかわらず、二松学舎を取り巻く環境は一向に好転しなかった。それどころかますます西洋の学問を学ぶ人が増え、特に日清戦争後は日本人の中国認識は激変し、中国に対して傲慢になり、伝統的な儒教や漢学を軽視する人物が多くなってきた。他方、明治になり国語教育の方法も進展し、学校教育に占める地位も向上してきた。二松学舎は三島広舎長の下で国語科を開設し、国語教育にも対応できるようにした。自身が老齢となるに従い、三島中洲は二松学舎の将来さらには日本における漢学教育の衰退を憂い、重ねて財政基盤を確立させるために、一九〇九年、二松義会を創設した。

二松義会の創立の趣旨の中には、同義会の設立により、二松学舎の存続を確固たるものにするため、広く義援金を募集し、三島の子孫と門人、有志が結束して二松学舎を永遠に維持し、道徳文学の拡張を図ることを目的とした。三島自らが所蔵書籍や自著の出版権などを売り千円を拠出した。創立委員には、貴族院議員で東宮侍従長を務めた入江為守《いりえためもり》（一八六八―一九三六）子爵をはじめ尾立維孝、山田準、児島献吉郎、三島復、三島広の名が連なっていた。入江為守は京都生まれの、明治から昭和にかけて生きた歌人であった。

二松義会での渋沢の活躍ぶりを見て、三島は渋沢に二松学舎の経営に深くかかわってほしいと考えるようになったと思われる。具体的な依頼は一九〇八年十二月上旬に三島が渋沢邸を訪問した時に始まると推測される。三島の懇請により渋沢は一九一〇年、二松義会の顧問に就任した。

第一次世界大戦の勃発による好景気にあわせるように洋学はますます盛んになる。戦争景気に沸き立つ中、繊維、造船などの業界はバブル景気に沸き立ち、企業家は投機に走り、いわゆる成金が各地で現れ、経済人の道徳は低下した。だが大戦の終結とともに戦後不況が訪れた。大戦景気がもたらした「にわか成金」は次々と倒産し、経済界は目先のことに追われていた。

特に渋沢が最も育成に力を注いだ銀行が、道徳とはかけ離れた投機的な行動に走っていたことが次々と明るみに出る。渋沢が銀行家に求める道徳は特に厳しかった。しかし銀行家をはじめ、実業家の商業道徳はなかなか向上しなかった。大戦景気の時にはかえって著しく低下した。代表例が石井定七事件であった。事件の主役となった大阪の材木商石井は、木材と三品（株式、米穀、綿糸）の取引で典型的な「戦争成金」にのし上がった。

一九二一年、石井は米の不作に乗じてその買占めを行ったが、それも足りずと、鐘紡株の買い占めに走った。値上がりを期待するだけの投機的な経済活動は一時景気を支えたが、長続きしない。結局資金繰りに失敗し、石井商店は倒産し、膨大な借金のため借金王の異名までついてしまった。石井商店に融資していた銀行の数は四十行を超え、そのなかには財閥系の住友銀行まで含まれていた。この事件は第一次世界大戦以来、日本経済がその実態をはるかに超えた投機的思惑により動かされていたことや、銀行の企業融資に対する姿勢がいかに節度を欠いていたかなどを露呈した。

銀行を合本会社の中心に据える渋沢にとって、こうした道徳心に欠ける銀行家の行動は許しがたかった。渋沢は経済の「民主化」の核となるべき銀行の行動への憤りから、帰一協会や国

二松学舎創立記念式講話

際連盟協会などで、内外の学者に世界共通の道徳の創出を問うたのであった。しかし帰一協会などでの議論からもその答えを見出すことは出来ず、「民主化」の限界を感じ、より『論語』に依拠する道徳心の向上に問題解決の糸口を見出そうとするようになった。

ちょうどその時に、渋沢は三島中洲から二松学舎舎長就任を懇請された。『二松学舎大学九十年史』と『二松学舎大学百年史』によると、三島は、二松学舎を取り巻く環境が日に日に厳しさを増す中で、何とか渋沢を舎長とし、その経営能力により二松学舎の財政的な基盤を強化したかった。渋沢は三島の要請を受け入れ、舎長に就任した。創立四十周年にあたる一九一七年三月からさっそく資金を集め始め、二松学舎は東洋学の殿堂へと安定した歩みを進めた。

なぜ渋沢に白羽の矢が立てられたのであろうか。優れた経営者としての資質や寄付金集めのうまさに加えて、三島が期待したのは仲裁者としての渋沢のリーダーシップであった。中西事件で、東京高商の大学昇格をめぐる文部省と大学の教員・学生との紛争を見事に仲裁した手腕は広く知られていた。

渋沢が合本組織を立ち上げ運営していくために経営者とそれを実質的に支える幅広い人材の育成を重視したことはすでに述べたが、これは教育支援にも当てはまることだった。彼の教育支援の特徴は、財界人としての幅広い人脈を駆使して、いわゆる奉加帳方式にて寄付金を集めたことだけではなく、教育機関の運営に理事、評議員などの立場から積極的に関与したことである。

†仲裁者としての手腕

渋沢の東京高商と早稲田大学の危機への対応が有名であった。渋沢に期待されたことは、財政的支援を背景とした強力なリーダーシップであった。渋沢が創設者に頼まれ死後の学校の経営や継承について相談に乗り、まとめたケースはいくつかある。

東京高商についてはすでに述べたので、早稲田大学の事例を紹介しよう。大隈が創設した早稲田大学と渋沢の関係は良好で、いわゆる早稲田騒動に関与し、大隈亡き後の早稲田大学の帰趨を決定することに大きく関与したのである（島田昌和「「合本」資本主義と高等教育への反映」、橘川武郎・島田昌和・田中一弘編『渋沢栄一と人づくり』有斐閣）。この時の渋沢の活動は大学関係者の間でよく知られており、寄付集めへの期待だけでなく二松学舎の経営を託すにふさわしい人物と評価されたことは間違いない。

民間企業では清水組(現在の清水建設)も良い例である。富山の裕福な農家に生れた初代清水喜助(一七八三―一八五九)は江戸に出て大工の棟梁になり、清水屋を開店し諸藩の御用達となった。幕末にはいち早く横浜の将来性を見抜き、支店を置き、開港場での建築を手掛けた。一八五九年、初代喜助の死去にともない、清水組を継いだ二代目清水喜助(一八一五―一八八一)も富山県出身だった。初代喜助に見込まれ、長女ヤスの女婿となる。横浜で洋風建築技術を学び、築地ホテル館など多くの斬新な建築物を完成させた。その技術が三井の三野村利左衛門に認められ、一八七二年、三井組ハウスを完成させた。この建物は、のちに第一国立銀行の本店となる。

三野村を通じて二代目喜助と懇意になった渋沢は、清水組の相談役に就任した。ところが一八八一年、二代目喜助が死去してからわずか六年後に、養子の満之助が死去した。満之助未亡人ムメと支配人が経営を引き継いだ。満之助は渋沢を信用し、後々のことは渋沢に相談するようにと遺言を残していた。

渋沢の指導に基づき、満之助の従弟原林之助を支配人とし、支配人制度の明確化と「営業規則」を整えた。一八九二年に、穂積陳重が「清水家家法」を定め、清水組の同族会議を最高議決機関とすることにより、江戸時代から続く同族団を整理しながら、近代的な建築業に発展させていった。大正から昭和にかけて第一銀行各支店や聖路加病院など次々と大規模建築を手掛け、建設業界トップの地位を築いた。後継者問題の調停と組織の近代化に果たした渋沢の手腕に恩義を感じた清水組は、現在重要文化財になっている王子飛鳥山の青淵文庫および晩香廬と、のちに深谷市に移築された誠之堂などを設計建築し寄贈した。

国際関係においても渋沢は仲裁調停人の役割を果している。第一次世界大戦中に米国が日本に対して船鉄の輸出を止めた。輸出禁止令の適用は厳しく、すでに契約済みの鉄材でも連合国側の軍用品以外は一切積み出しを禁止した。この段階で日本が米国に対して発注していた造船用鉄材は約四十六万トンであった。すでに英国も鉄材の輸出を禁止していたので米国からの造船用鉄材は日本の鉄材輸入量の九割以上を占めていた。まさに造船業界の命綱が切れそうになったのである。この背景には、日本の海運の急速な発展を脅威に感じていた米英両国の思惑が働いたこともあっただろう。

渋沢の対応は早かった。川崎造船社長の松方幸次郎や鈴木商店の金子直吉から事態の深刻さと窮状を聞いた渋沢は、危機打開のためにUSスティール会長のエルバート・ゲーリーに日本向け鉄鋼輸出の解禁を求める電報を打った。ゲーリーは、「ゲーリーは公平だ」という言葉が米国経済界で流行したほどの、道義心のある人物で、その前年来日した時に渋沢栄一と面談し、意気投合していた。ゲーリーは全力を尽くすと渋沢に約束した。

しかし事態はなかなか好転しない。米国側が、鉄鋼輸出解禁の条件として、日本の造船供給能力をはるかに上回る要求を突き付けてきたので、政府間交渉は暗礁に乗り上げ、対米交渉は打ち切られた。そこで、民間経済界が自らの手により各造船会社の抜け駆けをおさえ、要求を一本化して、駐日大使モリスと交渉を開始した。米国側としても、ヨーロッパ戦線へ向かう輸送船が連日ドイツのUボートの餌食になっていることを考慮すると、交渉を長引かせることは得策ではなかった。モリスは国務省と協議し、日本側の申し出に応じ、契約済みの鉄鋼に限って日本は一トンに対して一重量トンの船と交換し、交換に先立ち日本は十二隻の商船を米国に引き渡すという条件をとりきめた。

日本の民間経済界が政府の助けを借りずに交渉を妥結させた成功例と言える。渋沢は直接交渉過程には参加しなかったが、彼の今までの「民間」外交を通じて築き上げた日米の幅広い人脈と影響力の大きさを評価した米国政府は、今後同様な紛争が起こりうることを想定して、渋沢に船鉄交換に関する争議仲裁人になるように委嘱してきた。渋沢は喜んで承諾した。一九一九年五月のことであった。

したがって渋沢が二松学舎の舎長に就任した一九一七年八月の時点では、第一銀行からは離れ、経済界からは引退したものの、経済界や国際関係の分野では争議仲裁人及び義援金集めの中心的な人物としての評価が確立されていた。二松学舎については一九三〇年、二松学舎専門学校に対し、高等学校高等科もしくは大学予科と同等以上の指定が最終的に行われた。

†二松学舎への支援

財界人渋沢栄一に最も求められたことは、二松学舎の財政的な基盤を強化することであった。渋沢が直接二松学舎の運営に関係するようになったのは、三島中洲の依頼を受け、一九一〇年五月に、財団法人二松義会の顧問に就任した時である。十歳以上も年長の三島から懇請され、やむを得ず引き受けたと渋沢は語っているが、就任するとすぐに財政面の強化に乗り出した。翌年には皇太子(のちの大正天皇)から三百円が二松義会に下賜された。

渋沢栄一が二松義会に就任するや否や経営難をめぐり、理事会では対立が生じた。渋沢は学舎の経営も調和も取れていなくて不十分であると三島準に書き送っているが、一九一九年八月二十九日に財団法人二松学舎と改組すると同時に、二松学舎拡張資金募集を計画し、専門学校の設立への寄付を集めた。次に渋沢は、学長三島復《また》の死去に対応した。三島家の財産をめぐる問題の中で、復は家族の借金の返済のため二松学舎の土地を抵当に入れたので、自宅を失うことになり、このことは復の信頼を損ねることになった(町泉寿郎編『渋沢栄一は漢学とどう関わったか』ミネルヴァ書房)。

関東大震災後に復が跡継ぎのないまま急逝すると、家族間でのトラブルが再燃した。何とかこれを乗り切った渋沢が次に対応したのが、専門学校への昇格問題であった。

第一次世界大戦中のロシア革命による社会主義国家の誕生は、日本にも衝撃を与えた。国民道徳の涵養が急務とされ、近世以来の日本の道徳の基盤を形成してきた漢学に対する世の再評価が始まった。この流れを渋沢はすばやく把握し、二松学舎創立五十周年記念事業として、新たに国語・漢文の中等教員を養成する専門学校に昇格して歩み出すことになった。設立資金募集のため、飛鳥山の自邸に大倉喜八郎、古川虎之助らを招き、大々的な寄付集めの活動を開始した。

しかし数多くの優れた人材を輩出してきた二松学舎も、西洋の学問が中心となり、早稲田、慶応義塾がすぐれた人材を集めてゆく中で、漢学に関心を持つ若者が減少していく。漢学を普及させることを目的とした二松学舎としては危機的な状況下に置かれていた。加えて文部省が新たに国語科を設定し、漢学は国語科の中で教えることにし、漢学科の名称がなくなるという方針を定めたことが追い討ちをかけた。

渋沢は幼少のころから、漢学の教えにより道理を尊重し、論理的な思考を養った体験を通じて、漢文の力をこれからの日本社会を支える若い人に伝えようと考えた。渋沢が二松学舎の専門学校生に期待したことは、漢学の知識や道徳のほかに、道理を説くことにより、物事を論理的に考える力を養うことであった。

そこで渋沢は、文部省の中学校での漢文科を廃止することに反対し、文部大臣を訪問して建議書を手渡したのである。全国中学校校長会議では、議論の結果、日本の教育は詰め込み主義であるので、知育の時間を削減して体育に転用するということに落ち着いた。特に中学一年生には一時間、二年生以上には週二時間充てられている漢文は、各課目中、最も不必要なりと認めたという。こうした文部省並びに全国中学校校長会議の決議に対して、渋沢は危機感を抱いて反対意見書を印刷し、二松学舎から頒布した。残念なことに、文部省へ送付した漢学廃止への反対意見書は、その後、関東大震災で焼失した。

渋沢の漢学普及への取り組みは二松学舎だけではなかった。湯島聖堂の保存や孔子祭にも渋沢は熱心に取り組んだ。湯島聖堂は江戸時代の儒学の殿堂ともいうべき存在で、近世の遺産ともいうべき建築物であった。明治に入り、聖堂は廃されたままになったのを、一九〇七年に渋沢は聖堂保存会に参加し、嘉納治五郎や谷干城ら二松学舎に関係の深い人物とも協議を重ねた。また同年には孔子祭典会を開催し、孔子祭の復活を決めた。

さらに、三島中洲や二松学舎が発行した雑誌『斯文』を見ると、維新後衰退していた儒教を復興するため一九一八年に財団法人斯文会を設立し、孔子祭典会ほかの漢文や儒教に関係する団体を合併させ、三島と渋沢は斯文会の顧問となり、その活動を支えることになったことがわかる（丁世絃「渋沢栄一の儒教活動――聖堂保存・孔子祭を中心として」、前掲、町泉寿郎編『渋沢は漢学とどう関わったか』）。斯文会顧問には吉川顕正、清浦奎吾、金子堅太郎、末松謙澄、阪谷芳郎などそうそうたる顔ぶれが入った。金子は渋沢の死後、二松学舎の舎長になり、阪谷も二松義会の理事を長年務めた。このように三島と渋沢は二松学舎の人脈を駆使しながら、儒教や漢学の復興に尽力したのであった。

†後継者渋沢敬三

古今東西、後継者選びは最も悩まされることの一つである。清水組、早稲田大学、二松学舎など後継者問題の仲裁を手掛けた渋沢も例外ではなかった。千代夫人との間に生まれた長男篤二は、後継者として龍門社や澁澤倉庫の社長を任されたが、栄一の期待には応えられなかった。芸事や写真の腕前は相当なものであったが、別宅に女性を囲い、本宅に寄り付かなくなった。ついに栄一は同族会に諮り、家族の反対を押し切って篤二を廃嫡にした。

栄一が後継者に選んだのは、篤二の長男敬三であった。渋沢敬三（一八九六―一九六三）は栄一の嫡孫として深川に生まれた。栄一にその才能を見込まれた敬三は、父篤二の廃嫡に伴い、一九一五年、渋沢同族会社社長として家督相続人となり、渋沢一族の要となった。渋沢栄一の継承者という側面から、敬三の果たした役割について考えてみよう。

栄一の手がけた想像を絶するほど多岐にわたる事業すべてを一個人が継承することは不可能と考えられたが、敬三は、彼独自の流儀で静かにこの課題に挑戦した。それでは敬三は、栄一から何を継承しようとしたのか、またそのために敬三はどのような方法を用い、何を継承したのであろうか。

栄一の継承者という視角から敬三の経歴で注目すべき点は、(一) 渋沢同族会社社長、(二) 銀行家・財政金融家、(三)「学者」、(四) 財界リーダーと文化の後援者(パトロン)だといえよう。

渋沢敬三は十八歳の時、人生の目標となる人物を二人採り上げ、小論を物にしている。一人は江戸時代後期、白河藩主として藩政改革に大きな成果を上げ、のちに老中として寛政の改革を実施した松平定信である。もう一人は、十九世紀の英国を代表する銀行家エーベリー卿(一八三四―一九一三)である。

松平定信は、渋沢栄一が徳川慶喜とともに尊敬した人物であった。定信の著作や資料を読むうちに、栄一は定信が道義を重んじ治世に尽力したことを知り、感銘を受けた。栄一は定信の事績や彼に関する資料を広く世に知らしめようとして、『楽翁公伝』の編纂事業を手掛け刊行した。さらに福島県白河市に定信を祀るため、南湖神社の創建に尽力した。若き敬三も、こうした定信の治世に対する真摯な態度と意気込みに感銘を受けたのであろう。

エーベリー卿は、銀行業の傍ら研究者として英国内外で活躍した。ダーウィンの進化論に共鳴したエーベリーは、考古学、生物学の分野で、自らの研究だけでなく国際的な学会活動を行った。敬三にとってエーベリーはあこがれの的であった。二人に共通していることは、銀行業を本業としながらも、学問を大切にし、幅広い教養を身に着け、実業と文化を結ぶステーツマンシップを持っていたことである。

敬三は旧制中学時代より、渋沢家の一員としての自分の生き方を模索していたように思われる。しかし父篤二が廃嫡になり、正装した栄一から後継者になるように懇請された時、敬三は大いに悩んだ。生物学者になる夢をあきらめ、銀行家になることへの迷いが一番の理由であったが、父篤二や叔父たちを差し置いて、栄一の後継者になることへの逡巡も大きかったのではないかと考えられる。栄一の半年間の説得により、ようやく敬三は首を縦に振った。

一九一五年、同族会は渋沢同族株式会社となり、敬三は十九歳で社長となった。栄一と渋沢一族の存在は敬三の重荷になった。その後、父篤二と祖父栄一との関係がぎくしゃくし続けたことも、敬三にとっては悩みの種であった。篤二は写真家としてはすぐれた素質を持っていたが、栄一の実業を継ぐような性格ではなかった。

一九三一年十一月十一日の栄一の死後まもなく、叔母の穂積歌子と父篤二を相次いで失ったことは、敬三に急性糖尿病で入院を余儀なくさせるほどの心労を与えた。栄一の後妻、兼子の生んだ兄弟や、尾高家、穂積家、阪谷家など親戚から受ける重圧の中で、敬三は苦しみながらも同族会を維持したのである。

他方で、敬三が若いうちからこの複雑な家族を、栄一や穂積陳重・歌子夫妻に助けられながらとりまとめていったことは、彼をして若者らしからぬ深い思索へ導き、沈着冷静さとバランス感覚を育ませた。財政金融家や財界のリーダーとしての敬三の人間としての幅を大きくし、栄一の実業の継承方法にも影響を及ぼした。

人物の歴史的評価を下すことはいつの時代でも容易なことではない。常に悩まされるのは史資料の制約である。その点、渋沢栄一の場合は状況が異なる。その理由は民間の一個人の史料としては世界的にも珍しいほど大量の一次史料と関連資料が『渋沢栄一伝記資料』に収録され、誰でも利用できるからである。この文書の資料集に加えて、渋沢栄一に関するモノの資料も数多く保存されている。研究者にとって垂涎の的になった膨大な量の史資料を体系的に整理保存させたのが、栄一の後継者渋沢敬三であった。

第六章

人生晩晴を貴ぶ

飛鳥山邸での国際連盟協会主催赤十字会議(1925年11月23日)

日英米の海軍軍縮会議を中心とするアジア・太平洋の新しい秩序を構築するため、渋沢は海軍軍縮に向けて経済界を取りまとめようと尽力した。団琢磨率いる英米訪問実業団とは別に、八十歳を超えたにもかかわらずワシントン会議にオブザーバーとして出席し、ニューヨークで海軍軍縮に向けて講演した。英米実業訪問団は、渋沢の期待とは異なり米国で移民問題には言及せず、英国でも、中国における日英協力について大きな進展はなかった。

一九二〇年代に入ると、渋沢の知名度の高さとは反比例して、右腕となってきた政治家、実業家、学者が次々と他界し、政財界で世代交代が進み、渋沢の影響力は低下していった。ただ一九二三年の関東大震災後の復興と、一九二四年の米国における排日移民法の成立への対応では、「民」のリーダーとして大所高所から行動し、存在感を示した。大正デモクラシーと普通選挙権の拡大に伴うポピュリズムへの懸念、関東大震災に対する天譴論など見られるように、合本主義の普及に不可欠と考えてきた「民主化」への限界を感じた渋沢は、国際交流、社会福祉、技術開発や教育への支援などのフィランソロピー活動を通じて、新しい公益を模索した。

世界平和の実現するため日本にできることは、普遍性ある道徳を創出することと考えた渋沢は、自らの人生を振り返り、明治初期のはつらつとした精神や行動を支えた漢学の重要性を再認識し、商業教育、女子教育、留学生への支援などに加えて、漢学の普及に注力し、道理と道徳を兼ね備えた次世代の担い手を育成し続けた。

†ワシントン軍縮会議に参加して

八十代の渋沢は肉体的な衰えとは反比例して、合本主義の精神をフィランソロピーの分野に浸透させせようという意気込みはますます強くなっていた。まず直面した問題は米国が主導するワシントン会議（一九二一―二二）への対応であった。四度目の渡米となる渋沢の送別会でこう語った。この会議は太平洋の平和と進歩のために力があるだけでなく、日本国民が広く世界に貢献することが偉大なことなのだ、と。いったい彼は何を考え、どのように行動しようとしていたのであろうか。

渋沢はワシントン会議に三つの点から期待をかけていた。まず海軍軍縮を実行して、日本経済に大きな負担をかけている軍事費を削減できる。次は、従来から進めてきた日米中三国協調の枠組が形成されるのではないかということであった。その時に英国との関係をどのように組み込むかもあきらかになるのではないか。そして第三に、アジア・太平洋を越えて国際社会全体の新しい秩序形成に日本も加わることができる。これこそ渋沢が自らに課した積極的道徳であった。

米国東海岸に到着した渋沢は、加藤友三郎ら全権団と接触するとともに、ハーディング米国大統領や、ワシントン会議を最初に提案したといわれるボラー上院議員に会い、平和のための会議が開催されことを感謝し、会議の成功のために尽力することを約束した。

渋沢は、大戦後世界を動かすのは英米両国であるから、軍縮だけでなく大陸政策でも譲歩できる限り譲歩し、東アジアの新秩序の構築に協力し、日本はその枠組みの中で繁栄の道を探るべきだという考えであった。すでに日本国内では、商業会議所連合会で軍縮賛成の意見を取りまとめていた。さらに、ワシントンの米国政財界首脳や日本全権団に同行した添田寿一や堀越善重郎から、英米間では事前の話し合いがかなり進んでいるとの情報を得ていた渋沢は、軍縮に前向きの発言をしたのである。

さて渋沢の期待は実現したのであろうか。会議は冒頭から米国首席全権のヒューズが、儀礼的な挨拶を行わず、いきなり海軍の軍備制限について、英米日の主力艦保有比率を五・五・三とする具体案を提示した。この慣例を無視した米国の提案にたいして、英国が同調するという情報をつかんでいた加藤友三郎《ともさぶろう》全権は、この提案の背景にある高邁な目的を受諾し、大幅な軍備制限に応じると賛成の意図を表明し、会場は総立ちになるほどの興奮に包まれた。

海軍内には加藤寛治など軍縮反対派もいたが、加藤友三郎は統率力を発揮し、軍縮案は成立した。渋沢はニューヨークでは米国財界人と面談し、講演も行い、日本経済界は平和を実現するために海軍軍縮に賛成していることを表明した。高峰譲吉や新井領一郎らニューヨーク在住の日本人実業家が舞台裏を支えた。

しかし日本人移民問題は、日本全権団は議題に取り上げなかった。さらに同時期、ワシントンやニューヨークに滞在した団琢磨率いる英米訪問実業団が、もっぱら経済問題に特化して日米間の様々な問題への言及を避けたことは、渋沢には不満であった。英米訪問実業団に参加した古河電工社長の中島久万吉《なかじまくまきち》も、団の消極的な態度に不満を漏らしていた。

そのうえ渋沢の気持を逆なですることが起きた。それは日英同盟が廃棄された時のことであった。全体会議で米国のロッジ議員から、日英同盟が正式に廃棄された旨、発表された。英国のバルフォア全権は、過去二十年続いた同盟が東アジアの平和と世界の安全のために貢献したことを改めて評価し、ここでこの同盟を捨てることは、偶然同じ列車に乗り合わせた乗客が停車場について袂を分かつように、期限到来ということで日英両国がいとも簡単に分かれることは誠に忍び難いと、味わい深いスピーチを行った。

大喝采を浴びてバルフォアが着席すると、議場では珍しく「ジャパン、ジャパン」と掛け声が上がった。ところが日本全権団は誰一人答えようとしないため、気まずい雰囲気になった。ようやく首席全権の徳川家達が立ち、極めて簡単に、日本も同盟の廃棄を遺憾とする、と述べて着席してしまった。議場はすっかり白けてしまい、ヒューズ議長も議事を進めるほかになかった。

傍聴していた渋沢は珍しく憤慨した。日本を讃えたバルフォア全権の名スピーチに応えて、より素晴らしいスピーチをすることこそ国際会議では重要である。日本の外交方針を伝える絶好の機会であるにもかかわらず、日本代表のスピーチのなんとお粗末なことか。これは失敗というよりも罪である、とまで渋沢は言い切った。

欧米社会ではスピーチの持つ意味は、日本と比較にならないほど大きい。日本では不言実行の人が好まれるが、文化、言語、歴史、宗教、生活環境が異なる各国からの代表が集まる国際会議では、自国の立場や主張を相手に理解させるために、あらゆる機会をとらえて言葉でアピールする必要がある。

日本が欧米諸国から誤解を受けやすいのは、異質の文化を持っていることだけでなく、自国について多くを語らないことにあった。渋沢はこのような機会に、日本への理解を深めさせるためによく語ることが不可欠であると考えていた。

日英同盟に関しては、英国よりも日本の方が大きな利益を受けていた。今後の東アジアでの日本の立場や国際経済体制を考えると、英国との協調は欠かせない。みすみす与えられた機会を逃して、日本への誤解を増幅させるような日本全権団に対して、渋沢は怒ったわけである。

†東アジアをめぐる日英米の確執

一九二〇年代の世界において、渋沢が心配していたのは東アジアをめぐる日英米の対立であった。すでに中国大陸に特殊権益を持つ英国は、米国の中国に対する見方を理想論として批判した。つまり「姉妹共和国」として中国が、孫文の掲げた三民主義に基づき、民主化していくという米国の現状認識は現実性に欠け、かえって混乱を助長すると考えた。経済面ではむしろ英国はアジアにおける同盟国日本の急激な成長に注目し、日英経済交流の必要性を痛感していた。

なぜ英国は日本を重視したのであろうか。まず幕末以来、英国にとって魅力ある貿易・投資市場の日本市場を失いたくなかった。一九〇一年から一九三〇年までの三十年間で、日英貿易がピークに達したのは一九二〇年であった。英国、香港、英領インド、南アフリカとの貿易額は日本の輸入超過であったが、日本の輸出貿易における英国及び英帝国地域のシェアは約二十%であった（杉山伸也『日英経済関係史 1860〜1940』）。

ところが大戦中の日本経済の拡大に伴い、英国製品と競合する米国製品が急速に日本市場に流入してきた。従来通り、日本が英国製品を購入するか否かは、英国の戦後復興を軌道に乗せるための大きな要因の一つになっていた。また巨額の対日債権から生じる利子収入も看過できず、日本金融界との交流を深めたいと考えていた。

つぎに日本との経済競争が激化したことである。綿製品を中心とする日本製品が中国をはじめ東南アジア、インドに進出し始め、英国製品と競合するようになり、また日本の海運業は東アジア航路において英国海運のシェアを低下させた。中国沿岸貿易に於ける英国のシェアは約五十五％を占め、相変わらず高かったが、外洋航路では日本の伸びが著しく、英国を脅かした。日本の攻勢への対応が急務となった。

日英同盟の先行きが不透明になる中で、英国経済界は日本との経済交流の拡大を強く望んだ。一九二一年四月駐日英大使チャールズ・エリオットは渋沢に、疎遠になっている日英経済関係を緊密化するために対応策を打診した。英国の大使館付商務官エドワード・クローも日英外交官よりも実業家の意見交換が好ましいとして、日本実業団の英国への招待を申し出た。

同年七月に原首相官邸で話し合いが行われ、渋沢のほかに井上準之助、和田豊治、藤山雷太、団琢磨の五人が発起人となって渡英、渡米実業団を編成することになった。最終的には英米訪問実業団に一本化され、団長には日本工業倶楽部理事長の団琢磨が選ばれ、日本経済連盟会が中心となり人選を行った。一九二一年から翌二二年にかけて米国で開催されるワシントン会議には、渋沢は英米訪問実業団には加わらず、オブザーバーとして別行動することになった。渋沢は全国商業会議所組織を通じて、海軍軍縮に向けて日本の実業界の意見を取りまとめようと尽力した。

日本の大型実業団のはじめての訪問として注目された英国では、まず中国をめぐって日英経済界が実務的協定を結ぶことができるかどうかであった。英国は中国の門戸開放に関して、

「どの国も希望する所なるが、併しその実行は各国の協力によってはじめて行われる。日本は英国と協力して全世界の門戸開放を維持する」として、日本との協力を申し出た。日本側は英国の申し出を理解しながらも、特別の価値があるとは思えなかった山東省や満州が、日本が進出したために重大視されるのは理解に苦しむなどと苦言を呈した。

渋沢が最も期待した日英共同での中国の経済開発に関してはなかなか具体的な共同案は決まらなかったが、中国における治外法権を撤廃するか否かと中国幣制改革について率直な議論することができ、日米中三国間の枠組みに英国やフランスを組み込むことになり、日英同盟の代わりに成立した日米英仏四国協商の経済的な基盤が出来上がったのである。

一九二六年には、南京、上海、天津、東北地区の商会、各業組合等の代表を含む総勢五十八名の上海総務商会虞洽卿一行が日本を訪問し、懇親を深めた。政治経済を一体化する中国側に対して、一行を飛鳥山に招待した渋沢は、政経分離して経済交流を図りたいとの意向を伝えたが、日本の軍事活動の活発化により、経済協力には限界を感じた。

渋沢を悩ませ続けた英米での日本の商業道徳に対する批判は、海外取引の経験やニューヨークやロンドンに進出する日本企業の数が増えるにつれ、一九二〇年代前半を過ぎてから急速に少なくなったが、海外からの日本商品に対する不正や詐欺に対する告発が止むことはなかった。日本の誠実さを擁護し、ごく少数の悪業だけを理由に「日本人全体に道徳的性質が欠けている」という批判を一般化させるのは不当ではないかと訴え続けたが、この問題は渋沢はじめ財界人や教育界にとって大きな懸念材料であった。

ワシントン会議終了後、渋沢の英米認識は大きく変化し、英国よりも米国が日本の運命を左右すると確信した。しかし中国における日英経済協力は引続き重要であった。英国が中国のナショナリズムに適切な対応をしたため、一九二〇年代後半には日本が中国ナショナリズムの矢面に立たされる羽目に陥った。

英国は国際連盟やその付属機関である国際非政府機関を活用した。例えば太平洋問題調査会(以下、IPRと略)第二回ハワイ会議にIPR英国が参加し、中国に対する国際世論を誘導した。IPR日本の評議委員会の会長を務める渋沢は、英国王立国際問題研究所(チャタム・ハウス)のこの動きに注目した。ハワイ会議が開催された一九二七年七月時点では、中国国民政府の反英感情はひどく、「中国の国際的地位が低く、困窮しているのはすべて英国の責任」とされていた(前掲、片桐庸夫『民間交流のパイオニア――渋沢栄一の国民外交』)。

しかし、英国IPR代表のフレデリック・ホワイトは中国に同情的で、英国は中国が独立を維持し、秩序ある中国に生まれ変わることを支持すると発言し、中国側の賛同を得た。この見解は英国の中国政策にも反映された。このため中国国内で高揚するナショナリズムの矛先が、英国から満州問題や対華二十一カ条要求にこだわる日本に移った。日本外務省には、英国が非政府国際機関での議論を外交政策に取り入れるような、国際連盟協会の会長として渋沢が期待した柔軟性はなかった。

中国ナショナリズムの過激化に伴い、渋沢が進める日中実業協力も足踏み状態になる。渋沢の貿易、通商を通じた相互利益の追求や経済基盤の確立へ向けての提案も、中国側からは日本の利権追求と見られ、排日運動から中国に滞在する日本人ビジネスマンやその家族を保護するために、渋沢も軍事力の行使をある程度容認せざるを得ない状況に陥った。

†関東大震災への「民」の対応

一方、日本では渋沢を震撼させる自然災害が発生した。関東大震災である。一九二三年九月一日の正午近くマグニチュード七・九の大地震が関東地方を襲い、その後の火災と津波などにより約十万人の犠牲者を出し、首都圏は壊滅的な打撃を受けた。東京日本橋の事務所で震災に遭い、自動車で飛鳥山まで戻った渋沢は、埼玉の生家へ戻るように勧める息子たちを「こういう時にいささかなりとも働いてこそ、生きている申し訳が立つようなものだ」（渋沢秀雄「渋沢栄一」、東京日日新聞社・大阪毎日新聞社編『父の映像』）と叱りつけ、被災民の一人として東京にとどまり、大震災による危機に立ち向かうことを宣言した。当時すでに八十三歳の渋沢は、「民」の力を結集して、震災復興に挑戦することになった。

渋沢の念頭には、被災者の救済と民心の安静と首都東京をどのように復興させるか、その際民間として行うべきことは何か、さらには復興の精神的支柱をどこにおくか、などの課題が同時に浮かんだ。つまり、一刻を争う緊急の課題から中長期（一年から十年程度）の復興計画までを視野に入れながら行動を開始した。渋沢の対応を、震災直後、中期（三ヵ月から一年）、長期（十年）の三つにわけて見ていこう。

震災に伴う火災により渋沢は兜町の事務所と貴重な歴史的資料を焼失した。特に『徳川慶喜公伝』の原史料や幕末の渋沢宛ての書簡など、一級の史料が焼失したことを渋沢は後悔した。この苦い経験は、後に渋沢敬三が実業史博物館構想に基づき、『伝記資料』やモノによる資料を戦災をおそれて文部省に寄贈し、焼失を免れたことに生かされたと思われる。被災者の一人として、渋沢は地震が発生した翌九月二日、内田臨時首相、警視庁、東京府知事、東京市長へ使者を送り、被災者への食糧供給、バラック建設、治安維持に尽くすように注意を与えた。

大震災が発生した時、日本には首相がいなかった。八月二十四日、加藤友三郎首相が死去し、二十八日に山本権兵衛に組閣の大命が下ったが、山本は「挙国一致」内閣を目指したため、九月一日時点では新内閣は発足していなかった。前内閣の外相内田康哉《こうさい》は臨時首相となり、連絡が取れた伊東巳代治枢密顧問官と相談し、緊急の対応を行った。同日組閣された山本権兵衛内閣はさっそく戒厳令を敷き、内務大臣に前東京市長の後藤新平を起用した（大霞会編『内務省史』地方財務協会)。

後藤は親任式から戻るとすぐに大震災復興のための四原則を発表した。その内容は、(一)遷都は行わない、(二)震災復興のために必要な予算は約三十億円、(三)欧米先進国の最新の都市計画を取り入れ、日本にふさわしい新都を造る、(四)新都市計画を実行するにあたり、地主に対しては断固たる態度をとる、というスケールの大きな発想であった。

渋沢はその日、自らも食糧確保のために動いた。埼玉県から米穀を取り寄せるため、私邸近くの滝野川町に依頼し、調達の手配を行い、以後九月十二日まで渋沢の私邸が滝野川食糧配給本部となった(『伝記資料』第三十一巻)。

興味深いのは、渋沢が食糧配給の際に、食糧調達・配給の実務を滝野川役場に担当させ、取り寄せた米穀の代金を渋沢自らが負担したことである。震災対応にも、適材適所、自助精神、コスト意識という「合本主義」が貫かれていた。

政府の震災復興の体制と大方針が固まるのを見て、渋沢は「民」の力を結集し素早く対応するための組織と体制作りを開始した。協調会と大震災善後会である。

震災後三日目の九月四日、後藤内相から協調会副会長として呼び出された渋沢は、被災民の救護、経済対策(モラトリアム・暴利取締・火災保険支払い等)について相談を受けると同時に、協調会に対して組織としての協力を求められた。後藤は労働者と資本家双方に影響力のある協調会を活用して、救済事業を進めようと考えたわけである。後藤から打診された渋沢はその場で承諾し、翌五日には協調会で、実行部隊となる添田敬一郎、田沢義鋪らと救済事業の進め方について相談した。八日には協調会緊急理事会を開催し、震災善後策への承認を取り付け、以後、罹災者収容、炊き出し、災害情報板の設置、臨時病院の確保など「官」ではなかなか手が回らないきめ細かい対策を迅速に実行していくことになった。

次に渋沢は、救済事業資金調達のため、山科禮蔵、服部金太郎ら実業家有志と相談し、組織づくりを始めた。九月九日、無傷のまま残った東京商業会議所に集まった約四十名の実業家に対し、座長の渋沢は、「民」の立場から救護と復興に関する組織を立ち上げることを提案し、十一日には貴族院・衆議院議員有志が加わり、大震災善後会を結成した。事務局は東京商業会議所に設置され、民間による救援活動の拠点となった。

さらに渋沢は、国際社会にも目を向けた。彼が培ってきた国際的な人脈を活用し、義援金を集め、大震災善後会の活動資金とした。特に渋沢が期待したのは米国実業家からの支援であった。一九〇六年のサンフランシスコ大地震の際には、渋沢は先頭に立って赤十字を通じて経済界から義援金を集め、世界中で最も多額の義援金を米国に送っていた。排日移民問題、日米銑鉄交換条約交渉など日米間に横たわる厄介な懸案についても渋沢はねばり強く「民間」外交を続け、米国からグランド・オールドマンとして揺るぎない信用を勝ち得ていた。さらには、いわゆるワシントン体制下で、日米両国の関係は良好で、経済関係はますます拡大し、経済界の人的ネットワークも政治家、知識人らをまきこむ重層的な広がりを見せていた。

九月十一日、東京商業会議所にて大震災善後会を正式に発足させ、副会長に就いた渋沢は、自ら五万円の寄付を行うと同時に、米国の知人二十四名に大震災の状況を知らせる手紙を送り、十三日には援助依頼の電報を打った。大震災発生のニュースが全米を駆け巡るとすぐに、鉄鋼王ゲーリー、銀行家ヴァンダーリップ、材木商クラークなど、米国の錚々たる実業家が見舞いと激励のメッセージを日本へ送ると同時に、大がかりな義援金募集が開始された。その結果、予想をはるかに上回る巨額の義援金や大量の救援物資が届けられた。渋沢ら実業家の長年にわたる対米「民間」外交が効果を発揮した時であった。特にサンフランシスコを中心とする太平洋岸諸都市の実業家は労を惜しまず協力した。十一月二十八日には、旧知のクラーク、グリックスらが大洋丸にて来日し、渋沢を激励した。

東京商業会議所

こうして、協調会による救援活動の資金を「民」の力で調達し、国際的なモラル・サポートを得た渋沢栄一は、東京市内各地の慰問と救済復興事業の促進に席を温める間もなく活動した。

次に、渋沢は中長期の課題に取り組む。はたして渋沢は、どのように東京を再建しようと考えていたのであろうか。明治政府に仕えてから亡くなるまで約六十年間、深川と飛鳥山に居を構えた渋沢は、東京市の行政に様々な形で関与した。東京市参与となり、改正審査会、東京港築港調査等にかかわり、また深川住民として、深川区会、浅野セメント深川工場降灰問題にかかわった。

一連の発言から、渋沢は東京を江戸時代の軍都から商都に変えたいという、明治初期からの構想を復活させたと思われる。震災後、帝都復興審議会の委員となり、京浜運河の整備などの商都構想を大倉喜八郎らとともに推進し、東京を近代日本を支える経済の中心としての、商業機能を重視した都市として再生することに意欲を燃やした。そこで東京運河土地、東京湾埋立の両会社にもかかわることになった。

九月十九日、山本内閣から帝都復興審議会の委員を命じられた。審議会は、総裁が山本権兵衛首相、幹事長が後藤新平内相、井上準之助蔵相、田健治郎農商務相、犬養毅逓信相、平沼騏一郎司法相など主要閣僚のほか、高橋是清、加藤高明、伊東巳代治などで構成されていた。経済界からは渋沢や和田豊治が委員に命じられた。

震災後間もない九月十日の『報知新聞』夕刊に掲載された渋沢へのインタビュー記事には、

「大東京といっても速《すみや》かに之を建設することは出来ないから、未来の帝都は唯斯くとの希望を子孫に伝えるという意味に於いてなしたいと思う。（中略）大東京の再造には武門政治的な都門《ママ》ではなく、商業本位の東京にしたいと思う」（『伝記資料』第三十一巻）と明確な方向性を示していた。大倉喜八郎も、九月三日の東京商業会議所内での会議で、東京を武門政治の都市から商工業を主とする近代都市としたい、という希望を表明した。

震災復興を、長年の夢を実現する機会ととらえ、大蔵省を辞して以来の「政府には入らない」という主義を曲げて、あえて渋沢は政府委員を引き受けた。

審議会は錚々たる顔ぶれであったが、復興院と政府が決定した内容を追認し、権威付けを行う役割でしかなかった。後藤が中心にまとめた政府の復興案に対しては反対が相次いだ。復興調査協会発行の三千頁を超える詳細な記録『帝都復興史』（全三巻）によれば、長老政治家の江木千之《かずゆき》貴族院議員は、政府は財政緊縮を掲げながら、三十間（五十五メートル）の都市計画道路のような贅沢に陥り、東京築港や京浜運河など長年の懸案を震災復興のどさくさに紛れて実行しようとしていると手厳しく批判した。

さらに伊東巳代治が政府・復興院の復興案には根本的に反対であると宣言した。伊東は、ワシントン軍縮条約後の国防充実が急務になっている時、政府はあまりにも帝都復興にのみ目を向けすぎている、と大局的な観点から批判した。加えて伊東は、より現実的な問題として、用地の買収を低価格で行うことは土地所有者の憲法上の所有権侵害にあたるとして抗議した。伊東は自らの進退をちらつかせ、復興案を根本的に改めるように要求した。高橋是清立憲政友会総裁や加藤高明憲政会総裁も伊東に続き、復興案は暗礁に乗り上げた。

こうした流れを食い止めたのは渋沢であった。渋沢は、被災民は復興計画がどうなるかを待ちあぐんでいる。ここで何とかしてまとめようではないかと述べ、さらに小委員会を設けてまとめてはいかがという提案を行った。審議会委員の多数がこの案に賛成し、山本首相は十名からなる特別委員会を任命した。鍵を握る委員長には、あえて政府案反対の急先鋒伊東巳代治を任命した。

九月二十五日の特別委員会初日、渋沢がこれ以上決定を遅らせることは被災した「民」にとって好ましくないと議論をリードし、政府案に修正を加えて復興案を決定するべきと説いた。しかし高橋や加藤は東京湾築港と京浜運河の採用や都市計画道路の新設に反対した。後藤は自説を譲らず、渋沢は伊東に委員長案の提示を求めた。しかし伊東は時期尚早と言い、翌日も委員会を続行することに決めた。

ところが翌二十六日、伊東は後藤内相など政府委員を退席させ、野党だけでさらに熟議した結果、急に態度を変え、政府案を部分修正するだけで特別委員会の意見を取りまとめてしまった。この間、伊東と渋沢の間で何らかの下打ち合わせを行ったのか、あるいは伊東の背後にいた土地所有者層を説得させることができたのかは不明であるが、大幅に修正された政府原案が承認され、復興計画は緒に就いた（五百旗頭真『大災害の時代――未来の国難に備えて』毎日新聞出版）。

この二日間の特別委員会では、渋沢は積極的に復興案をまとめるべく議論をリードし、反対意見も十分に開陳させた。伊東と渋沢の阿吽の呼吸は紛糾する委員会をまとめる大きな推進力となった。審議会での混乱した状況やその中で合意形成に果たした渋沢の役割から、少人数の委員会で徹底的に討論し、参加者全員の納得の上で物事を決めていくという熟議民主主義の手法がうかがえるのである。

東京を武門の政治都市から商業都市として復興させようと、和田豊治らと尽力した渋沢の案は、一八八〇年から渋沢が繰り返し主張していたもので、日本一の港である横浜を外港、東京を内港として整備し、二つの都市を運河で結び、東京の商業を発展させるという内容であった。渋沢の提案は、大蔵省による復興予算の縮小と伊東巳代治などの反対により、この時は実現を見なかったが、第二次世界大戦後に日の目を見る。二十一世紀の今日では、ほぼ渋沢らの構想に近い形で東京は、パリやロンドンのように政治の中枢になっただけでなく、ニューヨークや上海など世界有数の商業・文化都市と肩を並べるまでに成長した。

†徳のある社会を目指して

人々が平和な生活を取り戻すためには、「物質の復興」の根底にある「精神の復興」が不可欠であると渋沢は考えていた。渋沢は大正時代に入り、しきりに「道徳経済合一説」や「論語と算盤」の精神を唱えていた。急速な近代化と第一次世界大戦中に発生したバブル景気の影響で、仁義道徳が廃れたと感じた渋沢は、政争に明け暮れる政治家や、公益を忘れ私利私欲に走る企業家を強く戒めていた。それを端的に示したのが、物議をかもすことになった「天譴論」であった。

渋沢は、「大震災と経済問題」という談話で、日本が明治維新よりわずか数十年で世界列強の中に入るという長足の進歩を遂げたのは、驚くべきことであると語った。同時に自らの歩みを振り返り、「近頃わが国民の態度が余り太平に慣れすぎはしないかと思う　順調に進み平穏に終始するとどうしても精神が緩むのはやむを得ないかもしれないが、わが国民が大戦以来御調子づいて鼓腹撃壌に陥りはしなかったか、これは私の偏見であれば幸いであるが、兎に角、今回の大震災は到底人為的のものでなく、何か神業のようにも考えられなくもない。すなわち天譴に鷹揚な自責の悔を感じないわけにはいかない。」（『龍門雑誌』）と述べた。

さらに一年後にも渋沢は、「天譴を余りに早く忘れすぎはせぬか」（『龍門雑誌』）と苦言を呈した。渋沢は関東大震災を天が譴わした罰ととらえ、近代化の一翼を担った自らも含めて、日本のリーダーを戒め、危機を克服するための精神論を説いたのである。明治維新以来、日本は経済だけでなく、文化も進歩したが、その源泉地は震災により壊滅的な被害を受けた東京、横浜であった。はたしてこの文化は道理にかない、天道にかなっていたのか、と渋沢は悩み、「天譴として畏縮」したのであった。渋沢の出した結論は、震災復興の長期的な目標は徳のある社会を作り出すことであり、物質と精神の復興の両方がなされてこそ、人々が安心して日常生活を送ることができる社会になると考えた。

渋沢の天譴論をめぐって様々な意見が出された。賛同するものも多かったが、作家などからは評判が悪かった。天譴を受けるというのならば、真っ先に渋沢など実業家が受けなければならないと芥川龍之介は手厳しい。一方、菊池寛は天譴論を別の角度からとらえ、震災は「一つの社会革命だった」と興味深い指摘をした。震災後の東京市民はぼやぼやしていたら取り残されるという恐怖心もあったかもしれないが、復興への意欲が強く、競争心が沸き起こり、東京の復興が予想以上に早かったからである。

政府の援助を待たずに、自分たちで素早くバラックや露店を作りだした。震災から約一カ月後の九月末にはすでにバラックが三万戸もたっていたと報道されていた。菊池は、震災により、財産、地位、伝統が壊され、実力の世の中になった。むしろ震災後に人間はかえって悪くなったのではないかと次のように述べている。

「あの地震を天譴と解した人などがいたが、私はあの地震で、天譴などが絶対にないことを知った。若し天譴があるならば、地震前栄耀栄華をしていた連中が、やられそうな筈《はず》が、結果はその正反対であった。（中略）私自身、あの地震を堺として、人間が少し悪くなったような気がする。恐らく東京人の多くもそうではないかしら。一つはボンヤリでも怖れていた天道を全く怖れなくなったのと、とにかく一の命拾いをした以上、もっと面白おかしく暮そうと云う享楽的気分が生じたのではないかと思う。」

（菊池寛「震災文章——地震の影響」、『菊池寛文學全集』第六巻、文藝春秋新社）

こうした人々の生活力について、ジャーナリストの馬場恒吾は「人間が生きんとする力」を高く評価し、後藤の復興都市計画を痛烈に批判している。しかし結果としては、この人々の、いち早くバラックを作り、市街地を形成していく生活力が、後藤の復興計画とうまく融合したように思われる（御厨貴「「災後」をつくる——「さかのぼり災後史」の試み——」、五百旗頭真監修、御厨貴編『検証・防災と復興①　大震災復興過程の政策比較分析——関東、阪神・淡路、東日本三大震災の検証』ミネルヴァ書房）。

これに対して渋沢は、大震災は天が譴わした罰ととらえ、近代化の一翼を担った自らも含めて日本のリーダーを戒め、危機を克服するための精神論を説いた。フランスの作家ポール・ヴァレリー（一八七一―一九四五）は第一次世界大戦後、『精神の危機』を著し、その中で、ヨーロッパが産業革命以来、科学技術の進歩により、世界を席巻してきた市場経済資本主義とその上に成り立ってきたヨーロッパ文明に対して警鐘を鳴らした。渋沢の天譴論にも、ヴァレリーやシュペングラーなどのヨーロッパ知識人に共通したヨーロッパ近代化の歩みへの危惧が読み取れる。

渋沢にとって、震災復興の長期的な目標は徳のある社会を作り出すことであり、物質と精神の両方が復興されてこそ、人々が安心して日常生活を送ることのできる社会になると考えた。現実には東京は予想以上に早く復興を遂げたが、渋沢の説くような徳のある社会にはならず、菊池寛が指摘するような激しい競争社会が生まれてきたのであった。

「大風呂敷」といわれながらも合理的な精神とすぐれたヴィジョンと精密な調査に基づく技術に裏付けられた壮大な構想を提示した「官」後藤新平と、「大風呂敷」のほつれを素早く且つきめ細かく繕うことのできた「民」渋沢栄一との組み合わせは妙であった。しかし山本内閣は、虎ノ門事件で一九二三年十二月に退陣、後藤は内務大臣を辞めざるを得なくなり、壮大な計画は予算削減により大幅に減退した。

震災発生後半年経過した一九二四年春に、第二次憲政擁護運動がおこり、総選挙を経て同年六月には第一次加藤高明内閣が誕生し、その後八年間政党間で政権交代が行われた。その意味では、大震災は民主化を促進したのである。それにしても首都機能が壊滅に近い状態になった日本経済の受けた打撃は大きかった。米国金融界が復興資金調達のための東京市債の発行などに前向きであったので、復興は予想よりも早く進んでいったが、渋沢の期待する精神の復興は進むどころか退潮したといえよう。

関東大震災からの復興での渋沢栄一のリーダーシップとその活動は、明治初年以来、「官尊民卑の打破」を掲げ、五百近くの企業の設立に関与し、銀行を中心に経済界の「民主化」に努めた彼を支えた「論語と算盤」の精神（道徳経済合一説）と合本主義に則っていた。

†排日移民法の衝撃

関東大震災からの復興に米国経済界が多大な貢献を為したことから、日米関係は経済を中心に良好な関係が続いていたが、大震災の翌年、米国内で渋沢が一番心配していたことが発生した。いったい何が起こったのであろうか。それは米国議会で新移民法が通過し、日本人の移民を一切受け入れないことになったのである。第一次世界大戦中、日米両国はシベリア出兵をめぐりぎくしゃくしたものの、共に連合国側についたため鎮静化していた米国における日本人移民問題が再燃した。

米国内が大戦後、好景気にもかかわらず、国際連盟への加盟が議会の反対で実現しなかったように、大統領や国務省の思惑と異なり、米国民は内向きになっていた。一九二四年七月一日、移民法（ジョンソン－リード法）が施行された。一八九〇年の国勢調査時点で、米国内に居住する移民の二％以内に移民数を限定するという内容であった。日本人は百四十六人まで移民として受け入れ可能になるのだが、結局アジアからの移民は一人も受け入れないという条項が加わり、事実上日本人移民は米国へ入れなくなってしまった。

この過程でどのような動きがあったのだろうか。一九二〇年にカリフォルニア州で二回目の排日移民法が成立すると、排日機運は各州へ急速に広がった。ワシントン、アリゾナ、デラウェア、テキサス各州が排日的な土地法を成立させ、日本人移民は農地から締め出された。この動きに乗り、カリフォルニア州元知事のハイラム・ジョンソンは、連邦議会の西部十二州選出議員をサンフランシスコに招集し、排日法案の成立を政府に要請した。

一連の動きは、ヨーロッパ移民を含む米国への移民数制限の一環であった。一八八〇年以降、北欧や西欧からの移民が減り、東南欧系移民が急増し始めた。彼らはカトリック、ユダヤ教、ギリシア正教を信仰し、専制政治のもとで生活していたので、先住の白人との間で対立を引き起こした。

一九二〇年代の米国社会は、世界一の経済力を持ち繁栄を謳歌している一方で、非アメリカ的なものを排すという偏狭なアメリカニズムが横行していた。非アメリカニズムとは何かを定義することは難しいが、WASP（白人、アングロ・サクソン、プロテスタント）優越主義の立場が推進されていた。一九一五年に再興された秘密結社クー・クラックス・クラン（KKK）はその極端な形態で、攻撃対象は黒人のみならず、カトリック教徒やユダヤ人にまで向けられていた。

こうした米国内の雰囲気の中で生まれた排日移民法の成立への動きに対し、渋沢は良好な日米「民間」外交の基盤を揺るがすものとして警戒し、日米関係委員会を通じて米国側に働きかけた。しかし日本政府や米国国務省の見通しの甘さと対応の遅れに加えて米国大統領選挙の取引材料に使われ、一九二四年に移民法が成立し、日本人移民は米国から締め出されたのである。

排日移民法の上院通過は、日本に大きな衝撃を与えた。「米国討つべし」といったスローガンが声高に叫ばれるようになり、日本国民の底流に反米感情が植え付けられてしまった。『東京朝日新聞』はじめ大新聞はこぞって「我国民は隠忍自重するも、決してこのような差別待遇に甘んじるものではない」という宣言文を掲載した。

日米友好団体の受けた打撃は特に大きかった。たとえば「太平洋の懸け橋にならん」と豪語していた新渡戸稲造さえ、排日移民法の成立に憤り、「米国の精神は死んだ」と嘆き、「排日移民法が存在する限り、二度と米国の地は踏まない」と宣言したほどであった。東京商工会議所などの経済界も米国への憤りを抑えることができなかった。

渋沢はどのように対応したのであろうか。彼も聖人君子ではないので、排日移民法の成立のニュースを聞いた時には憤りを感じる一方で、今までの日米移民問題への取り組みが水泡に帰したので、いったい自分は何をしてきたのであろうか、と悩んだ。しかし渋沢は、持ち前の柔軟な現実主義と粘り強さを取り戻した。

今回の米国の態度は、確かに理不尽であるが、日米関係全体や日中米三国関係の協調を推し進めていくためには、日米両国は対話を継続しなければならない。とくに民間がその努力を止めてしまってはならないと前向きな行動をとった。

まず渋沢が行ったことは、「排日移民法の通過と経済的影響」と題して演説を行い、冷静な分析を示し、反米感情の高まりに水を差した。それによると排日移民法が成立したからといっても、日米経済関係への影響は少ない。米国民も日本製品のボイコットなど無法なことはしないであろう。だが、安心はできない。米国は極端な保護政策的な国である。一例をあげれば大戦後自国の船舶の過剰に苦しむや、外国船には極端な差別待遇を為して、自国船を保護するという方法をとった。それに日本は米国から輸入を仰がなければならない石油、鉄鉱石など多いが、米国としては日本からしか購入できない必需品は生糸ぐらいである。したがって排日法案が通過したような米国内の雰囲気が保護主義と結びつき、日本に対して経済的な制裁を行うことに対して配慮する必要があろうと、渋沢は冷静に状況を分析した。

しかし排日移民法の上院通過が、はたして全米国民の真意であろうかと渋沢は問いかけた。日本に対して非常に好意を抱いている多数の友人が米国にはいる。親日派以外にも、建国の精神である正義人道の立場から正論を主張している国民が多数存在しているのだから、あくまでも一部の政治家に利用されたものではないか。その証拠に、米国における世論の代表というべき新聞は、西海岸のもともと排日的風潮が強いハースト系新聞以外は、いずれも上院の態度に反対している。

こうした状況を考えれば、日本国民は落ち着くべきである。元来、米国は、正義人道をモットーとしているが、その国民性は何時でも極端に走りたがる傾向がある。それにくわえて非常に自尊心の強い国民で、米国および米国人をあらゆる意味において世界一と自負しているのであるから、その国民性をよく理解しないと誤解を招くことになる。したがって、日本人はいたずらに感情に駆られて行動するようなことは慎み、米国民の正義人道や良心に訴えて、円満なる解決を見るように努力する必要がある。「暴に報いるに暴を以てするが如き態度に出る」のは最も避けなければならない。

確かに、米国内でも排日移民法の成立には反対する声も強かったが、これ以上移民を増やしたくないという米国移民政策への方針転換は、政界、経済界では、法案の通過により一応解決済みとされ、排日移民法の取り下げや修正への動きは起こらなかった。また心配された日米経済関係への影響はほとんどなかった。

だが渋沢にとって痛手だったのは、日米関係の改善に尽くしてきた人々に対する信頼を傷つけ、日米関係委員会は事実上休会に追い込まれたことであった。さらに日本国民が、ペリー来航以来、米国に対して抱いていた「正義と人道の国」という良いイメージが崩れ始め、反米・嫌米といえる感情を抱かせたため、日米関係にボディブローを与え、知らず知らずの間に相互の信頼関係を崩すことにつながった。

渋沢も、もはや日米二国間では移民問題を解決することは出来ず、かえって双方の感情を悪化させることになりかねない。今後は、太平洋問題調査会のような多国間の話し合いの場において粘り強く解決への方策を探ろうと思いなおした。

米国での移民法の成立は、中南米諸国の日本人移民にも影響を及ぼした。国際社会の再建に参画した米国とブラジルも、国内でナショナリズムと白人中心主義等の意識が高まり、日本人移民排斥につながった。一九二三年には、ブラジルのレイス下院議員が、日本人移民の年間入国許可数を、過去入国数の百分の三にする法案を提出した。この法案は、大統領により握りつぶされ可決することは免れたが、法案の趣旨に賛同する議員はかなり多く、潜在的には日本人移民の移入反対が表面化するおそれを感じていた。米国では、一九二四年のいわゆる排日移民法を前に、シカゴ・トリビューン紙などはサンパウロ南部で取材し、日本人移民は日本の政治的野心に基づくなど、根拠のない記事を掲載した。ブラジルの日本人移民が米国の排日移民法通過に利用されたのであった。

米国とは異なり国際連盟に加盟したブラジルは、常任理事国入りを要請していた。なかなか実現しないいためいら立ちを隠せない中、敗戦国のドイツが一九二六年に、いきなり国際連盟の常任理事国として加盟した。ブラジルはこの決定に不満で、連盟を脱退した。米州大陸では、大戦に参戦した米国とブラジルがともに国際連盟に加盟せず、内向な態度をとるようになった。

大戦中日米両国は、アジア太平洋に経済進出する絶好のチャンスを得て、輸出は急増し、両国は空前の好景気となった。ブラジルに対しても米国からの投資が急激に増加してくる。それまでブラジルで最も多くの投資を行っていた英国と挑戦者である米国との間で熾烈な経済競争が行われていたが、ブラジル政府は米国の経済進出を、英国からの依存を減らすためのカウンターバランスとして歓迎した。

日本にとってブラジルはこの時期どのような意味を持っていたのであろうか。日本は大戦中、予想外の好景気となり、ブラジル移民は減少した。しかし大戦が終了すると反動不況が始まり、そして関東大震災が発生、国内経済は低迷した。また人口増加に対応するため、移民はその解決策として注目されていたが、一九二四年移民法が成立した。米国へは日本人移民を送ることができなくなったため、ブラジルは移住先として脚光を浴びるようになった。

日本外務省は一九二三年には、ブラジル公使館の大使館への昇格を許した。これ以前に日本が大使館を置いていたのは、英国、米国、フランス、ドイツ、イタリア、ハンガリーなど欧米諸国のみであり、いかにブラジルを重要視していたかがわかる。

日本政府は海外興業を設立し、移民の窓口を一本化した。一九二〇年代には渋沢栄一、岩崎久弥、武藤山治等実業家が積極的にブラジル移民にかかわっていく。こうして日本人移民は増加し、定住化も進むようになった。これとともに外務省は、米国のブラジルへの影響にも目配りしていた。ただし主役は、渋沢の次の世代に移る。

鐘淵紡績の経営者であり、後には実業同志会という政党を結成し、衆議院議員として活動した武《む》藤山治《とうさんじ》（一八六七―一九三四）である。一九二〇年代後半のブラジルのパラ州を移住先とした南米拓殖を設立、運営するまで、武藤の移住事業に対する考えは一貫していた。それは、移住事業は本来移民とともに民間資本が行うべきもので、政府の奨励金は移民者や彼らの渡航費への補助に充てられるべきという考えである。

したがって拓務省という役所を設置することは、大臣、政務次官等の官僚のポストを増やすだけで、国費の浪費になるとまで言い切っている。移住を促進するためには、北米だけでは不足で、未開拓の資源と広大な土地を有する南米への移住が是非必要になると言及していた。さらに武藤はこうした移住事業は、企業の社会貢献であるという視点も抱いていた。

紡績の原料となる綿花の供給先として、ブラジルの将来性に注目していた武藤は、一九二八年に南米拓植を設立した。経済的自由主義者の武藤は、移住事業に政府が干渉することは望まなかったが、実業同志会との政策協定の関係でつながりのあった田中義一が首相兼外相であったことが、同社設立の追い風になったことは間違いない。ただし、移住事業が定着し、結果を出すに至るには少なくとも二十年の年月を必要とすると武藤は考えていた。実際一九二〇年代後半に開始された移住事業は、第二次大戦後ようやく結果を出すことになった。

平生釟三郎《ひらおはちさぶろう》（一八六六―一九四五）は、東京海上保険をはじめ多くの企業経営に参加すると同時に、甲南病院や甲南学園を創設した社会教育事業家でもあった。一九二四年に初めてブラジルを訪問した平生は、その広大な国土と豊かな資源に魅了され、日本の人口増加問題の解決に、日伯貿易と移住事業は大きな可能性を秘めていることを痛感した。

ブラジル移民に対する平生の考えは、まずブラジル国内の移民事業の再建と移民数を増加させることであった。一九二〇年代のブームが終わり、大不況により移民事業に陰りが見えたが、国内の人口増加を解決するために移民が有効な方策の一つであることを確信していた平生は、まず移民数の増加に尽力した。ブラジル国内での移民の生活基盤強化策を練って、移民の送金などに欠かせない銀行業務を充実させた。これが後に南米銀行になる。この対策はさっそく移民増加につながった。

†国際交流、難民・災害支援とノーベル平和賞候補

一九二〇年代には、従来の亡命者や漂流民の数とは比較にならないほどの大量の難民が発生した。しかし日本では徳川時代に国を閉ざしていたため、こうした難民への対応の経験はほとんどなかった。渋沢が最初に関わったのがアルメニア難民であった。なぜ渋沢がアルメニア難民救済に関わったのであろうか。

一九二一年米国近東救済委員会の実行委員が来日し、渋沢に面談し、日本でもアルメニア難民救済委員会の設立を求めた。数十万人のアルメニア難民の人間性が蹂躙され、山野や砂漠に捨てられて餓死を待つ状態に置かれていることを知った渋沢は、委員長に就任し、次のように語った。寄付の多少は問わず、日本が国際的に地位を得た以上、国際的な慈善に同情することは当然であり、住む家もなく、満足な食事もできずに手足の細い腹ばかりの孤児の写真を見ては泣かされる。人情の差別はなく、日本国民の同情心と人道に訴えたいと思う、と。

読売新聞は、渋沢の肝いりで難民救済の運動が進められることを報じた。渋沢の呼びかけに応じて、キリスト教各宗派の教会からの寄付やアルメニア難民救済活動の写真大会の入場料など、合計百四十八円八十銭が集まった。ところがここで厄介な問題が生じた。どのような経路で義援金をアルメニア難民に分配すべきかである。犬猿の仲のトルコとアルメニアの関係を考

慮すると、日本からアルメニア難民に直接義援金を贈るとトルコ人の感情を逆なでし、日本とトルコの良好な関係が一遍に悪化することは間違いなかった。双方の顔を立てる必要があった（メスロピャン・メリネ「アルメニア難民政策と渋沢栄一の慈善事業」、飯森明子編『渋沢栄一が国際交流に託した望み』ミネルヴァ書房）。

二度のフランス滞在経験（一八六七―六八年、一九〇二年）と、一九〇七年の日仏銀行設立にもかかわった渋沢は、西園寺公望、栗野慎一郎（初代駐仏大使）、薩摩治郎八（バロン薩摩）、稲畑勝太郎（稲畑産業社長、大阪商工会議所会頭）などと、二十世紀初頭の日仏交流を支える数少ない指導者であった。二度目のフランス訪問中、外債募集を行ったが、ロシアとの関係が深いフランス経済界の反応はよくなかった。約四十年前と変わったのは、エッフェル塔が立っただけと思った渋沢も、フランス中央銀行、クレディ・リヨネ銀行を歴訪し、統計処理の素晴らしさなど銀行業務の緻密さに驚かされ、彼が育成した日本の銀行も学ぶことが多いと考えた。

大戦後のフランスは、戦勝国とはいえ戦争から受けた傷は深かった。ワシントン会議で日英同盟が廃棄され、代わって日米英仏四カ国協商が締結された。インドシナに植民地を持つフランスと日本との間では、政治・軍事上の対立はそれほど差し迫ったものではなかった。失われた世代といわれるヘミングウェイやフィッツジェラルドなどが大戦後の荒廃したパリを見て、ヨーロッパ文明に幻滅を感じたことからわかるように、フランスは落ち込んでいた。

将来性あるアジア太平洋地域で、いかにフランスの影響力を増大させるのかが課題となった。その際東アジアで注目したのが日本であった。対日関係を多角的に強固なものにするために駐日大使に送り込まれたのが、ポール・クローデル（一八六八―一九五五）であった。

クローデルは、優れた外交官であると同時に有名な詩人、劇作家で、フランスの文化外交を担う重要な人物であった。渋沢は一九二四年、クローデルとともに財団法人日仏会館を設立し、渋沢は初代理事長になった。また日仏協会会長も務めた。日仏会館の目標は、第一次世界大戦後の日本にフランス語とフランス文化を普及させることであった。一九二六年（大正十五）、渋沢はフランス政府から、長年日仏交流に尽くしたことに対してレジオン・ドヌール勲章を授与された。一九八四年、日仏会館が創立六十周年を迎え、二人の創立者を記念して、日仏両国で、それぞれ相手国の文化に関する優れた研究成果に対して贈られる渋沢－クローデル賞が設けられ、今日に至っている。

移民問題を含み、アジア太平洋問題を国際社会全体の視野から討議できる仕組みを考えていた渋沢にとって、ようやくそれにふさわしい場が現れた。一九二五年、ホノルルに設立された太平洋問題調査会（IPR）は一九六一年まで活動を続けた。アジア太平洋地域の調査研究および諸国民間の相互理解の促進を目的とした、国際的な非政府組織・学術研究団体であった。ハワイや北米太平洋岸で東洋人移民に対する排斥運動が盛んになっていたが、この問題に対する正確な情報と冷静な議論をする場として設けられた。

一九二四年に米国でいわゆる排日移民法が成立したため、日米関係委員会や日米協会など二国間での話し合いではなく、広く太平洋の諸問題を議論できるように、多くの国が参加できる場を設定することが望まれた。このため一九二六年、IPRの日本支部ともいえる日本太平洋問題調査会（日本IPR）が設立され、渋沢栄一が評議員会会長、井上準之助が初代理事長に就任した。他のメンバーは高木八尺《やさか》、那須皓《しろし》、前田多門、鶴見祐輔ら新渡戸稲造の影響を受けた国際主義者であり、また知米派の自由主義的知識人であった。日米関係委員会のメンバーがほぼ全員参加した。

渋沢の国際交流の特徴はどこにあったのであろうか。それは国際交流を「国際道徳」、つまり積極的道徳の一環としてとらえ、広報活動に力を入れたことであった。渋沢はあらゆる活動において、その内容をできるだけ公開するという「民主化」の基本を実践した。一九〇九年渡米実業団を率いて三カ月にわたり全米各地を回ったとき、そのニュースが海外の主要新聞に十分に掲載されていないことを知り、有力な対外宣伝機関を設立する必要性を強く感じていた渋沢は、米国における排日移民の動きに対抗するために、高峰譲吉や在京特派員のジョセフ・ケネディらの自前の国際通信社を設立することの必要があるという考えに賛同した。

渋沢はさっそく井上準之助、小野英二郎、樺山愛輔らとともに発起人となり、桂太郎、大隈重信ら各界の有力者を誘い、資本金十万円を集め、一九一四年、樺山を業務執行社長に、ケネディを総支配人として国際通信社を設立した。配信に関しては、ロイターとの間に一方的な不平等な協定を結ばされたが、日本初の国際通信社が誕生した。渋沢は日本国内の状況を正確に海外に伝えるため、来日した外国要人や外国人特派員を飛鳥山の私邸に招き、自身の考えを明確に述べて世界へ発信した。「人類の太陽」とは、聖路加国際病院院長トイスラーが渋沢の米寿を祝って、『実業之世界』に寄稿した文章のタイトルである。渋沢は国際平和について積極的に発言している。

日本放送協会のラジオにも出演し、世界平和への思いを熱く語った。渋沢は、戦争は健全財政を危うくするという観点から、明治初期の台湾出兵から戦争反対の非戦論を唱えてきた。世界に地殻変動を起こし、想像を絶する人的・物的被害をもたらした第一次世界大戦の影響を受け、国際平和の実現に何をすべきかを知識人を集めて一緒に議論した。例えば、「帰一教会宣言」(一九一六年三月)の中には、「国際道徳を尊重し、世界の平和を擁護し、以て立国の大義を宣揚すべし」と書かれているが、渋沢の考えが色濃く反映されている。

渋沢は、軍備負担が納税者に経済的苦痛を与えるだけでなく、さらには道徳の伴わない物質文明が国際紛争の原因となり、軍備拡張の理由となる。したがって国民道徳が発達してその範囲を国際間に広げれば、真の平和が実現されることになり、軍備の必要がなくなると語った。

したがって第一次世界大戦後は「経済界の休養発展」が急務であり、大隈内閣の軍備増強に反対した。

渋沢の平和論は日本国内だけでなく、海外、特に米国内にも知られていた。国際交流や民間外交を通じての渋沢の国際平和への貢献が評価され、一九二六年と二七年の二回にわたりノーベル平和賞候補に推薦された。推薦人は加藤高明首相らで、「日米関係を中心とする国際親善平和のため」がその理由とされた。二年目には「東洋の指導者に平和賞が与えられる意義」がさらに加わった。ストックホルムのノーベル賞委員会では職員を米国へ派遣し、渋沢の業績審査を行った結果、受賞には至らなかった。

渋沢は国際交流を促進するため、情報発信やそれを支える科学技術の進歩には関心を持ち続けた。日本放送協会、日本無線電信、理化学興業、日本航空輸送創立委員長に名を連ねた。また東京帝国大学のヘボン講座や新文学講座などの学会動向にも目配りを忘れなかった。

もう一つ、広報活動として注目すべきは「人形」外交である。米国宣教師シドニー・ギューリックは日本に「雛祭り」や「五月人形」などの人形文化が根付いていることに着目し、米国の子どもたちから日本の子どもたちへ「友情人形」を贈り、日米の親善をはかり交流を結ぼうと提案をする。一八七二年に創設した東京養育院や各地小学校での講演などで児童教育に力を入れてきた渋沢は、ギューリックの提案に賛同し、「日本国際児童親善会」を設立し人形受入れの代表となる。

渋沢はこの提案に日本政府が全面的に協力するように働きかけた結果、一九二七年に米国から約一万二千体の「友情人形」が日本に届いた。これらの人形は「青い目の人形」として多くの日本人に親しまれた。日本からも「答礼人形」とよばれる市松人形五十八体を米国に贈った。日本に贈られた「友情人形」は太平洋戦争中、敵国のものとしてその多くは失われたが、秘かに守られた約三百体の人形が現存している。

日本国際児童親善会（文部省にて、1927年3月3日）

次に渋沢は、赤十字活動、自然災害被害への支援などに、彼が培ってきた国境を越えた人脈を活用した。渋沢は数多くの事業を行い、世界中に張り巡らせた人脈を駆使するために多数の手紙のやり取りをしたが、英語をほとんど理解できなかったので秘書の手を煩わすことになった。通訳兼代筆者は頭本元貞と小畑久五郎であった。頭本は一八六二年、鳥取に生まれ、札幌農学校を卒業して『ジャパン・メール』の記者となっていた。一八九七年、『ジャパンタイムズ』を創刊し、後に同社社長になった。渋沢の四回にわたる米国訪問、韓国行き、中国行きなどすべての海外への渡航に同行した。小畑は渋沢の秘書として英文の手紙を書いた。神学博士であった小畑の英文は流暢で、『子爵渋沢栄一』という英文の著作もある。

渋沢は実にタイミングよく、あらゆる機会を通じて自分の信念を表明し提言を行った。話し方を工夫するためもあり、歌舞伎、浄瑠璃、映画などのいわゆる芝居を愛好した渋沢は、多忙の中を家族と一緒に帝国劇場へ出かけるのを楽しみにしていた。また名人と呼ばれた三遊亭円朝を飛鳥山に呼び、落語を楽しむとともに、自分の話し方に助言を求めたという。広い意味での表現力を身に着けることも、広報活動を展開するにあたって重要である。渋沢は「丁寧すぎる」といわれるほど相手の立場に立ち、株主総会やメディアのインタビューに対応した。時には熱が入りすぎて、入学式の祝辞を一時間以上も話して困らせることもあったものの、民主主義社会において、透明性を担保した渋沢の姿勢は見習うべきであろう。

†終焉を迎えて

最晩年になっても、渋沢の女子教育への情熱は衰えなかった。渋沢の女子教育に対する思想と行動にはどのような特徴があったのであろうか。まず女子教育の目的は、日本の進歩、近代化とともに女子の地位向上を図ることであった。商業教育では東京商科大学や数多くの高等商業学校を支援したが、女子教育では、経営が難しい民間（私立）機関のみを支援した。彼自身の女子教育に対する考えが変化したことからもわかるように、柔軟な教育思想を有していた。儒教主義が基盤にあるが、キリスト教、仏教など異質の思想も取り入れ、その行動には持続性があった。

渋沢は事業の公益性を吟味したうえで、いったん引き受けると最後まで責任を負った。それは亡くなることになる年に、日本女子大学の学長に就任したことに端的に現れている。合本主義の精神を持ち、人間関係を大切にしたのであった。成瀬仁蔵、広岡浅子（日本女子大学校）、新渡戸稲造（普連土学園）、巌本善治（明治女学校）、大隈重信（早稲田大学）、新島襄（同志社大学）、三島中洲（二松学舎）など教育支援活動すべてに当てはまった。

では渋沢は、日本女子大学校へどのような支援を行ったのであろうか。まず資金援助では、渋沢の一生の寄付総額の十二％にあたるほどの多額の寄付をした。次に創立委員に始まり、資金募集、会計監査、評議員を歴任し、生徒募集のためと女子教育への理解促進を兼ねて国内各都市を講演旅行した。女子大生の啓蒙活動としては、ジョルダン（スタンフォード大学総長）やシドニー・ウェッブ（ロンドン大学教授）など外国からの賓客を招待し、一流の人物に接する機会を作り、海外の名士にも臆せず自分の意見を表明できることの重要性を理解させようとした。

こうした活動を通じて渋沢が日本女子大生に期待したことは、二つあった。まず、女子高等教育による人材輩出機能に期待した。高等教育を受けたのち家庭に入る「賢母」を社会に数多く輩出させ、家庭教育を通じて教養あるビジネスマンを育成することにあった。しかしながら女性の社会進出に関心を持っていたわけではない。

次に、成瀬仁蔵の「信念徹底」「自発創生」、「共同奉仕」と共通する希望を持っていた。「これからの婦人は明晰なる頭脳、強き記憶力、固き信念を以て自分の常に説く共同奉仕の責任を果すだけのものでなければならぬ。」(「女子と高等教育」、『龍門雑誌』第383号。『伝記資料』第四十四巻)であった。

この他に、渋沢は出版文化事業にもかかわった。

渋沢は尊皇意識を持ち続けたが、他方幕臣として主君慶喜への忠誠心に似た精神を持っていた。また徳川家につながる歴史上の人物のうち、渋沢が尊敬していたのは松平定信であった。すでに東京養育院設立の経緯で江戸町会所の精神と方法から多くを学んだ渋沢は、一九二五年に定信の伝記編纂を企画し、三上参次に依頼し、編纂事業が開始された。渋沢自らが記した序文には、編纂の動機が「公の如き公明忠正なる政治家を現今の世態が必要とすると感じた」と記されている。定信のように公益のために犠牲を払った先人に思いをはせてほしいと読者に対する希望を述べ、その序を締めくくった。

残念ながら、渋沢の存命中には完成できず、三上参次の旧稿をもとに東京帝国大学教授(日本中世史）の平泉澄《ひらいずみきよし》が編纂、さらに同大学助教授（江戸時代史）の中村孝也が修訂を担当し、一九三七年に渋沢栄一著『楽翁公伝』として岩波書店から未定稿として刊行された。

一九二〇年代を通して米伯両国は好景気を謳歌していたが、一九二九年十月の「暗黒の木曜日」以来の世界大不況で、日・米・伯三国の経済は大打撃をこうむった。日本は生糸価格、ブラジルはコーヒーをはじめとする一次産品の価格がニューヨーク、シカゴ市場で暴落した。米国に端を発した大不況は、一九三〇年初頭には瞬く間に全世界を巻き込み、十九世紀以来、世界の貿易拡大に寄与してきた金本位制度は、一九三一年九月の英国・ポンドの離脱とともに崩壊した。この直後から、極東での満州事変、満州国誕生、日本の国際連盟脱退と、日本の軍事行動が注目された。

これに対して米国は、日本の中国での行動を容認しないという趣旨のスチムソン・ドクトリンを発し、ブラジル国内でも日本の満州政策に対して非難の論調が現れた。その内容は、辛亥革命により誕生した共和制を目指す中華民国に対して、いまだにヨーロッパの帝国主義を彷彿させるような日本の露骨な中国権益獲得に対する反発であった。

日米両国の政府と経済界は、各国があまりに民族主義的になり保護貿易化が進むことは、世界市場を狭くし、世界経済の回復には好ましくないと考えた。したがって、各国政府代表が集まる公式な国際経済会議が開催困難となるなかで、国際連盟の経済部会や国際商業会議所の年次大会等は活発に行われ、国際貿易・投資・流通の進展を図ったのである。このように一九三〇年代には保護貿易主義や民族主義に基づく世界経済のブロック化が進む一方で、各国の相互依存体制が進展し、トランスナショナルな動きが活発化していく混沌とした時代に突入した。

日米伯の三国関係も、こうした大きな視点からとらえる必要がある。つまり日本の経済界は、一方で大恐慌から抜け出すために金本位制度から離脱し輸出攻勢をかけるが、保護貿易化の流れの中で、新しい市場の開拓のため南米、特にブラジルを、中東、アフリカ、中欧などとともに、日本の貿易にとって将来性が期待できる市場として注目するようになったのである。ブラジルを含め、米国の中南米政策が大きく変わるのは、ルーズベルト大統領が一九三三年に善隣友好政策に舵を切ってからである。前述したように一九二〇年代を通じて、米国資本の影響力は英国との競争を経てブラジル国内で拡大した。

他方、パナマ運河開通以後の米国の露骨な中米への軍事的な介入は、一九二〇年代を通じて高まった反米主義の高まりを抑えることと、ヨーロッパ諸国のアメリカ大陸への干渉を防ぐため、まず中米への軍事力の展開を縮小することから着手された。一九三三年、モンテビデオで開催された汎米会議で内政不干渉の原則を受け入れ、翌年には「プラット修正条項」を廃棄し、キューバへの内政干渉をやめ、ハイチからも海兵隊を引き上げた。しかし米国はしたたかで、パナマ運河の通航権は絶対に手放さなかった。

一九二九年十月のニューヨーク株式市場の大暴落に端を発する世界大不況は、日本をも英国をも巻き込む。高橋是清の積極財政と金本位制からの離脱により、日本はいち早く恐慌から脱し、英国や英帝国地域への輸出を伸ばし、英国経済に深刻な打撃を与えた。一九三一年九月に英国の繁栄を長年支えてきた金本位制度は終止符を打ち、翌年にはオタワで英連邦諸国経済会議が開催され、ポンド圏域外からの輸入製品には高関税が課されることになった。この関税引き上げ政策は世界に広まり、第二次世界大戦を引き起こす要因の一つとなった。

渋沢にとって英国の持つ意味は、次のように変わっていった。理不尽で横暴な海洋帝国から、世界一の先進国で日本が模範とすべき海洋国家、最も商業道徳の高い尊敬すべき同盟国、中国への経済進出の資本合同のパートナー、第一次世界大戦を経て米国にとって代わられる旧大国、日本に対抗する貪欲な競争相手、老練で柔軟性のある外交ができる国というように変化していったと考えてよいであろう。

渋沢の英国に対する理想は、英国の自由貿易主義者であり政治家でもあったリチャード・コブデン（一八〇四―一八六五）の「通商拡大は、外交上の不介入政策とともにあるべきであり、英国文明の拡大も帝国の制度によって強制する必要がない。力の行使によって達成できるものは何もなく、かえって力の行使はグローバルな自由市場の自然な法則が作用することの妨げになる」（前掲、ニーアル・ファーガソン『大英帝国への歴史』上、山本文史訳）という内容であった。

しかし英国は高い商業道徳を持ちながら、時として横暴で理不尽な行動をとるため、渋沢の英国認識は揺れ動き、それは米国や中国を認識するときにも大きな影響を与えたといえよう。

渋沢の影響力を根本から低下させたのは、彼を支える経済界が大きく構造変化を起こしたことであった。まず、商業会議所と銀行集会所の勢力が弱くなった。渋沢は二つの組織を中心に、東京のみではなく全国商業会議所を通じて横浜、大阪、神戸、名古屋などの各都市の経済界をまとめ、その影響力を保持していた。第一次世界大戦によって生じた日本経済の規模の拡大や構造変化が、経済団体の力関係にも大きな影響を与えた。

重化学工業の発達に従い、財閥系企業が各分野において占める割合が高くなり、経済界そのものは大きな発言力を持つようになったが、渋沢が深くかかわる企業は多岐にわたるもののその発言力は低下していた。一九一七年、三井財閥総帥の団琢磨を中心に誕生した日本工業倶楽部は、日本における経営者団体の先駆けとなり、大戦中活発になった労働問題に商業会議所に代わって対応していた。

一九二〇年の不況により、いわゆる成金と呼ばれた戦争景気で一時的にのし上がった資本家や企業は次々と倒産し、三井、三菱、住友など財閥系企業はますます勢力を拡大した。さらに一九二二年には日本経済連盟会が誕生し、井上準之助、池田成彬（一八六七—一九五〇）、和田豊治、内藤久寛、串田万蔵、藤山雷太、福井菊三郎、団琢磨、郷誠之助等、渋沢より二十歳から三十歳若い世代が中心となった。

第一次世界大戦を経て、日米両国は国際社会に占める影響力が飛躍的に高まった。一九二〇年代には米国経済の繁栄を物語るように、米国的経営の精神や手法が日本に次々と導入された。一八八〇年代以降、財閥系企業が幹部候補の大学出身者を米国へ留学させたが、彼らは米国式ビジネスの徹底した合理主義を学び、一九二〇年代後半から一九三〇年代になると、日本の経営思想に大きな影響を与えるようになる。その代表例は、三井財閥の総帥となる池田成彬である。慶應義塾大学とハーバード大学を卒業後、三井銀行に入った池田は、国家の利益よりも株主の利益を優先するという自主独立の米国ビジネスマン精神に強く影響された。日本だけでなく中国でも、張謇より一世代若い企業家は米国に留学し、銀行業を学び、上海での銀行経営に米国流の経営方針を取り入れた。

彼らは、資本主義社会は競争社会であり、企業は自由に市場へ参入し、自己の能力を存分に発揮できるが、それはあくまでも自己の責任においてであり、企業経営者は株主の利益を最優先する。したがって、政府と企業との関係においては、不況時や企業業績が悪化したとき、政府への依存は好ましくないと考えたのである。

自治精神への評価は、鐘紡の武藤山治にも見られた。米国で三年生活した武藤は、米国人の自治精神の強さを賞賛し、それに比べて日本人の自治精神の弱さを指摘した。「立憲政治の下にある国民は、政府によって自治精神を教えられんとするようではならぬ。国民自ら覚醒して、自治精神を強めることが大切である」。さらに、「国家たるものは国民が支えるべきものである」と言い切った（「自治精神」、『武藤山治全集』第三巻）。こうした考えは、自立したフィランソロピー活動を支える精神とも相通ずる。森村市左衛門が設立した財団法人森村豊明会にもその精神が強く見られた。

反面、彼らは経済経営にモラルが必要なことは認めていたが、渋沢の唱える論語の精神を取り入れることに関しては反対もしくは消極的であった。渋沢が大学昇格に尽力した東京商科大学でも、福田徳三ら新進の経済学者は、渋沢の論語に基づく道徳経済合一説に対しては懐疑的であり、英国のマーシャルの経済学原理やワルラスの一般均衡論など価値中立的な英米の経済学を重視する方向に向かった。

渋沢は日本工業倶楽部や日本経済連盟会設立メンバーの一人に加わったが、実質的な財界活動は次の世代に移った。この世代交代が渋沢の人的ネットワークにも変化を生じさせた。世代交代と関係するが、一九一〇年代以降、渋沢が明治初期から中期にかけてのように行動できなかった理由の一つに、パートナーの相次ぐ死去があげられる。政治家では大隈重信や原敬、東京商法会議所の創設以来の友人福地源一郎（桜痴）と田口卯吉、東京商業会議所で活動を共にした中野武営と、後継者として期待をかけていた和田豊治、渋沢の長女歌子の夫で東京大学法学部教授（法理学）穂積陳重、銀行家としてライバルかつ友人の安田善次郎、日本女子大など教育活動への寄付を共にした森村市左衛門、関西財界に多大な貢献をした外山脩造、日米交流をニューヨークで支えた高峰譲吉など、「広く会議を興し、万機公論に決す」という渋沢の「民主化」を共有した民権派で、渋沢の合本主義を支えていたパートナーが、一九一〇年代から一九二〇年代に相次いで世を去った。

もう一つの要因は、経営組織の変化であった。第一次世界大戦中から一九二〇年代を通じて、日本経済が重化学工業化を遂げ、専門的経営者が登場し、終身雇用や年功序列賃金など従業員に対する制度が徐々に確立していく。日露戦争後より大学卒業者が大量に経済界に就職し、高等教育を受けた幹部候補生が、各企業の重役になり、専門経営者といわれる資本家に給料で雇われて企業経営にあたるという「サラリーマン重役」が数多く生まれた。彼らにとっての最大の関心事は、自社の業績をいかに伸ばすかであった。オーナー経営者でないため、会社の経営に直接関係ない「民間」外交や慈善事業に資金を出すことには消極的になった。渋沢が回す奉加帳に応ずる経営者が少なくなったのである。

実業界から引退した渋沢は、自身の高齢化と経済界の世代交代で、いままで築き上げた人的ネットワークが十分に機能しなくなり、満足な活動が出来なくなった。

今まであまり指摘されていないが、「合本主義」が機能しなくなるという点からは重要な点といえよう。ただし第一銀行では、渋沢の跡を継いで第二代頭取となった佐々木勇之助（一八五四―一九四三）が、また東京養育院では実質的に切り盛りを行っていた安達憲忠（一九三〇年死去）、二松学舎や日中関係については阪谷芳郎がいたため、渋沢は最後まで影響力を及ぼすことができたとも考えられる。

一九二九年、昭和天皇から渋沢一人が昼食に招待された。宮内庁の高官数人を交えた席で、彼はその長い生涯について語り始めた。とくにパリ万国博覧会に参加した時、大向こうをうならせるような演説をしたナポレオン三世が、それからわずか数年後に、普仏戦争でドイツに完敗して退位した。

ドイツの皇帝ウィルヘルム二世も第一次世界大戦で敗れ、ドイツ帝国が消滅した。国家元首の地位は長期にわたって安泰とは言えない歴史を語った渋沢の真意は、どこにあったのだろうか。これは推測するほかないが、日本でも軍部が強大な力を持つようになる中で、老婆心ながら若き昭和天皇にこのような興亡の歴史を語ったのかもしれない。

米寿を過ぎた渋沢は、体の衰えを隠すことができなかったが、一九二九年十月のウォール街での株式市場暴落に端を発する世界不況や日本の行く末を憂慮し、絶えず目配りを忘れなかった。一九三〇年仏国洪水や翌年の中国での水害には、義援金を集め、救援物資を送った。しかし同年九月、英国が金本位制度から離脱する世界経済の混乱の中、満州事変が勃発したため、

米寿祝賀会控室にて

蔣介石は渋沢らの好意は多としながらも救援物資の受け取りを断った。

同年十月に腸疾患のため自邸にて開腹手術を受けたが、十一月に入ると容体は悪化した。新聞に危篤が報じられると大勢の見舞客が飛鳥山を訪れてその回復を願ったが、一九三一年秋、十一月十一日、渋沢栄一は飛鳥山の自邸で家族に看取られて九十一年の生涯を終えた。晩年の渋沢が好んだ「人間貴晩晴（人間晩晴を貴ぶ）」にふさわしい堂々たる人生であった。葬儀は十一月十五日に青山斎場にて行われ、喪主は嫡孫の敬三が務めた。

遺志により、曖依山荘（飛鳥山の土地と建物）は渋沢青淵記念財団龍門社に寄付された。その中には晩香盧《ばんこうろ》（一九一七年落成）と青淵《せいえん》文庫《ぶんこ》（一九二五年落成）がある。

†渋沢栄一の評価

日露戦争後に見られた渋沢の貿易や投資といった経済活動に根ざした合理的な考えや、信頼関係に基づく国際関係を築こうとする考え方は、戦争とともに消え去ったわけではなく、第二次世界大戦後の人々に引き継がれた。例えば一九六〇年代から一九七〇年代にかけての日中国交回復、さらには日中平和条約締結に至る過程で日中対話を推進した財界人や政治家としては、高碕達之助、松村謙三、土光敏夫などがあげられる。

しかし渋沢の「民間」外交に対する研究者の評価は厳しい。渋沢の国民外交は具体的成果を上げることができなかったと片桐庸夫は指摘している。まず渋沢の国民外交を、「実業人を中心とする大学などの研究者、知識人、宗教人といった知的水準の非常に高いレベルの人たちを集めて国民外交を推進することを考えていた」とし、今日的な意味での国民とは違うと述べる（片桐庸夫『渋沢栄一の国民外交——民間交流のパイオニア』）。

そのうえで、具体的成果を上げることができなかった理由として、当時の時代的制約や国際環境や諸課題そのものの困難さはもちろんのこと、渋沢が韓国、中国におけるナショナリズムを理解できなかったことが大きいとしている。また、渋沢は実業人として政経分離の発想で中国に臨んだが、中国の革命状況の中で、日本が英国に代わりナショナリズムの標的にされた時、この政経分離という姿勢は、問題の本質をとらえるときに妨げとなった。むしろ政経不可分と考え、「恕」という立場から、中国の不平等条約の撤廃や山東権益の返還など中国政策の転換を政府に対して提案し、そのうえで日中実業家の交流をすすめるべきであったと述べている。

これに対して、中国人研究者周見は異なる評価を与えている。彼は『渋沢栄一と近代中国』(西川博史訳、現代史料出版)で、渋沢の中国への経済進出、孫文との関係、一九一四年中国訪問時の渋沢の中国への感想を詳細に分析した後、渋沢の中国経済進出案に日本政府の要求にはない「創意」が含まれていたことに一定の評価を与えつつも、日本の大陸進出に果たした役割については疑念をかくさない。

つまり渋沢の「王道主義」と、日本政府の対華二十一ヵ条要求などにみられる「覇道主義」とは、内容は違うものの根本的な利益が一致している。渋沢は、政治は素人と述べているが、確固とした政治的な姿勢は持っていたので、政経分離ではなかったとする。最終的に渋沢が「覇道主義」に譲歩せざるを得なくなったのは、日本政府と渋沢の最終目的が、「対中経済拡張と侵略に尽くすという本質に変わりはなかった」からであると断じている。また李廷江も、日本財界人の近代中国との関わりという視点から、渋沢がほかの日本財界人とは一味違うことを指摘しつつも、周と同様、渋沢に対して辛口の評価を行っている(李廷江『日本財界と近代中国』御茶の水書房)。

最後に、世界史の中で、渋沢栄一はどのように評価したらよいのであろうか。

石橋湛山は明治天皇の崩御直後に著した「明治時代の意義」という評論の中で、明治時代の最大の特色は帝国主義的発展ではなく、「政治、法律、社会の万般の制度及び思想に、デモクラチックの改革を行ったこと」にあり、そのことこそが明治という年代が永く人類の歴史上に記念されなければならないと述べた（石橋湛山「明治時代の意義」、『東洋時報』一九一二年九月）。「デモクラチックな改革」とは武力革命に依らず、士農工商の身分制度を取り払い、広く人材を登用し、海外の進んだ知識や技術を積極的に取り入れ、万機公論に決すという誓文の精神に則り、日本社会を平等化し自由化することであった。

ところが発展を実際に担った国民、特に商工業者にこの精神はなかなか行き渡らなかった。このような状況の中で、実際にデモクラチックな方法で近代日本の経済社会を発展させることに最も貢献した人物の一人が渋沢栄一であった。幕末から明治にかけて三井財閥の基礎を作り、渋沢とともに数多くの共同事業を行った益田孝は、東京商法会議所の設立時に渋沢を「デモクラシーの人」と評し、「零細の金を多数の人から集めて会社を興し、独裁的でなく公平に皆んなが仲良く実業界を守り立てて行こうというのが主義だった」（益田孝「東京商工会議所の過去を語る」、『商工経済』第五巻第四号）と語った。

渋沢は自身の活動に対して（協力）合本法と称し、資本主義という言葉を用いていなかった。

すなわち、欧米諸国の民主主義社会を基盤とした資本主義を「合本主義」ととらえた。合本主義とは、「公益を追求するという使命や目的を達成するのに最も適した人材と資本を集め、事業を推進させるという考え方」である。資本主義という言葉に対してはむしろ批判的ですらあった。

渋沢は、新興国にみられがちな財閥支配による閉鎖的な経済制度になるどころか、自分とは路線の違う財閥をも取り込むことができる開かれた多様性を認める仕組みを創りだした。それを明治、大正、昭和と長年維持し続けた。石橋湛山が指摘したように、民主的な方法で日本社会がいち早く近代化できたことが、世界史の中で評価されるならば、渋沢の果たした役割は特筆に値するであろう。

ここで問題となるのは、渋沢が追求した「公益」の中身とはなにかである。渋沢の「公益」についての考えは、すでにあきらかなように、「私利は公益に従う」であり、アダム・スミスの各人が自由に自己の利益を追求すれば、「見えざる手」の働きによって、市場は自ら「秩序」を形成し、それは「公益」に貢献するという考えとは異なる。公益が私益に優先するという考えは、松下幸之助や稲盛和夫など日本の経営者に受け入れられた。しかしよく指摘されるように、渋沢自身は公益の中身については、詳しく論じていない。

おそらく渋沢にとって、公益とは、自立した「民」が平等に参画し、殖産興業により富源を開拓、世界や日本に住む人々が物資と精神両面で豊かになることであったと想像できる。「公」とは、必ずしも国や政府だけを意味するのではなく、より小さくは都市、村落、共同体も含まれた。さらには国を超え、世界全体も「公」の範囲に含まれた。したがって「公益」とは「国益」と必ずしも同じではなかった。

それでは国益以外にも公益は存在するのか、公益は時代や立場の違いにより異なってくるので、一つにまとめることは難しい。例えば近代中国では、張謇も渋沢と同様に官僚を辞し、企業家として清末から辛亥革命を経て江蘇省南通地方における近代化・産業化に貢献した。同時に師範学校を設立し、人材育成にも力を入れた。江蘇省にとっての公益を追求したが、なかなか中国全土には行き渡らなかった。

米国では、南北戦争後の再建時代から、いわゆる「金ぴか時代」に登場した米国の企業家たちは、今日のアメリカ経済社会の確立とそのグローバル化に大きな役割を果たした。企業利益を拡大させただけでなく米国経済を発展させ、膨大な富を米国社会にもたらし、慈善事業など公益も追求した。

渋沢と張は儒教から「公共」「慈善」という概念を、またカーネギー、ロックフェラーはキリスト教から、慈善(フィランソロピー)を引き出し、その活動を実践した。彼らは商工業に従事する者も、政府も地方自治体も、さらには民間企業も非政府組織も、必ず〝公共的〟な側面を念頭に置いて活動すべきであると唱えた。その利益には、英国の経済学者アルフレッド・マーシャルが用いた外部経済も含まれている。言い換えれば、すべての社会団体は公共の利益と利潤追求の見通しとを関連づけて、企業及び企業家の社会的責任を明確にすべきであると考えたのである。

公益は一つしかないのであろうか。複数存在してもよいのではないか。渋沢が公益をどのようにして決めたのかは、この問題を考える際のヒントとなる。すなわち公論形成である。渋沢は今何をすべきかに関して、明治政府の民部省改正掛の時代から、同じ志を持つ仲間と徹底的に議論を重ねて、国家社会が平和で、人々が物質的にも精神的にも豊かになる事業計画を作成した。熟議を重ねて形成された公論をもとに実行された事業により得られた利益を公益と呼んだのではなかろうか。それはあらかじめ決まっていたものではなく、時代や場所によって異なり、公益自体の中身も変化していった。したがって時には政府の唱える国益を超えた、世界に通用する公益を考えたのであった。

フィランソロピー活動に対する渋沢の考え方も興味深い。これは渋沢の全体像の把握にもつながるが、彼にとってビジネスとフィランソロピーとの区別はどのようなものであったか。日本だけでなく海外の企業家とは共通点もあるが、相違点も数多くある。

渋沢のフィランソロピー活動についての包括的な実証研究の成果を待たなければならない

（シリーズ『渋沢栄一とフィランソロピー』ミネルヴァ書房、全八巻、二〇一七年―）が、公益を追求するという志を達成することの前には両者に区別はなく、算盤、すなわち採算がとれるか、事業利益を上げることができるかによって、ビジネスとなるかフィランソロピーになるかという選別を行っていたのではなかろうか。その意味では、渋沢は企業の目的を利潤最大化とし、私的利益を追求し、その利益を社会に還元することによって企業の社会的責任を果たすという、CSR（Corporate Social Responsibility）的発想ではなかったと考えられる。

ある時、慶應義塾の鎌田栄吉塾長は、福沢諭吉は非常に柔軟で一見矛盾する事でも受け入れたが、独立自尊という二つの楕円の中心はぶれることなかったと述べたが、これは渋沢栄一にも当てはまる。「論語」と「算盤」という二つの中心は崩さず、合本主義の精神で可能な限り多くのものを取り入れ、公益を追求したのであった。渋沢には最初から明確なビジョンがあったわけではなく、課題に直面すると、熟議を通じて合本主義で組織を作りながら問題の解決に取り組み、気が付いてみたら、実にユニークな世界を築いていたのであった。

エピローグ

二十一世紀に入り、西洋（アングロサクソン）中心の統治や経営（ガバナンス）の限界・中国［東アジア］の台頭・地球環境問題、大規模自然災害などグローバルな課題に対して、民主主義や資本主義は処方箋を提示できない状況にある。さらに新型コロナ・ウイルスの世界的な蔓延により、感染者数はわずか半年で一千万人を超え、死者数も数十万に達し、今もさらに増え続けている。米ソ冷戦後、急速に広がったグローバル化は根底から揺さぶられている。今回のウイルスについてはまだ不明な点が多いので将来の予測は不確実性が高いが、過去の感染症の事例から多くを学ぶことができる。

人類と伝染病との関係は、有史以来の壮絶な歴史がある。一九一七年から全世界に蔓延したスペイン風邪は、三千万人以上の死者を出し、ペスト、天然痘、コレラなどと同様に、第一次世界大戦とともに世界を大きく変えた。大戦とウイルス対策で国民の統制を強めた国家は、独裁者を生み、偏狭なナショナリズムが跋扈するようになった。一九二九年のウォール街の株式市場大暴落に端を発する世界恐慌が加わり、保護主義は一層強まり、一九三〇年代には国際協調の精神が後退し、渋沢栄一が強く望んだ国際平和や友好親善は実現せず、第二次世界大戦の悲劇を引き起こしてしまった。

今回も対応を誤れば同じ轍を踏むことになりかねない。二十世紀の民主主義と資本主義の世界を牽引《けんいん》してきた英国と米国にはもはやその意志も力も無い。ブレジグット（英国のEU離脱）、トランプ大統領の登場により英米は自国中心主義となり、リーダーシップを発揮して今回の危機を克服しようとする気配は全く感じられない。一方、中国はコロナ危機に対して、巨大都市の武漢を封鎖し、国家がITを駆使して国民一人一人の行動を監視し、約三ヵ月でウイルスの感染を一応抑え込んだ。しかし完全に封じ込めたわけではなく、今後も第二次、第三次の感染流行の恐れは消えていない。むしろコロナ・ウイルスといかに共存してゆくかが課題となり、我々の社会全体の在り方が大きく変わるであろう。

人類の歴史を振り返ると、不易流行といわれるように、大転換期であっても変化するものと不変のものとが共存している。コロナと共存するために、われわれにとってどのような体制が望ましいかを考えると、世界各国は結局、欧米や日本のような民主主義に則った資本主義体制か、または中国のような一党独裁制の「国家」資本主義体制のどちらがよいか、という選択を迫られるであろう。もし中国のIT全体主義がいち早くコロナ対策に成功すれば、「国家」資本主義が世界を支配する危険性も出てくる。特に、「一帯一路」戦略や「マスク」外交によって中国から大規模な支援を受けるアフリカや他の地域の新興国が、民主主義を認めない「国家」資本主義国へ向かう可能性は十分考えられる。現在の段階では、まだ確実な見通しは立っていない。

ただし将来の不確実性の中で、確実なことは次の三点であろう。まずコロナ・ウイルスの蔓延により最悪の被害を受けるのは各国内の貧困層で、世界的に見ればアフリカや南米などの貧しい国々となり、貧富の格差はますます拡大する。次に世界経済は後退し、その深刻さは一九二九年の大恐慌を凌駕するかもしれない。失業率は高まり、社会不安が増大し、治安が悪くなる。とはいうものの最後には、伝染病は必ず克服される。今回も特効薬やワクチンが開発され、二、三年以内には収束するであろう。しかし今回のコロナ・ウィルスは収束させたとし

渋沢四代——左から栄一・篤二・雅英・敬三

ても、おそらく今後十年に一度はこうしたウィルスが蔓延するので、ウィルスとの共存を前提とした社会体制を築いていかなければならないだろう。

渋沢が生きていたら、今回の危機に対して（一）緊急の対策、（二）中期（二、三年）、（三）長期（二、三十年）に分けてその対策を考え、行動するはずだ。まず、財界リーダーとして真っ先に「民」を代表して、政府に全面的に協力し、人命を最優先することを明言し、そのために経済界は全力を尽くすという確固たる姿勢を示すだろう。それと並行して、支援に必要な資金を捻出する方法を考えるであろう。つまり、強制力を伴った行動自粛（休業や自宅待機など）による損失や所得を補償するために特別基金を創設し、政府や自治体と一緒に支援する方策を創出する。

百年に一度の危機であり、いま生きている世界中のほとんどの人々にとって全く経験がない。グローバル社会を統治できる世界政府は存在せず、国際連合やＷＨＯといった国際機関には強制力がないなかで、国家の単位で危機管理を行うことになる。各国政府は責任を以て、国民の生命を守らなければならない。こうしたことを経済力のある財界人が、政府と一緒に国民に何度も機会を設けて語りかければ、人々に安心感を与えるであろう。

次に、渋沢のようなスケールの大きな財界人がリーダーシップをとり、政府とは一味違う機動力を発揮した支援を行うことが望まれる。今回の騒ぎが始まってから、経済界やそのリーダーの存在感が希薄なことが気にかかる。日本だけではなく世界を見渡しても、政治指導者や医療関係者に比べて、ビジネス・リーダーがリーダーシップを発揮する姿がほとんど見られない。英紙フィナンシャルタイムズによれば、米国PR会社の世論調査（十一か国、一万三千人対象）の結果、「コロナ危機で社会によい影響を与えているリーダー」のうち企業経営者や経済界のリーダーはリストの最下位であった。

前例踏襲を得意とする「官」は、今回のような想定外の危機にはなかなか動けない。リスクに挑戦するしなやかな企業家精神が真価を発揮するときである。新しいアイデアを出して奮闘している財界リーダーや企業家は、少数ながら存在するが、残念ながら経団連や日本商工会議所など経済界の主流は、各企業から情報を収集し、政府や地方自治体へ様々な要望を出しているものの、その内容は政府からの要請に対して、救済措置のさらなる充実を依頼するばかりで、自らがこの危機に対してリーダーシップをふるって立ち向かう姿勢や、経済界としての危機克服の具体的な構想が出ていないように思われる。

しかし経済界にできることは数多くある。明治初期、渋沢は「官」から「民」に移り、公益を追求するために合本主義の要として、銀行（制度）と商業会議所を両輪として創設した。この二つの仕組みを使って、江戸時代から各地に蓄えられた人、モノ、金を、当時の日本に必要な様々な業種の企業を立ち上げるのに活用し、業界を超えた経済界を育成し、公論を形成し、経済社会政策の提言を行った。

今回の危機では、景気の急速な落ち込みと企業業績の悪化は深刻であるが、日本企業の内部留保は約三百七十兆円と国家予算を上回る。また個人資産は、千八百兆円を超している。渋沢が日本の近代化を進めるにあたって合本主義の要として銀行制度を全国に普及させ、近代化や工業化に必要な資金を集めたように、経済界とくに全国銀行協会が、この膨大な資金を活用する仕組みを創出することが必要であろう。

機械化やキャッシュレス化が進み、銀行業務の形態は渋沢の時代とは大きく変わったが、全国に眠っているお金を集め、公益を増大する事業や経営者に融通し、企業やNPOを育成し、社会を豊かにするという銀行本来の役割は変わっていない。要するに、渋沢が銀行を川の流れにたとえたように、古くなり、滞留しがちな土手(バンク)を作り直し、新しい流れを起こす。そのために今ある銀行を活用し、お金を必要としている人に流すのである。

また日本商工会議所は全国各都市にある商工会議所ネットワークを活用して、寄付を呼びかけ基金を創設し、国や地方自治体からの補償金がなかなか人々の手に渡らないという目詰まりを解消するため、省庁間や都道府県の垣根を超えた横断的に活用する。渋沢が奉加帳の初めに使命と寄付金額を記入し、できるだけ多くの人から寄付を募ったようにし、寄付をした人々の参画意識を高めることが必要である。

緊急事態宣言が出されている間は、政府や自治体による生活補償は不可欠だが、「民」は「官」からお金をもらうことに慣れてしまってはいけない。渋沢が生涯をかけて打破しようと尽力した官尊民卑の悪弊がかえって強くなってしまう。長期的に見れば政府への依存、いわゆる「親方日の丸」意識を植え付けてしまう結果になり、民主主義社会における自主性を奪う危険がある。したがって、一人一人がコロナ・ウイルスとの戦いに参画して、この危機を克服するという強い意志を持つことが肝要である。

こうした緊急的な課題に答えつつ、二、三年の期間にコロナ後の社会を見据えた諸制度の見直しを進めることである。限られた予算、人員、権限の下で、医療か経済かの選択を迫られているので、渋沢であればまずコロナ・ウイルス対策のためのインフラ整備のため、「令和の改正掛」を立ち上げる。

医療衛生、先端技術、IT、経済経営、福祉教育などの専門家に加えて厚生労働、経済産業、財務、防衛、外務、文部科学各省から、しかも東京だけでなく全国各地から俊英を選抜し、十数名程度で集中して議論を尽くして得られた公論に基づき、改革案を策定し実行に移すであろう。この組織をコロナ対策特別省として、トップには、各省庁や与党ににらみが利きアピール力のある、かつての後藤田正晴のような政治家か土光敏夫のような財界人を据え、全権をゆだねる。

議題は、医療体制の整備やマスクやアルコール消毒液、防護服の増産とその流通の促進といった緊急の課題はともかく、二十一世紀の日本の国造りといった前向きの大きなテーマを視野に入れながら、コロナ後の社会で、大規模自然災害、少子高齢社会、移民との共生、地方振興、医療福祉保険制度、教育制度(例えば九月入学)を議論すべきであろう。その際、明治初年に行った東京遷都、貨幣の統一、暦や度量衡の変更、郵便、教育制度の新設、廃藩置県などのように、首都移転・道州制の導入・教育制度の見直し(九月入学など)ほどの根本的な変革をいとわない議論が望まれる。

十年以上の長期的な視点からは、渋沢が北里と一緒に結核予防研究所の立ち上げに尽力し、亡くなるまで理事長として勤めたように、広く海外からも研究者を招請し、寄付を募り、コロナ・ウイルス研究所を新設することであろう。またコロナ後の社会における経済と道徳の在り方を考える研究会を立ち上げることも必要なのではないだろうか。

では、民主主義を基にした渋沢栄一が、これからの世界と日本に突き付けた課題とは何であろうか。

それは(一)「民」が主導してコロナ後の社会を経営していくという当事者意識を持つこと

と、(二) 民主主義における自由と平等をどう調和させるかである。

まず、第一に官尊民卑の打破の精神が必要となる。渋沢の行動からもわかるように、政府に対立することではなく、「民」が物質と精神ともに豊かになり、国や政府から何をしてもらうかという発想を捨て、自らが国家社会、さらには世界に対して何ができるかを、「官」とは異なる立場からある時は協力し、ある時は反対しても問うべきであろう。それが、渋沢が経済人や経済界に期待したことであったが、二十一世紀になって物質的な豊かさは実現したが、精神的な強靱さは身についたようには見えない。

次に自由と平等の調和である。世界が新しい民主的なグローバル資本主義を創出する際に、自由で多角的な発想による競争的な事業により得られた利益は、できるだけ多くの人々に平等に行き渡ることが不可欠である。新しいものが生まれるためには、多様性を認める自由な議論が保障されねばならないが、平等を求めすぎると、全体主義だけでなく民主主義社会でも、順応主義が人々の考え方や行動だけでなく心まで蝕み、知らず知らずのうちに画一化される。

したがって平等への情熱という「民主的な力」は、人々の自由を奪う方向に流れる。平等が人間の偉大さや自由につながるためには、人間が「感性、知力、意志力で」責任を持って対処しなければ、似たことを好み、似たことを考えるロボットの集団になりかねない(猪木武徳「不機嫌な人間ロボットで一杯になる」、『アスティオン91』)。

渋沢は国際的かつ長期的な視点から、政府と民間との間に立ち、経済界を取りまとめ、徳の豊かさのある社会を目指して行動した。これから起こりうる巨大地震や感染症の蔓延などにおいては、経済界や民間財団が「民」の力を結集して次々とビジョンやアイデアを出し、政府を後押ししながら、自らが新しい日本を築くという強い責任感を持って行動することが必要であろう。

現在の日本政府には、一九九〇年代のバブル期のような財政的な余裕はないので、先に述べたように渋沢が、新しい事業や人材を育成することを、雨水を集め川の流れにして田畑に水を灌ぐことに例えたように、国家予算をはるかに超える企業の内部留保や個人資産を、公益のために活用する新しい銀行の仕組みを作るべきであろう。

もちろん大方針は政府が示さなければならないが、実質的に新規事業を支えるのは、公益を追求する強い意志と新しい社会を創造しようとする企業家精神を合わせ持った「民」の力となるであろう。日本に真のシビル・ソサエティーが根付くかどうかが試されているのである。その意味で、一八八六年に渋沢が作った七言絶句の最後の二行に込められた意気込みを、改めて噛みしめてみたい。

従来権勢縁民力
未必文明果富強

（もともと国の勢いというのは民の力によって興ってくるものである。しかるに今、我が国は列国に比べて文化も低く、富強もない。民として発奮せずにおられようか。）

あとがき

渋沢栄一に関心を持ち始めてからすでに三十年以上経過した。民間経済外交という視点から、一九九一年に拙著『渋沢栄一――民間経済外交の創始者』を中公新書として上梓したとき、渋沢栄一研究を同時代の人物研究と同様、日本史の枠組みを超えて、グローバルな視点から深化する必要性を痛感した。その一方で、これほど多岐にわたり長期間活動した渋沢の事績を分析することは、一人の力では到底出来ないとも感じていた。そこでまず実業家交流が国際関係に与える影響から研究を進めた。

二十一世紀に入り米国で研究を続ける傍ら、公益財団法人渋沢栄一記念財団（以下、渋沢財団と略す）の研究事業にかかわることとなり、渋沢栄一について学際的な研究を行うため、海外の様々な分野の研究者と一緒に、いくつかの研究プロジェクトを立ち上げた。

二〇〇三年から二〇一八年まで研究活動とその成果を同時並行して公表するために内外の学会報告（東アジア文化交渉学会、社会経済史学会、経営史学会、米国アジア学会、世界経済史学会、世界政治学会、世界経営史学会、米国経営史学会など）と渋沢財団主催及び共催のシンポジウムを開催した。研究成果は可能な限り、出版物として順次刊行した。無理なお願いにもかかわらず快く参加くださった研究者や実務家の方々と、出版事情が厳しい中で前向きに対応してくださった各出版社の編集者には厚くお礼申し上げたい。

今までの渋沢財団の研究プロジェクトの成果に基づき、すでに刊行された論文を大幅に加筆修正し、関西大学大学院東アジア文化研究科に博士請求論文『渋沢栄一再考――「民主化」の追求と限界』を提出した結果、二〇一九年三月に関西大学から論文博士(文化交渉学)を授与された。本書は同論文を大幅に短縮し、一般読者向けに加筆修正したものである。

文化交渉学は、比較的新しい学問領域である。国家や民族を超えた文化の交わりについては、「交流」という言葉がよく用いられる。それではなぜ交流ではなく交渉なのか。「交流」は友好な接触や交際というイメージがあり、当事者双方に有益で建設的な結果や影響がもたらされるというニュアンスで使われる場合が多いが、「交渉」はもともと、接触によって関係が結ばれた双方が、懸案事項を解決するために折衝・談判を行うことを意味する。つまり緊張を伴う駆け引きというイメージが強い。

このように「交流」と「交渉」の二つの言葉のイメージを区別して考えると、異文化の接触は当事者に好ましいものを与えるだけでなく、有害な結果ないし激しい衝突をもたらす可能性も十分ありうる。また一対一ばかりか一対多数、あるいは多数対多数の交渉も含むので、その場合にも、「交渉」のほうが「交流」よりも適切であろう（陶徳民「東西文化交渉」、湯浅邦弘編著『テーマで読み解く中国の文化』ミネルヴァ書房）。

したがって、東アジア文化交渉学とは、「国家や民族という分析単位を超えて、東アジアという一定のまとまりの内部での文化生成、伝播、接触、変容に注目しつつ、トータルな文化交渉の在り方を複眼的で総合的な見地から解明しようとする学問領域」と定義できる（藤田高夫「東アジア文化交渉学の構築にむけて」、『東アジア文化交渉学研究』創刊号）。

グローバルな視点から、九十一年という長い人生で、数多くの分野に登場する渋沢栄一の世界を考えるうえで、東アジア文化交渉学は、経済史、経営史、外交史、思想史、教育史、福祉史といった各専門分野で深化した渋沢栄一研究の成果を、専門分野の垣根を超え、学際的かつ統合的に分析できるのではないかと考えた。

自らの思想や行動の転機において、渋沢が欧米の民主主義や資本主義とどのように向き合い、「民主化」と「論語と算盤」との間で悩みながら、合本主義を追求して新しい組織を作り、経済社会を改革し、そのグローバルな発展に寄与したのかを明らかにしようと試みた。本書が、渋沢栄一の理解とさらなる研究の発展に少しでも役立つことができれば望外の喜びである。

本書執筆を強くお勧めくださった関西大学大学院東アジア文化研究科研究委員長の藤田高夫教授はじめ、博士論文のご指導と審査の労をお取りくださった陶徳民教授、吾妻重二教授、二げたい。

階堂善弘教授ならびに同研究科の諸先生からは多くのご教示をいただいた。心からお礼申し上げたい。

昨年三〇周年を迎えた渋沢研究会での報告・シンポジウムと『渋沢研究』からは、多くのことを学ばせていただいた。改めてお礼申し上げる。

深谷時代の渋沢については渋沢記念館の馬場裕子氏に、東京商工会議所の資料閲覧に関しては渡邊浩江氏（東京商工会議所広報部経済資料センター主幹）に、旭町尋常高等小学校での講演に関する資料閲覧や写真掲載では飯田恭介氏（ちば醬油株式会社代表取締役社長）にお世話になった。またスペイン風邪や伝染病について、稲松孝思氏（東京都健康長寿医療センター顧問）にご教示いただいた。厚くお礼申し上げる。

筆者が公益財団法人・渋沢栄一記念財団に在職中、渋沢雅英理事長をはじめ、同財団の井上潤・井上さやか・門倉百合子・加藤晶・川上恵・桑原功一・小出いずみ・小松諄悦・茂原暢・渋沢健・関根仁・永井美穂・山田仁美の諸氏（アイウエオ順）には、長年にわたり企画展・シンポジウム・研究会などを通じて数多くの示唆をいただいた。また清水裕介氏（渋沢史料館学芸員）には、本書作成に際して渋沢史料館所蔵の史料閲覧と写真掲載でお世話になった。改めてお礼申し上げたい。なお、図の説明については加筆訂正したところもある。

中国古典に造詣が深く、ベストセラー作家でもある守屋淳氏と、元筑摩書房編集部の湯原法史氏は怠惰で遅筆の著者を叱咤激励してくださった。感謝申し上げたい。

最後に、介護施設でリハビリに励みながらも、とうに還暦を過ぎた一人息子を温かく見守り、本書の刊行を楽しみにしていた亡父兼人と今も入所中の母若菜に本書を捧げたい。

二〇二〇年盛夏

木村昌人

主要参考文献

Ⅰ　渋沢栄一資料・文献

1　資料

渋沢栄一伝記資料刊行会編『渋沢栄一伝記資料』第一巻〜五八巻、渋沢青淵記念財団龍門社、『渋沢栄一伝記資料』別巻、第一〜一〇巻、渋沢栄一伝記資料刊行会、一九五五〜一九七一年

日本史籍協会編『渋沢栄一滞仏日記』（日本史籍協会叢書一二六、復刻）東京大学出版会、一九六七年

2　文献

渋沢栄一『論語と算盤』国書刊行会、一九八五年

渋沢栄一、守屋淳訳『現代語訳　論語と算盤』ちくま新書、二〇一〇年

渋沢栄一述、長幸男校注『雨夜譚』岩波文庫、一九八四年

渋沢栄一『渋沢栄一訓言集』富之日本社、一九一九年

渋沢栄一記念財団渋沢史料館編集・発行『【図録】渋沢栄一、アメリカへ――一〇〇年前の民間経済外交：渡米実業団一〇〇周年記念』二〇〇九年

同『王子・滝野川と渋沢栄一――住まい、公の場、地域：企画展』二〇〇八年

同『日本人を南米に発展せしむ――日本人のブラジル移住と渋沢栄一：企画展図録』二〇〇八年

同『渋沢栄一と関東大震災――復興へのまなざし：テーマシリーズ展シリーズ〝平和を考える〟【図録】』二〇一〇年

公益財団法人渋沢栄一記念財団渋沢史料館編集・発行『澁澤倉庫株式会社と渋沢栄一――信ヲ万事ノ本ト為ス』二〇一二年

公益財団法人渋沢栄一記念財団編『渋沢栄一を知る事典』東京堂出版、二〇一二年

公益財団法人渋沢栄一記念財団渋沢史料館編集・発行、『【図録】商人の輿論をつくる――渋沢栄一と東京商法会議

所』二〇一四年
同編集・発行『実業家たちのおもてなし――渋沢栄一と帝国ホテル』二〇一四年
同編集・発行『私ヲ去リ、公ニ就ク――渋沢栄一と銀行業：図録』二〇一五年
同編集・発行『近代紡績のススメ――渋沢栄一と東洋紡：図録』二〇一五年
同編集・発行『【図録】渋沢栄一、パリへ』二〇一七年
田彤編、于臣訳『渋沢栄一と中国――一九一四年の中国訪問』不二出版、二〇一六年
飯森明子『国際交流に託した渋沢栄一の望み』ミネルヴァ書房、二〇一九年
井上潤『渋沢栄一――近代日本社会の創造者』山川出版社、二〇一二年
大谷まこと『渋沢栄一の福祉思想――英国との対比からその特質を探る』ミネルヴァ書房、二〇一一年
鹿島茂『渋沢栄一（Ⅰ算盤篇・Ⅱ論語篇）』文藝春秋、二〇一一年
片桐庸夫『渋沢栄一の国民外交――民間交流のパイオニア』藤原書店、二〇一三年
橘川武郎、島田昌和、田中一弘編『渋沢栄一と人づくり』有斐閣、二〇一三年
橘川武郎、パトリック・フリデンソン編『グローバル資本主義の中の渋沢栄一――合本キャピタリズムとモラル』東洋経済新報社、二〇一四年
木村昌人『渋沢栄一――民間経済外交の創始者』中公新書、一九九一年
見城悌治『評伝日本の経済思想　渋沢栄一――「道徳」と経済のあいだ』日本経済評論社、二〇〇八年
同編『帰一協会の挑戦と渋沢栄一』ミネルヴァ書房、二〇一八年
酒井一臣『帝国日本の外交と民主主義』吉川弘文館、二〇一八年
坂本慎一『渋沢栄一の経世済民思想』日本経済評論社、二〇〇二年
公益財団法人渋沢栄一記念財団研究部編『実業家とブラジル移住』不二出版、二〇一五年
渋沢研究会編『公益の追求者・渋沢栄一』山川出版社、一九九九年
同編『初めての渋沢栄一――探求の道しるべ』ミネルヴァ書房、二〇二〇年
渋沢秀雄『父渋沢栄一』実業之日本社、一九五九年

同『明治を耕した話』青蛙房、一九七七年
同『渋沢栄一』（増補版）渋澤青淵記念財団龍門社、一九八八年
渋沢雅英『太平洋にかける橋――渋沢栄一の生涯』読売新聞社、一九七〇年（復刻版　不二出版、二〇一七年）
島田昌和『渋沢栄一の企業家活動の研究』日本経済評論社、二〇〇七年
同『渋沢栄一――社会起業家の先駆者』岩波書店、二〇一一年
同編『原典で読む　渋沢栄一のメッセージ』岩波現代全書、二〇一四年
周見『張謇と渋沢栄一――近代中日企業家の比較研究』日本経済評論社、二〇一〇年
同『渋沢栄一と近代中国』（西川博史訳）現代史料出版、二〇一六年
田村俊夫『渋沢栄一と択善会』近代セールス社、一九六三年
土屋喬雄『渋沢栄一』吉川弘文館、一九八九年
東京商工会議所編『渋沢栄一　日本を創った実業人』講談社、二〇〇八年
町泉寿郎編『渋沢栄一は漢学とどう関わったか――「論語と算盤」が出会う東アジアの近代』ミネルヴァ書房、二〇一七年
宮本又郎編『日本の企業家　渋沢栄一――日本近代の扉を開いた財界のリーダー』PHP研究所、二〇一六年
山本七平『渋沢栄一　近代の創造』祥伝社、二〇〇九年
Patrick Fridenson and Kikkawa Takeo edits., *Ethical Capitalism: Shibusawa Eiichi and Business Leadership in Global Perspective*, University of Toronto Press, 2017.

3　論文
渋沢研究会編『渋沢研究』創刊号～第三十二号、一九九〇～二〇二〇年
渋沢栄一　一九一四中国行百年記念研究会「新しい資本主義とは何か――道徳と経済」於華中師範大学、二〇一四年一一月二四日、パンフレット所収
李培鎔「渋沢栄一と対韓経済侵略」（『国史館論叢』国史編纂委員会、一九八九年）

木村昌人「〝民〟の力を結集して震災復興を――いま渋沢栄一に学ぶ」（『公益法人』第四十巻第七号、公益法人協会、二〇一一年）
桑原功一「私ヲ去リ　公ニ就ク――『公益』追求の先駆者が歩んだ軌跡」（宮本又郎編『渋沢栄一　日本近代の扉を開いた財界リーダー』PHP研究所、二〇一六年）
酒井一臣「渋沢栄一の『国民外交』渡米実業団を中心に」（『渋沢研究』第二十六号、二〇一四年一月）
島田昌和「経済立国日本の経済学――渋沢栄一とアジア」（杉山伸也編『帝国日本の学知　第二巻「帝国」日本の経済学』岩波書店、二〇〇六年）
同「金融制度の創設――渋沢栄一と第一国立銀行」（長谷川直哉・宇田川勝編『企業家活動でたどる日本の金融事業史』白桃書房、二〇一三年）
松本和明「渋沢栄一と地域経済界の形成」（渋沢研究会編『渋沢研究』第二十七巻、二〇一五年）
森川英正「渋沢栄一――日本株式会社の創立者」『日本の企業と国家（日本経営史講座　第四巻）』日本経済新聞社、一九六七年
Hara Terushi, "*Les facteurs psychlogiques et culturels de la modernization japonaise: le car de Eiichi Shibusawa*," in Raymond Boudon ans Pierre Chaunu (eds.), Autour de Alain Peyrefitte, Paris, Editions Odile Jacob, 1996.

Ⅱ　関連資料と文献

1　資料

井上武久編『大阪商工会議所百年史』大阪商工会議所、一九七九年
小風秀雅・阿部武司・大豆生田稔・松村薫『実業の系譜　和田豊治日記　大正期の財界世話役』、日本経済評論社、一九九三年
阪井徳太郎編『英米訪問実業団誌』十一年会、一九二六年
専修大学編『阪谷芳郎関係書簡集』芙蓉書房出版、二〇一三年
『高橋是清自伝』上巻、中公文庫、一九七六年

『中央銀行通信録』第六十二号、一九〇九年
『二松学舎百年史』編集委員代表浦野匡彦、二松学舎、一九七七年（非売品）
波多野鶴吉述『波多野翁講演集』郡是出版、一九一九年
前田匡二郎編『慶喜邸を訪れた人々――「徳川慶喜家日記」より』羽衣出版、二〇〇三年
『口伝町田徳之助翁』、町田治郎氏所蔵草稿、一九二四年
『森村百年史』森村商事、一九八六年
依田慎太郎編『東京商工会議所八十五年史』（上巻）東京商工会議所、一九六五年
The Dollar Collection, 1872-1967, 69/113, Bancroft Library, University of California, Berkeley
ICC (International Chamber of Commerce) http://iccwbo.org

日本銀行統計局『本邦主要経済統計』一九六六年
『昭和国勢総覧』（上巻）東洋経済新報社、一九六〇年
Commercial Report, Summary of Foreign Trade in Japan for the Year1878

2　文献

アグネス・デ・ミル、山下愛子訳『高峰譲吉伝――松楓殿の回想』雄松堂出版、一九九一年
朝倉孝吉『明治前期日本金融構造史』岩波書店、一九六一年
吾妻重二・小田叔子編『東アジアの宗教と思想』関西大学出版会、二〇一〇年
五百旗頭真『大災害の時代――未来の国難に備えて』毎日新聞出版、二〇一六年
池田辰三『稿本無尽の実際と学説』大鐙閣、一九一八年
池田成彬『私の人生観』文藝春秋新社、一九五一年
石井寛治『近代日本金融史序説』東京大学出版会、一九九九年
石井裕晶『中野武営と商業会議所――もうひとつの近代日本政治経済史』ミュージアム図書、二〇〇四年

伊藤真美子『明治日本と万国博覧会』吉川弘文館、二〇〇八年
犬塚孝明『森有礼』吉川弘文館、一九八六年
ポール・ヴァレリー、恒川邦夫訳『精神の危機他一五編』岩波文庫、二〇一〇年
Thorstein Veblen, *The Theory of the leisure Class*, 1899（ソースティン・ヴェブレン、高哲男訳『有閑階級の理論
　――制度の進化に関する経済学的研究』ちくま学芸文庫、一九九八年
上山明博『アドレナリンの父、高峰譲吉』朝日新聞出版、二〇〇七年
内田慶市・中谷伸生編『東アジアの言語・文化・芸術』関西大学出版会、二〇一一年
内田宗治『外国人が見た日本――「誤解」と「再発見」の観光150年史』中公新書、二〇一八年
宇野木忠『根津嘉一郎』東海出版社、一九四一年
海野弘『ニューヨークの黄金時代――ベルエポックのハイ・ソサエティ』平凡社、二〇〇一年
大城ジョージ『新渡戸稲造――国際主義の開拓者』中央大学出版会、一九九二年
外務省外交史料館日本外交史辞典編纂委員会編『新版　日本外交史辞典』、山川出版社、一九九二年
片桐庸夫『太平洋問題調査会の研究――戦間期日本IPRの活動を中心として』慶應義塾大学出版会、二〇〇三年
薄田貞敬『中野武営翁の七十年』中野武営伝記編纂会、一九三四年
川口浩編『日本の経済思想世界』日本経済評論社、二〇〇四年
鳥谷部春汀『太陽』一九〇〇年四月号所収、博文館。
北岡伸一『後藤新平――外交とヴィジョン』中公新書、一九八八年
木下玲子『欧米クラブ社会』新潮社、一九九六年
木村昌人・田所昌幸『外国人特派員――こうして日本イメージは形成される』日本放送協会、一九九八年
木村昌人『日米民間経済外交　1905〜1911』慶応通信、一九八九年
同『財界ネットワークと日米外交』山川出版社、一九九七年
黒田明伸『中華帝国の構造と世界秩序』名古屋大学出版会、一九九四年
小風秀雅『帝国主義下の日本海運――国際競争と対外自立』山川出版社、一九九五年

越沢明『復興計画』中公新書、二〇〇五年
小林延人『明治維新期の貨幣経済』東京大学出版会、二〇一五年
小林道彦『児玉源太郎――そこから旅順港は見えるか』ミネルヴァ書房、二〇一二年
近藤正一『名園五十種』博文館、一九一〇年
佐賀香織『国家形成と産業政策――中野武営の実業政策論』志學社、二〇一五年
阪田安雄編『国際ビジネスマンの誕生――日米経済関係の開拓者』東京堂出版、二〇〇九年
坂本多加雄『市場・道徳・秩序』創文社、一九九一年
作道洋太郎『日本貨幣金融史の研究――封建社会の信用通貨に関する基礎的研究』未來社、一九六一年
塩崎智『アメリカ「知日派」の起源――明治の留学生交流譚』平凡社、二〇〇一年
塩原又策編『高峰博士』（非売品）、一九二六年、復刻本＝大空社、一九九八年
渋沢敬三編『瞬間の累積――渋沢篤二　明治後期撮影写真集』慶友社、一九六三年
渋沢雅英『父・渋沢敬三』実業之日本社、一九六六年
蕭文嫻《しょうまんはん》「中国」（国際銀行史研究会編『金融の世界史――貨幣・信用・証券の系譜』悠書館、二〇一二年
杉山伸也編『帝国日本の学知　第2巻「帝国」日本の経済学』岩波書店、二〇〇六年
杉山伸也『日英経済関係史　1860～1940』慶應義塾大学出版会、二〇一七年
鈴木良隆『ソーシャル・エンタープライズ論――自立をめざす事業の核心』有斐閣、二〇一四年
高村直助編『企業勃興――日本資本主義の形成』ミネルヴァ書房、一九九二年
武田晴人『岩崎弥太郎――商会之実ハ一家之事業ナリ』ミネルヴァ書房、二〇一一年
田付茉莉子『五代友厚――富国強兵は「地球上の道理」』ミネルヴァ書房、二〇一八年
田中愛治編『熟議の効用、熟議の効果――政治哲学を実証する』勁草書房、二〇一八年
土屋喬雄『日本資本主義市場の指導者たち』岩波書店、一九三九年
筒井清忠『帝都復興の時代――関東大震災以後』中公選書、二〇一一年、同上、中公文庫、二〇一七年
角鹿尚計『由利公正――万機公論に決し、私に論ずるなかれ』ミネルヴァ書房、二〇一八年

寺西重郎『戦前日本の金融システム』岩波書店、二〇一一年

陶徳民・姜克實・見城悌治・桐原健真編『近代東アジアの経済倫理とその実践――渋沢栄一と張謇を中心に』日本経済評論社、二〇〇九年

同編『東アジアにおける公益思想の変容――近世から近代へ』日本経済評論社、二〇〇九年

陶徳民『明治の漢学者と中国』関西大学出版部、二〇〇七年

同『日本における近代中国学の始まり――漢学の革新と同時代文化交渉』関西大学出版部、二〇一七年

陶徳民・二階堂善弘編『東アジアの過去、現在と未来』関西大学出版部、二〇〇九年

Peter Drucker, *Management Tasks, Responsibilities, Practices*, Harper & Row Publishers Inc.（野田一夫・村上恒夫監訳『マネジメント』全二巻、ダイヤモンド社、一九七四年）

Tesuo Najita, *Ordinary Economics in Japan: A Historical Perspective, 1750-1950*, The Regents of the University of California, 2009（五十嵐暁郎監訳、福井昌子訳『相互扶助の経済――無尽講・報徳の民衆思想史』みすず書房、二〇一五年）

日米週報社編『ニューヨークの日本（Japan in New York）』研究社、一九〇八年

波多野勝・飯森明子『関東大震災と日米外交』草思社、一九九九年

林雄二郎・山岡義典『日本の財団――その系譜と展望』中央公論社、一九八四年

東アジア文化交渉学会ホームページの「紹介／創立趣意書」http://www.sciea.org/

Izumi Hirobe, *Japanese Pride and American Prejudice: Modifying the Exclusion Clause of the 1924 Immigration Act*, Stanford University Press, 2001

ニーアル・ファーガソン、山本文史訳『大英帝国への歴史』（上）〔二〇一八年ファーガソンが自ら案内役を務めたテレビ番組『EMPIRE: How Britain Made the Modern World（帝国――英国はどのように現代世界を創り上げたのか）』の書籍版として二〇〇三年に出版された作品の翻訳〕

福沢諭吉『学問のすすめ』（日本の名著三十三『福沢諭吉』中央公論社、一九八四年）

John Curtis Perry, *Facing West: Americans and the Opening of the Pacific*, Praeger Publishers, 1994（北太平洋国

際関係史研究会訳『西へ！――アメリカ人の太平洋開拓史』ＰＨＰ研究所、一九九八年
Sven Beckert, *The Monied Metropolis: New York City and the Consolidation of the American Bourgeoisie, 1850-1896*, Cambridge University Press, 2001
星新一『明治・父・アメリカ』新潮文庫、一九七八年
町田明広『グローバル幕末史――幕末日本人は世界をどう見ていたか』草思社、二〇一五年
松村正義『日露戦争と金子堅太郎――広報外交の研究』新有堂、一九八〇年
丸山浩明編著『ブラジル日本移民百年の軌跡』明石書店、二〇一〇年
水谷渉三編『紐育日本人発展史』紐育日本人会、一九二一年
三谷太一郎『ウォールストリートと極東――政治における国際金融資本』東京大学出版会、二〇〇九年
三谷博編『東アジアの公論形成』東京大学出版会、二〇〇四年
三谷博『維新史再考――公議・王政から集権・脱身分化へ』ＮＨＫブックス、二〇一七年
簑原俊洋『排日移民法と日米関係』東京大学出版会、二〇〇一年
宮本又次『大阪商人太平記　大正篇　上』創元社、一九六四年
宮本又次編『大阪の商業と金融』毎日放送文化双書5、毎日放送、一九七三年
宮本又郎『シリーズ日本の近代11　企業家たちの挑戦』中央公論新社、一九九九年
森村市左衛門『独立自営』（復刻版）ダイヤモンド社、一九七八年
守屋淳『『論語』がわかれば日本がわかる』ちくま新書、二〇二〇年
由井常彦『安田善次郎』ミネルヴァ書房、二〇一六年
由井常彦・武田晴人編『歴史の立会人――昭和史の中の渋沢敬三』日本経済評論社、二〇一五年
横井克彦編『日英関係史』日本経済評論社、二〇〇六年
李廷江『日本財界と近代中国』御茶の水書房、二〇〇三年
若宮卯之助『森村翁言行録』森村豊明会、一九二九年
同『森村翁言行録　改訂版』森村豊明会、一九六九年

渡辺浩『近世日本と宋学』増補新装版、東京大学出版会、二〇一〇年

3 論文

安彦《あびこ》正一「銀行業と財界の形成――拓善会を中心にして」（渋沢研究会編『公益の追求者・渋沢栄一』山川出版社、一九九九年）
井川克彦「明治初期における横浜貿易市場における有力商人とその取引」（横浜近代経済史研究会編『横浜近代経済史研究』年）
同「製糸業とアメリカ市場」（高村直助編『企業勃興――日本資本主義の形成』ミネルヴァ書房、一九九二年）
五十嵐卓「飛鳥山の渋沢邸の利用――海外からの来訪者の場合」『青淵』第六一一号〔二〇〇〇年二月〕
石橋湛山「明治時代の意義」（『東洋時報』一九一二年九月）
出野尚紀「明治期と自然災害」（吉田公平・岩井昌悟・小坂国継編『近代化と伝統の間――明治期の人間観と世界観』教育評論社、二〇一六年）
井上潤「飛鳥山渋沢邸の変遷」（北区史を考える会編『北区郷土誌』一九九三年）
牛込努「東京会議所の民会化運動」（明治維新学会編『明治維新の政治と権力』吉川弘文館、一九九二年）
同「首都東京の形成と民費」（明治維新学会編『講座明治維新7　明治維新と地域社会』有志舎、二〇一三年）
片岡豊「戦前期の商業会議所と貿易」（松本貴典編『戦前期日本の貿易と組織間関係』、新評論、一九九六年）
菊池寛「震災文章」（『菊池寛文學全集』第六巻、文藝春秋新社、一九六〇年）
北岡伸一「明治維新１５０年の日本――発展・民主化の経験　世界に」（『日本経済新聞』二〇一八年七月三日朝刊、経済教室）
木村昌人「経済団体の情報機能」（佐々木聡・藤井信幸編『情報と経営革新――近代日本の軌跡』同文館、一九九七年）
桜木孝司「イーストマン・カレッジと日本の商業の近代化」（高千穂大学大学院・博士論文、二〇〇五年年度）
塩崎智「明治初年ブルックリン（ＮＹ）留学生関連資料紹介」（日本英学会月例報告、二〇〇六年七月）

渋沢敬三「祖父のうしろ姿」、「松平定信」(『渋沢敬三著作集』第五巻、平凡社、一九九三年)
渋沢敬三「我が尊敬するエーベリー卿の略伝と、卿の蟻と蜂に関する研究の一部について」(同前『渋沢敬三著作集』第五巻)
渋沢秀雄「渋沢栄一」(東京日日新聞社・大阪毎日新聞社編・刊『父の映像』一九三六年)
島田昌和「渋沢敬三の社会経済思想――実業史博物館構想にみる経済史・経営史の方法」(『企業家研究』第15号、二〇一八年)
同「渋沢敬三――経営者における学術と実業の往来」(井奥成彦編『時代を超えた経営者たち』日本経済評論社、二〇一七年)
首都圏形成史研究会編集委員会「『関東大震災』研究の新潮流――文理融合を目指して」(『年報 首都圏形成史研究』第一号、首都圏形成史研究会編集・発行、二〇一一年一二月)
武田晴人「経済人としての渋沢敬三」(由井常彦・武田晴人編『歴史の立会人――昭和史の中の渋沢敬三』日本経済評論社、二〇一五年)
中川敬一郎「日本の工業化過程における『組織化された企業者活動』」(『経営史学』第二巻第三号、一九六七年)
堀新「関東大震災と天譴論――渋沢栄一を中心に」(共立女子大学神田分室編集・発行『歴史と文学・芸術――関東大震災』二〇〇四年)
益田孝「東京商工会議所の過去を語る」(『商工経済』第五巻第四号、一九三八年)
御厨貴「「災後」をつくる――「さかのぼり災後史」の試み」(五百旗頭真監修、御厨貴編『検証・防災と復興① 大震災復興過程の政策比較分析――関東、阪神・淡路、東日本三大震災の検証』(ミネルヴァ書房、二〇一六年)
武藤山治「自治精神」(『武藤山治全集』第三巻、新潮社、一九六二年
若林幸男「日本における商業会議所の機能と構造」(横井克彦編著『日英経済史』、日本経済評論社、二〇〇六年)

渋沢栄一年譜

西暦(和暦)	年齢	主な出来事	日本と世界の動き
1840(天保11年)	0	2月13日、現在の埼玉県深谷市血洗島に生まれる。	アヘン戦争勃発
1847(弘化4年)	7	従兄尾高惇忠から漢籍を学ぶ。	
1854(安政1年)	14	家業の畑作、養蚕、藍問屋業に精励。	ペリー来航（1853）
1858(安政5年)	18	従妹千代（尾高惇忠の妹）と結婚。	日米修好通商条約、安政の大獄
1863(文久3年)	23	高崎城乗っ取り、横浜焼き討ちを企てるが、計画を中止し京都に出奔。	井伊大老暗殺(1860)
1864(元治1年)	24	一橋慶喜に仕える。	外国艦隊下関を砲撃
1865(慶応1年)	25	一橋家歩兵取立御用掛を命ぜられ領内を巡歴。	米国南北戦争終結
1866(慶応2年)	26	徳川慶喜、征夷大将軍となり、栄一は幕臣となる。	長州征討、薩長同盟
1867(慶応3年)	27	徳川昭武に従ってフランスへ出立（パリ万博使節団）。	大政奉還、王政復古
1868(明治1年)	28	明治維新によりフランスより帰国、静岡で慶喜に面会。	五カ条の誓文、江戸開城、戊辰戦争(1868-1869)
1869(明治2年)	29	静岡藩に「商法会所」設立。明治政府に仕え、民部省租税正となる。民部省改正掛掛長を兼ねる。	東京遷都 東京－横浜間に電信開通
1870(明治3年)	30	官営富岡製糸場設置主任となる。	平民に苗字使用許可

1871(明治4年)	31	紙幣頭となる。『立会略則』発刊。	東京－大阪間に郵便開設、新貨条例、廃藩置県、新紙幣発行を布告
1872(明治5年)	32	大蔵少輔事務取扱。抄紙会社設立出願。	新橋－横浜間鉄道開通、国立銀行条例発布
1873(明治6年)	33	大蔵省を辞める。第一国立銀行開業・総監役。抄紙会社創立(後に王子製紙会社・取締役会長)。	地租改正条例布告
1874(明治7年)	34	東京府知事より共有金取締を嘱託される。	台湾出兵、互斯灯点火
1875(明治8年)	35	第一国立銀行頭取。商法講習所創立。	樺太・千島交換条約調印
1876(明治9年)	36	東京会議所会頭。東京府養育院事務長（後に院長)。	私立三井銀行開業 金禄公債証書発行条例、秩禄処分
1877(明治10年)	37	択善会創立（後に東京銀行集会所・会長)。王子西ヶ原に別荘を建てはじめる。	西南戦争 第1回内国勧業博覧会
1878(明治11年)	38	東京商法会議所創立・会頭(後に東京商業会議所・会頭)。	大久保利通暗殺
1879(明治12年)	39	グラント将軍（第18代米国大統領）歓迎会（東京接待委員長）東京海上保険会社創立。	エジソン、電球を発明
1880(明治13年)	40	博愛社創立・社員（後に日本赤十字社・常議員）銀行集会所創立、大阪紡績会社創立世話掛。	横浜連合生糸荷預所開業（1881）

1882(明治15年)	42	長女歌子、穂積陳重と結婚、千代夫人死去。 共同運輸会社創立発起人。	日本銀行開業 東京にコレラ発生、大流行
1883(明治16年)	43	大阪紡績会社工場落成・発起人（後に相談役）。伊藤兼子と再婚。	鹿鳴館開館式
1884(明治17年)	44	日本鉄道会社理事委員（後に取締役）。	華族令制定、松方デフレ
1885(明治18年)	45	日本郵船会社創立（後に取締役）。東京養育院院長。 東京瓦斯会社創立（創立委員長、後に取締役会長）。	内閣制度制定
1886(明治19年)	46	「龍門社」創立。東京電灯会社設立（後に委員）。女子教育奨励会設立。	
1887(明治20年)	47	日本煉瓦製造会社創立・発起人（後に取締役会長）。 帝国ホテル創立・発起人総代（後に取締役会長）。	
1888(明治21年)	48	札幌麦酒会社創立・発起人総代（後に取締役会長）。	
1889(明治22年)	49	石川島造船所創立・委員（後に取締役会長）。	大日本帝国憲法公布
1890(明治23年)	50	貴族院議員に任ぜられる。	第1回帝国議会
1891(明治24年)	51	東京交換所創立・委員長。 渋沢同族会、渋沢家法定める。	足尾鉱毒事件
1892(明治25年)	52	東京貯蓄銀行創立・取締役（後に取締役会長）。	関東で天然痘流行。 日清戦争勃発(1894)
1895(明治28年)	55	北越鉄道会社創立・監査役（後に相談役）。	日清講和条約調印

1896(明治29年)	56	日本精糖会社創立･取締役。第一国立銀行が営業満期により第一銀行となる。日本勧業銀行設立委員。	
1897(明治30年)	57	澁澤倉庫部開業（後に澁澤倉庫会社・発起人）。日本女子大学校創立発起人。	金本位制施行
1898(明治31年)	58	韓国視察（5月に韓国皇帝に謁見）。	
1900(明治33年)	60	日本興業銀行設立委員。北海道拓殖銀行設立。男爵を授けられる。韓国訪問。	立憲政友会結成。北清事変。
1901(明治34年)	61	日本女子大学校開校・会計監督。東京・飛鳥山邸を本邸とする。	
1902(明治35年)	62	兼子夫人同伴で欧米視察。ルーズベルト大統領と会見。	日英同盟協定調印
1904(明治37年)	64	風邪をこじらせ長期に静養。	日露戦争勃発
1906(明治39年)	66	東京電力会社創立･取締役。京阪電気鉄道創立・創立委員長（後に相談役）。大日本製糖取締役。	鉄道国有法公布
1907(明治40年)	67	帝国劇場創立・創立委員長（後に取締役会長）。	恐慌、株式暴落、ハーグ密使事件
1908(明治41年)	68	アメリカ太平洋沿岸実業家一行招待。	第1回ブラジル移民出発
1909(明治42年)	69	多くの企業・団体の役員を辞任。申酉事件。渡米実業団の団長として米国へ。タフト大統領と会見。	伊藤博文暗殺。
1910(明治43年)	70	政府諮問機関の生産調査会創立・副会長。	日韓併合
1911(明治44年)	71	勲一等瑞宝章を授与される。	辛亥革命

1912(明治45年、大正元年)	72	ニューヨーク日本協会協賛会創立・名誉委員長。帰一協会成立。	
1913(大正2年)	73	日本結核予防協会創立・副会頭（後に会頭）。日本実業協会創立・会長。『雨夜譚』刊行。	日本政府、中華民国を承認、徳川慶喜逝去
1914(大正3年)	74	日中経済界の提携のため中国訪問。	パナマ運河開通。第1次世界大戦勃発
1915(大正4年)	75	パナマ太平洋博覧会のため渡米。ウイルソン大統領と会見。渋沢同族会社設立。	対中国21カ条条約調印
1916(大正5年)	76	第一銀行頭取等を辞め経済界から引退。日米関係委員会が発足・常務委員。二松学舎舎長。	工場法施行
1917(大正6年)	77	日米協会創立・名誉副会長。理化学研究所設立者総代。	ロシア革命、金輸出禁止
1918(大正7年)	78	渋沢栄一著『徳川慶喜公伝』（竜門社）刊行。	米騒動
1919(大正8年)	79	協調会創立・副会長。	ヴェルサイユ条約調印
1920(大正9年)	80	国際連盟協会創立・会長。子爵を授けられる。	日本初のメーデー、株式暴落(戦後恐慌)
1921(大正10年)	81	ワシントン会議視察と排日問題善後策を講ずるため渡米。ハーディング大統領と会見。	原敬暗殺
1923(大正12年)	83	大震災善後会創立・副会長。	関東大震災
1924(大正13年)	84	日仏会館開館・理事長。東京女学館・館長。	米国で排日移民法成立

1926(大正 15 年)	86	日本太平洋問題調査会創立・評議員会会長。日本放送協会創立・顧問。	治安維持法公布、普通選挙法公布(1925)
1927(昭和 2 年)	87	日本国際児童親善会創立・会長。日米親善人形歓迎会を主催。	金融恐慌勃発
1928(昭和 3 年)	88	日本航空輸送会社創立・創立委員長。日本女子高等商業学校発起人。	初の衆議院議員選挙、日本商工会議所設立、張作霖爆殺事件
1929(昭和 4 年)	89	中央盲人福祉協会創立・会長。宮中参内（単独）陪食。	世界大恐慌はじまる
1930(昭和 5 年)	90	海外殖民学校顧問。	金輸出解禁、ロンドン軍縮会議、昭和恐慌
1931(昭和 6 年)	91	日本女子大学校第三代校長。11 月 11 日永眠。	満州事変

ちくま新書
1516

渋沢栄一《しぶさわえいいち》
――日本《にほん》のインフラを創《つく》った民間経済《みんかんけいざい》の巨人《きょじん》

二〇二〇年九月一〇日　第一刷発行

著者　木村昌人（きむら・まさと）
発行者　喜入冬子
発行所　株式会社 筑摩書房
東京都台東区蔵前二―五―三　郵便番号一一一―八七五五
電話番号〇三―五六八七―二六〇一（代表）
装幀者　間村俊一
印刷・製本　株式会社 精興社

ISBN978-4-480-07318-1 C0212

ちくま新書

225 **知識経営のすすめ** ――ナレッジマネジメントとその時代

野中郁次郎・紺野登

日本企業が競争力をつけたのは年功制や終身雇用の賜物のみならず、組織的知識創造を行ってきたからである。知識創造能力を再検討し、日本的経営の未来を探る。

396 **組織戦略の考え方** ――企業経営の健全性のために

沼上幹

組織を腐らせてしまわぬため、主体的に思考し実践しよう！　組織設計の基本から腐敗への対処法まで「これウチの会社！」と誰もが嘆くケース満載の組織戦略入門。

512 **日本経済を学ぶ**

岩田規久男

この先の日本経済をどう見ればよいのか？　戦後高度成長期から平成の「失われた一〇年」までを学びなおし、さまざまな課題をきちんと捉える、最新で最良の入門書。

619 **経営戦略を問いなおす**

三品和広

戦略と戦術を混同する企業が少なくない。見せかけの「戦略」は企業を危うくする。現実のデータと事例を数多く紹介し、腹の底からわかる「実践的戦略」を伝授する。

701 **こんなに使える経済学** ――肥満から出世まで

大竹文雄編

肥満もたばこ中毒も、出世も談合も、経済学的な思考を上手に用いれば、問題解決への道筋が見えてくる！　経済学のエッセンスが実感できる、まったく新しい入門書。

785 **経済学の名著30**

松原隆一郎

スミス、マルクスから、ケインズ、ハイエクを経てセンまで。各時代の危機に対峙することで生まれた古典には混沌とする経済の今を捉えるためのヒントが満ちている！

807 **使える！　経済学の考え方** ――みんなをより幸せにするための論理

小島寛之

人は不確実性下においていかなる論理と嗜好をもって意思決定するのか。人間の行動様式を確率理論を用いて抽出し、社会的な平等・自由の根拠をロジカルに解く。

ちくま新書

827
現代語訳 論語と算盤
渋沢栄一
守屋淳訳
資本主義の本質を見抜き、日本実業界の礎となった渋沢栄一。経営・労働・人材育成など、利潤と道徳を調和させる経営哲学には、今なすべき指針がつまっている。

1474
『論語』がわかれば日本がわかる
守屋淳
「上下関係」「努力信仰」「気持ち主義」……多くの日本人を無意識に縛る価値観はどこから来るのか。学校や会社に浸透した『論語』の教えを手掛かりに、その淵源を探る。

1492
日本経済学新論
――渋沢栄一から下村治まで
中野剛志
日本の近代資本主義を確立した渋沢栄一の精神は、いかに高橋是清、岸信介、下村治ら実務家たちに受け継がれたか。気鋭の評論家が国民経済思想の系譜を解明する。

946
日本思想史新論
――プラグマティズムからナショナリズムへ
中野剛志
日本には秘められた実学の系譜があった。『TPP亡国論』で話題の著者が、伊藤仁斎、荻生徂徠、会沢正志斎、福沢諭吉の思想に、日本の危機を克服する戦略を探る。

1413
日本経営哲学史
――特殊性と普遍性の統合
林廣茂
中世から近代まで日本経営哲学の展開をたどり、渋澤栄一、松下幸之助、本田宗一郎ら20世紀の代表的経営者の思想を探究。日本再生への方策を考察する経営哲学全史。

861
現代語訳 武士道
新渡戸稲造
山本博文訳・解説
日本人の精神の根底をなした武士道。その思想的な源泉はどこにあり、いかにして普遍性を獲得しえたのか？世界的反響をよんだ名著が、清新な訳と解説でいま甦る。

948
日本近代史
坂野潤治
この国が革命に成功し、わずか数十年でめざましい近代化を実現しながら、やがて崩壊へと突き進まざるをえなかったのはなぜか。激動の八〇年を通観し、捉えなおす。